어린이집 평가제를 위한

평가지표 활용의 실제

머리말

영유아교사에서 출발하여 유아교육기관을 운영하는 원장의 자리에 이르기까지 다양한 경험을 하게 된다. 초임교사부터 착실하게 경력을 쌓고 다양한 운영관리의 영역을 경험하는 과정에서 한 기관의 수장인 원장이 되면 어떠한 운영철학을 가지고 임해야 할지를 생각하며 원장의 직위에 오르는 사람이 있는가 하면, 경력이 쌓여 상위 교사 자격을 취득하기는 하나 리더십의 유형이나 교육철학을 확고히 하지 않은 채 원장이 되는 경우도 있다. 교육은 운영관리의 일부이며 운영방향이 뚜렷해야 관리가 잘 되는 것이므로 교사 때부터 교육 및 운영 철학을 확고히 해야 한다. 특히 '인사가 만사다'라는 말처럼 유아, 부모, 교사 등 인적관리 영역에서 전문가로서의 지식과 경험이 있을 때 유능하게 해결할 수 있으며, 인사관리가 잘되면 다른 영역의 관리도 잘 이루어진다.

현대사회는 여성의 사회 참여 증가로 어린 자녀의 양육문제가 심화되고 있으며, 자녀 양육의 문제는 가정 내의 한계에서 벗어나 사회나 국가적 차원에서 해결해야 한다는 관점의 변화로 인해 국가적 차원에서 다양한 지원체계가 이루어지고 있다. 특히 결정적 시기인 영유아기 발달과 성장을 위해 보육프로그램을 점검하고 개별·소그룹·대그룹 활동들이 균형 있게 운영될 수 있도록 가정과 같은 편안한 환경을 제공해야 하므로 어린이집을 운영하기 위해서는 법적 기준에 따라 시설을 설치하고 설치된 시설의 유형과 특성에 따른 체계적 운영관리가 반드시 실행되어야 한다.

운영관리의 실행에 대한 '평가인증제도'는 2017년 11월부터 실행되어 왔으며, 교직원의 전문성 및 교수효능감 향상과 보육기관의 질적 수준을 균등하게 하는 측면에서 가교 역할을 해왔다. 반면 평가인증제도는 어린이집의 자발적 신청에 따라 운영되어 미인증 어린이집으로 인한 질 관리 사각지대가 존재하였으며, 최근 아동권리 보호, 아동학대 예방 등 아동 인권 및 안전 관리 강화에 대한 사회적 요구 증가로 전체 어린이집의 평가 참여 필요성이 제기되어 왔다. 이에 '보육·양육에 대한 사회적 책임강화' 실현과 영유아의 건강한 성장 및 발달을 위하여 2018년 12월 11일 영유아보육법 개정안이 공포됨에 따라 2019년 6월 12일부터 어린이집 평가제가 시행되고 있다.

궁극적으로 평가제를 통해 보육서비스의 질 향상을 제고함으로써 영유아의 안전과 건강, 조화로운 성장과 발달을 도모하고 이를 위해 영유아의 인권과 놀 권리를 보장하고 영유아가 건강하고 행복하게 성장할 수 있는 안심 보육환경을 조성하며, 보육교직원이 영유아 보육에 집중할 수 있는 여건을 조성할 수 있다.

평가지표는 제3차 평가인증에서 적용하였던 통합지표를 기반으로 하되, 어린이집 고유한 특성을 반영하고 2020년 시행되는 개정 누리과정 및 개정 표준보육과정의 맥락을 같이 하도록 세부내용을 반영하였다.

본서의 저자들은 소규모의 가정어린이집부터 민간·국공립 어린이집을 컨설팅하면서 현장의 교직원들이 무엇을 필요로 하는지 알게 되었고, 조금 더 편안한 마음으로 평가제에 임할 수 있도록 돕고자 본서를 집필하게 되었다. 이 책의 저술과정에서 저자들은 특히 대학에서의 영유아교육기관 운영관리 교수 경험과 유치원과 어린이집 원장으로서의 운영 경험, 평가 컨설턴트로서의 경험을 많이 활용하였으며, 평가제를 위한 필수서류를 어린이집 현장 상황에 맞게 편집하여 사용할 수 있도록 CD에 수록하였다.

이 책은 모두 10장으로 이루어졌는데 1장은 어린이집 운영과 관리, 2장은 어린이집 설치, 3장은 어린이집 환경관리, 4장은 보육교직원 인사 및 조직 관리, 5장은 보육과정관리로 구성하였으며, 6장은 재정 및 행정 관리, 7장은 건강·영양·안전 관리, 8장은 가족 및 지역사회 협력, 9장은 어린이집 평가제 운영체계, 10장은 평가제 평가영역지표 영역에 관한 내용을 수록하였다.

어린이집을 효과적으로 운영하기 위해서는 평가제를 통한 검증이 되어야 한다. 다시 말해 평가제는 성공적인 어린이집 운영을 위한 솔루션이 될 수 있다는 뜻이다.

본서가 대학에서 '어린이집 운영관리' 교재로 사용될 뿐 아니라 어린이집 원장님과 교사들에게 도움이 될 수 있기를 바라며, 앞으로 부족한 부분은 계속 수정·보완해 나갈 것이다.

끝으로, 이 책이 영유아교육 현장에 필요한 내용임을 알고 흔쾌히 출판해 주신 파워북 사장님과 김재광 상무님, 편집부 가족들께 깊은 감사의 인사를 드린다.

2019년 9월

저자 일동

차례

01 어린이집 운영과 관리

1. 어린이집 운영관리의 개념 및 원리 12

1) 개념 12
2) 원리 13

2. 운영관리 이론 14

1) 발달이론 14
2) 교육경영이론 21

3. 운영관리 영역 23

1) 인적관리 24
2) 시설관리 24
3) 행정·재정 관리 24
4) 보육과정 운영관리 24
5) 건강·영양·안전 관리 25
6) 부모·지역사회 연계 관리 25

4. 운영관리 과정 25

1) 의사결정 25
2) 계획 25
3) 조직 26
4) 의사교환 26
5) 영향 26
6) 조정 26
7) 평가 27

02 어린이집 설치

1. 어린이집 설치 유형 30

1) 국·공립 어린이집 30
2) 사회복지법인어린이집 30
3) 직장어린이집 31
4) 가정어린이집 31
5) 협동어린이집 31
6) 장애아전문통합어린이집 32
7) 시간연장어린이집 32
8) 시간제 보육 제공기관으로 지정받은 어린이집(시·도 육아종합지원센터) 32

2. 어린이집 설치과정 32
1) 어린이집의 설치 전 상담 33
2) 장소 선정 33
3) 규모 결정 33
4) 운영계획 수립 34
5) 인가 신청 34

03 어린이집 환경관리

1. 시설 및 설비 관리 38
1) 시설 및 설비의 개념 38
2) 시설 및 설비의 기준 38
3) 공간별 시설관리 42

2. 비품 및 교재교구 관리 54
1) 비품 및 교재교구의 개념 54
2) 비품 및 교재교구 선정기준 55
3) 비품 및 교재교구의 종류 55
4) 비품 및 교재교구의 관리 57

04 보육교직원 인사 및 조직 관리

1. 인사 및 조직 관리의 개념 60

2. 인사관리 원칙 61
1) 전인주의 원칙 61
2) 공정의 원칙 61
3) 능력주의 원칙 61
4) 전문성 신장의 원칙 62
5) 정보공개주의 원칙 62

3. 보육교직원 자격관리 62
1) 원장의 자격 62
2) 보육교사의 자격 62

4. 보육교직원 임용과 해임 62
1) 보육교직원 임면보고 64
2) 보육교직원 자격의 적격성 확인 64
3) 신원조회 64
4) 경력관리시스템 입력관리 64

5. 보육교직원 보수교육 66
1) 보수교육의 종류 66
2) 교육 구분별 보수교육 대상자 66
3) 보수교육의 방법 67

6. 보육교직원 조직문화와 리더십 67
1) 보육교직원 조직문화의 특성 67
2) 보육교직원 조직문화에 영향을 미치는 요인 68
3) 보육교직원의 리더십 70

05 보육과정관리

1. 표준보육과정 74

1) 표준보육과정 및 보육프로그램 추진과정 74
2) 표준보육과정의 기본전제 74
3) 편성과 운영 75
4) 교수-학습방법 76
5) 평가 76
6) 표준보육과정 영역별 목표 77

2. 누리과정 81

1) 누리과정 개정의 주요 특징 81
2) 누리과정의 기본·구성 방향 82
3) 누리과정 영역별 목표 및 내용 82

3. 보육계획 수립 87

1) 영아를 위한 보육계획 87
2) 유아를 위한 보육계획 87

4. 보육계획의 실행 및 평가 88

1) 연간 보육계획안 88
2) 월간 보육계획안 91
3) 주간 보육계획안 93
4) 일일 보육계획안 94
5) 보육계획의 평가 97

06 재정 및 행정 관리

1. 재정관리 100

1) 수입·지출 기본원칙 100
2) 보육료 수납·지출 관리 원칙 101
3) 예산관리 102
4) 결산관리 102
5) 회계관리 103
6) 세입·세출 예산서 작성 상세 내역 104

2. 행정관리 110

1) 교직원의 업무분장 110
2) 문서관리 111
3) 공문서 작성관리 112
4) 보육통합정보시스템 113

07 건강·영양·안전 관리

1. 건강관리 116

1) 영유아 건강검진 116
2) 감염병 관리 117

2. 영양관리 118

1) 급식관리 119
2) 급식위생 119
3) 급식사고 등 신고 120
4) 위생관리 120

3. 안전관리 121
1) 안전관리 원칙 121
2) 안전교육 122

08 가족 및 지역사회 협력

1. 가족의 협력 128
1) 부모와의 교류 128

2. 부모상담 133
1) 상담의 목적 133
2) 부모상담의 유형 133

3. 부모참여 135
1) 부모참여의 개념 135
2) 부모참여의 유형 135

4. 지역사회 협력 137
1) 지역사회 자원을 이용한 활동 138
2) 지역사회 주민과 연계활동 138
3) 유아와 가족을 돕기 위한 지역사회 전문가와의 협조 138

5. 열린어린이집 139
1) 열린어린이집이란 139
2) 열린어린이집의 필요성 139
3) 열린어린이집의 특성 139
4) 열린어린이집의 활동 140

09 어린이집 평가제 운영체계

1. 평가제 추진 배경 142

2. 평가제 추진 목적 143

3. 평가제 주요 내용 144
1) 주요 특징 144
2) 운영체계 144
3) 평가지표 내용 144
4) 현장평가 146

4. 평가제 지표 및 평가 기준 149
1) 평가지표 구성 149
2) 영역별 세부 평가 항목 150

10 평가제 평가지표 영역

1. 1영역 : 보육과정 및 상호작용 158
1-1 (필수) 영유아 권리 존중 158
1-2 보육계획 수립 및 실행 162

1-3 놀이 및 활동지원 170
1-4. 영유아 간 상호작용 지원 177
1-5. 보육과정 평가 182

2. 2영역 : 보육환경 및 운영관리 191
2-1 실내 공간 구성 및 운영 192
2-2 실외 공간 구성 및 운영 197
2-3 기관운영 200
2-4 가정 및 지역사회와의 연계 208

3. 3영역 : 건강·안전 213
3-1 실내외 공간의 청결 및 안전 213
3-2 급·간식 218
3-3 건강증진을 위한 교육 및 관리 223
3-4 등·하원의 안전 230
3-5 안전교육과 사고예방 236

4. 4영역 : 교직원 241
4-1 원장의 리더십 241
4-2 보육교직원의 근무환경 245
4-3 보육교직원의 처우와 복지 247
4-4 보육교직원의 전문성 제고 250

부록
1. 어린이집 평가제 지표 체크리스트 256
2. 평가제 원장·교사 면담(질문지) 점검표 268
3. 어린이집 운영 안내서 273
4. 통합 부모동의 및 조사서 274
5. 어린이집 운영일지 280
6. 부모만족도 조사 281
7. 영유아 학대의 정의와 유형, 신고의무 283
8. 종사자 운영규정 및 복무규정 285
9. 보육교직원 교수법 관찰 및 지도 평가표 293
10. 보육교직원 교육 이수 현황표 295
11. 보육교직원 의무 및 필수 교육 목록 296
12. 실습교사 오리엔테이션 299

참고문헌 301
CD 수록 서식 목록 304

본 서에 포함된 CD에는 어린이집 평가제를 위한 필수 서식이 담겨 있습니다.

CHAPTER

01

어린이집 운영과 관리

1. 어린이집 운영관리의 개념 및 원리
2. 운영관리 이론
3. 운영관리 영역
4. 운영관리 과정

01
어린이집 운영과 관리

1. 어린이집 운영관리의 개념 및 원리

1) 개념

어린이집을 효율적으로 운영하기 위해서는 운영관리의 개념을 명확히 해야 한다. 어린이집은 설립의 목적에 따라 운영되므로 운영관리의 개념을 정의하기는 쉽지 않다. 일반적 관점에서 어린이집 운영관리의 개념을 살펴보면 시설의 목적과 목표를 효과적으로 달성하기 위한 인적·물적·재정적·운영방법적 조건을 효율적으로 조정 및 운영하는 것(김옥련 외, 1993)이라 정의할 수 있으므로 이러한 개념을 갖고 접근해야 한다.

효율적인 어린이집 운영관리는 각 기관이 수립한 목적 및 목표를 달성하기 위해 계획, 조직, 인사, 실행, 평가 단계의 순환과정을 거친다(임재택, 2001). 어린이집의 운영관리 목표를 기초로 계획을 세우고, 그 계획에 따라 실행이 이루어지며 실행의 과정을 평가하고 평가의 결과를 재구성하는 과정을 통해 더 합리적으로 운영할 수 있다.

어린이집은 「영유아보육법」과 보육사업안내의 행정사항을 준수하고 영유아와 관련된 정보와 보육활동을 지원하는 정보를 체계적으로 수집하고 지속적으로 관리하여야 한다. 또한 질적 보육을 유지할 수 있도록 부모와 관련된 정보를 수집하고 어린이집의 운영에 대한 운영방침 및 기준과 한계를 명시하여야 한다.

특히, 영유아들이 교육의 대상인 어린이집은 놀이중심, 생활중심의 교육을 운영하고 있으며 교사의 능력과 자질에 따라 교육의 서비스와 질이 달라지는 기관이다. 그러므로 어린이집 운영관리의 요소 중 교직원의 관리는 핵심영역이라 할 수 있으며, 전문성을 갖춘 원장 및 교사에 의해 체계적이고 합리적인 운영을 해야 한다.

원장은 어린이집을 조직, 운영, 관리 감독하는 전문가인 동시에 지도자의 역할을 감당하는 총괄적인 책임자라 할 수 있으므로 어린이집을 안정적이고 지속적으로 운영하는 것 외에 영유아의 이익을 최우선으로 하는 보육이념을 수립하고 이를 합리적 방법으로 수행하는 중요한 역할을 담당하여야 한다.

그러므로 어린이집이 가져야 하는 사회적 책무성과 원장의 전문적 역할에 대해 올바르게 인식하고 책임 있는 원장으로서의 준비를 하는 것은 어린이집 설치를 위한 가장 중요한 출발점이라고 할 수 있다. 나아가 보육철학 및 신념을 설정하고 운영관리를 함으로써 사회와 국가의 공인된 가치, 신념, 지식을 지도하며 미래에 대한 분명한 가치와 비전을 이루어나가야 한다.

2) 원리

어린이집은 효율적이고 합리적인 근거에 의해 운영되어야 한다. 어린이집을 운영하기 위해 고려해야 할 기본원리는 다음과 같다(임재택, 2001).

(1) 타당성의 원리

어떤 기관에서 바람직한 교육계획을 세우고 그것을 운영해 나가는 데 있어서 올바른 보조활동이 되어야 함을 의미하며, 교육계획을 세우고 이를 달성해 나가는 모든 활동이 그에 알맞게 타당해야 한다.

(2) 민주성의 원리

어린이집 운영의 민주화에는 운영관리 조직의 민주화(어린이집 경영방침을 토의하는 최고 의결기관인 직원회의나 원무분담조직 등)와 운영관리 과정의 민주화(중요한 목적, 계획의 수립, 평가 등)의 양면을 고려하게 된다. 또한 보육교직원들과의 관계와 그 운영과정이 민주적이어야 한다.

(3) 효율성의 원리

'목적을 달성하기 위하여 최소의 수단으로 최대의 목적'을 이루는 경제적 효율보다는 '주어진 수단으로 최대의 목적'을 이루는 사회적 효율이 강조되어야 한다.

(4) 적응성의 원리

교육은 사회의 변화에 따라 달라지기 때문에 효율적인 운영관리를 위해서 그 기관이 처한 현실적 상황을 충분히 고려하며 과학의 진보나 사회의 변화에 적응할 수 있는 능력을 갖추어야 한다. 즉, 교육에 대한 국가정책의 변화, 사회의 흐름을 받아들이고 현 시대에 필요한 교육으로 전환할 수 있는 적응성이 필요하다는 것을 의미한다.

(5) 안정성의 원리

운영관리에 있어서 일관성과 지속성을 유지하려는 원리로서 어린이집 원장은 사회적 변화나 보육정책의 변화에 따라 적응성을 발휘하는 동시에 기관의 교육철학 및 고유의 가치관 등을 지켜나가는 등 장기적인 안목을 가지고 기관을 운영해야 함을 의미한다.

(6) 전문 책임성의 원리

어린이집을 효율적으로 운영하기 위해서는 전문적 설치기준에 근거한 양질의 전문적 서비스를 준비할 책임이 있다. 더욱 전문적으로 어린이집을 운영하기 위해 법적·행정적 기준을 강화하고 이를 수행해야 한다.

2. 운영관리 이론

어린이집을 효율적으로 운영하기 위해서 기초로 삼아야 하는 이론을 살펴보면 다음과 같다.

1) 발달이론

어린이집 교육의 대상인 영유아들의 행동과 심리현상의 특징을 체계적으로 제시해 주는 학자들의 발달이론은 운영자가 알아야 할 필수요소라고 할 수 있다.

(1) 프로이드 – 심리성적 이론

프로이드(1856~1939)는 정신과 의사로서 환자를 치료하는 과정에서 무의식의 개념을 착안하였고 자유연상기법을 발견하게 된다. 프로이드는 심리세계를 무의식이 지배하고 있다고 주장하며 무의식 중에 성적 욕망(리비도)이 가장 영향을 많이 끼친다고 보았다. 따라서 부모가 생후 초기 몇 년 동안 유아의 생물학적 욕구를 어떻게 다루느냐가 건강한 인성발달에 결정적임을 강조하였다.

가. 프로이드의 심리성적 발달단계

해당 연령	단계	특징
0~1세	구강기	• 입과 구강 부위의 자극으로 쾌락을 추구한다. • 자아가 발달되지 않은 상태에서 원초아에 의해 쾌락을 추구한다. • 구강 쾌락의 과도한 만족 또는 좌절은 과식, 지나친 흡연, 손톱 물어뜯기 등 구강기에 고착된 반응을 보이는 구강기 성격이 나타나게 한다.
1~3세	항문기	• 괄약근의 발달로 배설을 통제하게 된 유아는 대소변을 배출하거나 보유함으로써 쾌락을 경험하게 된다. • 이 시기의 배변 훈련은 욕구 만족에 대한 외부의 간섭을 처음 접하게 한다. • 항문기에 고착되면 청결이나 질서에 대한 강박적 욕구를 보이거나 수전노 또는 낭비벽이 심한 사람이 되기도 한다.
3~6세	남근기	• 리비도가 성기로 이동하며 성기에 대한 관심이 고조된다. • 남아는 어머니를 애정의 대상으로 추구하고 아버지를 경쟁자로 인식하며 오이디푸스 콤플렉스, 거세 불안을 경험한다. 반대로 여아는 아버지에 대한 애정 표현이 어머니에 의해 좌절되는 엘렉트라 콤플렉스를 경험하며, 남근 선망을 지니게 된다. • 이 시기의 콤플렉스를 벗어나기 위해 유아는 동성의 부모와 동일시하여 행동하거나 부모의 가치와 도덕률을 내면화하여 초자아를 발달시킨다.
6~12세	잠복기	• 성적 욕구에 대한 흥미가 약해지고 그 욕구를 억누르고 있는 시기이다. 리비도는 여전히 성기 부위에 있으나 성에 대한 표현이나 행동은 두드러지게 나타나지 않는다. 대신 성적 에너지를 사회적으로 바람직한 활동, 즉 운동, 학업 등에 쏟아 붓는다.
12세~	생식기	• 생식기가 성숙되고 호르몬이 분비되면서 생식기 부위를 통한 성적 만족을 얻고자 한다. • 청소년기나 성인 초기 동안 사람들은 이성 교제와 같은, 자녀를 갖고 성적 본능을 만족시키는 데 필요한 활동을 한다. • 청소년이 이성에 대한 욕구를 운동, 사회봉사활동과 같은 대체활동으로 승화시키지 못하면 성적 에너지가 비행으로 표출된다.

나. 방어기제

방어기제란 무의식적 수준에서 일어나는 자아기능의 한 측면으로 긴장으로부터 자기를 보호하려고 하는 심리적 기제이다. 갈등이나 불안을 제거하는 방법에는 합리적 문제

해결을 통한 방법이 있고, 현실적 문제해결이 가능하지 않은 경우에는 비현실적 방어기제를 사용하게 된다. 방어기제는 한 사람이 한 가지 이상의 방어기제를 사용하지만 위기 시에 어떤 방어기제를 두드러지게 사용하는가에 따라 그 사람의 성격적 특성을 알 수 있다.

억압Repression

불안을 일으키는 기억, 감정, 충동 등이 의식으로 떠오르지 못하게 의식세계에서 무의식세계로 밀어내는 것을 억압이라고 한다.

[예] 사고를 기억하지 못함. 야구경기 중 야구 방망이로 사람을 친 사람이 그 사고를 기억하지 않으려는 것으로 이는 기억에서 완전히 망각되는 것이 아니라 의식의 배후에 남아 있게 됨.

전이Displacement

어떤 대상이나 사물에 향했던 감정을 그대로 다른 대상이나 사물에 향하게 하는 것이 전이이다. 즉, 위험한 욕구나 충동을 표현하되, 다른 대상으로 위치를 바꾸어 표현하는 것이다.

[예] 어머니께 맞은 아이가 강아지를 발로 차는 행동, 무의식 중에 어머니를 향해 화를 품고 있는 사람이 다른 여자에게 적대 감정을 가지는 것 등

부정Denial

무의식적으로 현실을 거부함으로써 현실과 관련된 정신적 고통을 피해 보려고 하는 것으로 현재의 상황을 거부하고 자신이 좋다고 생각하는 방향으로 상황을 판단하고 인정하는 것을 말한다. 억압과 같은 목적을 갖고 있지만 개인의 의식적 의도가 있는 것이다.

[예] 사랑하는 사람의 장례식에 다녀온 후 그 사람의 죽음을 인정 못함.

퇴행Regression

불안이나 공포에 직면했을 때 거의 어떠한 제재도 받지 않던 어린 시절의 감정과 행동으로 되돌아간다.

[예] 걸을 수 있는 아이가 동생이 태어나자 다시 기어 다니는 행동

투사Projection

사회적으로 인정받을 수 없는 자신의 행동과 생각을 마치 다른 사람의 것인양 생각하

고 남을 탓하는 것이다.

[예] 시험성적이 나쁜 학생이 자신이 공부를 충분히 하지 않았음에도 불구하고 시험문제 출제가 잘못되었다고 생각함. 우리 속담으로 '잘못되면 조상 탓한다'가 이에 해당함.

반동형성Reaction formation

바람직하지 못하다고 생각되는 충동을 억누르고 그 반대되는 행동을 과잉 표출하는 것이다.

[예] 싫어하는 사람에게 오히려 친절하게 대함. 또는 십대 미혼모가 아이에 대한 적개심을 지나친 애정과 과보호로 표현하는 경우, 이때 표현되는 감정은 불안을 피하고자 하는 목적이 있어 자연스럽지 못하고 융통성 없게 표현되는 특성이 있음.

합리화Rationalization

정당하지 못한 자기 행동에 그럴듯한 이유를 붙여 정당화하여 불안을 제거한다. 즉, 합당하고 도덕윤리에 어긋나지 않는 이유를 대는 것을 말한다.

[예] 부모가 아이를 때리면서 사랑하기 때문에 때린다고 말하는 경우

승화Sublimation

용납되지 않는 충동을 억압할 수 없을 때 사회적으로 용납되는 다른 형태, 바람직한 형태로 전환하여 표출하는 경우이다.

[예] 성적 충동을 느끼는 청소년이 다양한 스포츠에 심취하여 해소함.

고착fixation

어느 한 발달단계에서 나아가지 못하고 머물러 있는 것으로 정상적인 사람들은 일생을 통해 진보적 발달을 하며 한 단계에서 다른 단계로 이동을 한다. 그러나 때때로 이러한 발달이 정지되어 다음 단계로 옮겨가지 못하고 일정한 단계에 머물러 있게 되는 경우를 말한다.

[예] 손가락을 빠는 나이가 지났는데도 손가락을 빠는 행위를 함.

보상Compensation

심리적으로 어떤 약점이나 제한점이 있는 사람이 이를 보상받기 위하여 다른 어떤 것에 몰두하는 것이다.

[예] 신체적으로 열등감을 느끼는 사람이 우수한 학생이 되기 위해 학업에 정진하는 경우

(2) 에릭슨 - 심리사회적 발달이론

에릭슨(1902~1994)은 독일의 발달심리학자이며 프로이드의 연구에 기초를 두면서 정신분석이론의 중요한 발전을 이루었다. 자아Ego의 성장에 관심을 가졌으며 인간의 성격발달을 개인과 사회적 환경의 상호작용 결과라고 하였다. 다른 사람과의 사회적 관계에 초점을 맞추어 일생을 8단계로 제시하였고 단계마다 위기를 어떻게 해결하느냐에 따라 각 개인의 독특한 성격이 형성되는데 각 위기를 적절하게 해결해야 건강한 발달을 이룰 수 있고, 적응하지 못하면 성격적 퇴행을 경험하게 된다는 양극이론polarity을 제시하였다.

가. 에릭슨의 심리사회적 발달단계

해당 연령	단계	특징
0~1세	신뢰감 대 불신감	어머니에 대한 신뢰를 배운다. 어머니가 영아에 대해 거부적이거나 양육의 일관성을 덜 보이면 영아는 세상과 사람에 대해 불신하기 쉽다.
1~3세	자율성 대 수치심	유아는 스스로 먹고 배설하며 옷을 입는 등의 행동을 통해 자율성을 기르게 된다. 이러한 자율적 행동을 성취하지 못하면 유아는 자신의 능력을 의심하며 수치심을 느낀다.
3~6세	주도성 대 죄책감	유아는 자신의 능력 이상의 목표를 설정하며 그것을 달성하고자 노력하는 주도성을 가진다. 주도적 행동이나 목표가 가족구성원의 것과 상충될 때 죄책감을 느끼며 둘 간의 균형을 이루려고 노력한다.
6~12세	근면성 대 열등감	초등학교 생활을 통해 아동은 중요한 사회적·지적·신체적 기술을 익힌다. 자기와 또래 아동을 비교하며 충분히 근면하다고 생각하면 자신감을 갖지만 그렇지 못할 때는 열등감이 생긴다.
12~20세	정체감 대 역할 혼미	아동기와 성인기 사이의 교차점이다. 청소년은 '나는 누구인가'를 알기 위해 노력하며 기본적인 사회적·직업적 정체감을 형성한다. 그렇지 못할 때는 역할 혼미를 느껴 이후의 생을 부정하거나 영웅에 대해 무조건적 동일시나 충성을 한다.
20~40세	친밀감 대 고립감	타인에 대해 친밀한 우정을 형성하고 동료애, 애정을 갖는다. 그렇지 못할 때에는 고독감, 고립감을 느낀다.
40~65세	생산성 대 침체감	성인은 자신의 일에서 생산적이며 후세대인 자녀를 양육하거나 젊은이들의 요구를 돌본다. 생산성의 기준은 문화에 의해 규정된다. 이러한 일을 하지 못할 때 침체되거나 자기중심적으로 되며 타인에 대해 관대함도 결여된다.
노년기	자아통합 대 절망	지나온 생을 회고하여 의미 있고 성공적이며 행복한 경험이었다고 인식되면 자아통합감을 얻는다. 지나온 삶이 무의미했다고 느끼면 절망감을 느끼게 된다. 가장 중요한 것은 일생 동안의 사회적 경험이다.

나. 교육적 시사점

에릭슨은 인간발달에서 전 생애발달적 접근을 하였고 문화적 상대성을 인정하였다. 프로이드는 특정 단계에서의 실패를 되돌릴 수 없는 것으로 본 반면, 에릭슨은 실패의 수정은 언제라도 적절한 사랑과 보살핌이 있으면 가능한 것으로 보았다.

(3) 보울비 – 애착이론

보울비(1907~1990)는 2차 세계대전 후 고아원에서 성장한 유아들에게 타인과 친밀하고 지속적인 관계를 형성하지 못하는 등 여러 가지 정서적 문제가 있음을 발견하였고, 유아가 생의 초기에 어머니에 대한 확고한 애착을 형성할 기회가 없었기 때문에 친밀한 인간관계를 맺지 못하는 것으로 해석하였다.

가. 애착이란?

애착attachment은 아기가 태어나서 자신을 돌보는 사람, 특히 어머니와의 강한 정서적 유대감을 통해 깊은 애정적 관계를 형성하는 것이다.

나. 애착의 형성요인

① 양육자는 유아의 요구에 신속하게 반응하도록 한다.

② 양육자는 유아의 신호를 해석하고 그것에 응답하는 데 민감하도록 한다.

③ 양육자는 유아에게 일관성 있게 대하도록 한다.

④ 양육자는 여러 가지 방식으로 유아에게 애정을 표현하도록 한다.

⑤ 양육자는 유아를 신체적으로 잘 돌보아 주어야 한다.

다. 애착의 형성과정

단계	특징	
1단계	애착 전 단계 (pre-attachment phase : 출생 후 6주)	• 특정인에게 애착을 형성하기 이전의 단계 • 영아는 울음, 눈 맞춤, 미소, 반사행동 등으로 애착 행동 나타냄 • 인간에 대한 비변별적 반응성 : 모든 사람에게 호의적인 반응을 보임
2단계	애착형성단계 (attachment-in-the-making : 6주~8개월)	• 한 사람 또는 그 이상의 양육자들과의 상호작용 패턴을 형성 • 정기적으로 돌봐주는 양육자에게 더 많은 미소를 지어 보임 • 점차적으로 익숙한 사람을 구별하기 시작 • 낯익은 사람에게 초점 맞추기

(계속)

단계	특징	
3단계	애착단계 (clear-cut attachment : 6,8개월~18개월)	• 분리불안 시작 • 능동적인 접근을 추구 • 영아의 애착행동이 일차적으로 한 사람(특정 개인)을 향함 • 대상영속성 개념의 출현 시기 : 눈 앞에 없는 대을상 인지적으로 표상함 • 애착행동의 중요한 양상이 변화함
		• 영아는 양육자를 자기에게로 유인하거나 양육자에게 쉽게 접근하게 됨 • 사회적 참조, 낯가림, 분리불안이 나타남
4단계	상호관계의 형성단계 (formation of reciprocal relationships : 18개월 이후)	• 인지와 언어발달로 인해 애착 대상의 행동을 예측 • 대상영속성의 발달로 분리불안 감소 • 동반자행동

(4) 브론펜브레너 – 생태학적 체계이론

브론펜브레너(1917~2005)는 러시아계 미국인 발달심리학자로서 아동발달의 생태학적 심리이론으로 유명하다. 그의 연구와 이론은 아동발달에 있어서 지대한 환경적·사회적 영향에 주목하게 함으로써 발달심리학의 관점을 바꾸는 핵심이 되었다. 생태학적 체계이론은 인간발달을 인간과 그를 둘러싼 복합적이고 상호작용적 체계에서 이루어지는 맥락 속에서 설명하려는 입장으로 아동발달의 환경적 영향력들에 대하여 차별화되고 완전한 설명을 제공하고 있다.

가. 생태학적 체계이론이란?

인간의 발달을 인간과 그를 둘러싼 복합적이고 상호작용적 체계 속에 이루어지는 환경의 맥락 안에서 이해하는 것으로 인간의 행동을 가족, 지역사회, 문화 등 인간이 몸담고 있는 생태환경과 연관시켜 설명한다.

나. 생태학적 체계모델

생태학적 체계모델은 미시체계, 중간체계, 외체계, 거시체계, 시간체계로 구성된다.

미시체계

영유아의 가장 가까운 환경 안에서 활동하고 상호작용하는 유형들로 구성된다. 유아의 가족, 친구, 학교, 이웃이 포함되며 미시체계는 유아가 성장하면서 변화한다.

중간체계

미시체계들 간의 상호관계, 즉 환경들과의 관계를 나타내는 것으로 부모와 교사 간의 관계, 형제관계, 이웃, 친구와의 관계 등이 포함된다. 방문과 정보의 협동적인 교환의 형태로 가정과 기관 사이의 연결이 있을 때 각 관계성은 발달을 더 많이 후원해 줄 것이다.

외체계

개인이 적극적인 참여자로 관여하지는 않으나 발달하는 개인이 속한 환경에서 일어나는 일에 영향을 주거나 영향을 받는 사건이 발생되는 하나 또는 그 이상의 환경을 나타낸다. 외체계는 직접적인 환경에서 영유아들의 경험에 영향을 주는 사회적 환경으로 부모의 일터, 부모들의 종교기관, 지역사회 내의 건강과 복지서비스기관 같은 공식적인 조직체들이다.

거시체계

미시체계, 중간체계, 외체계에 포함된 모든 요소에 개인이 살고 있는 문화적 환경까지 포함한다. 영유아의 삶에 직접적으로 개입하지 않으나 전체적으로 보면 아치처럼 펼쳐 있는 사회계획을 포괄함으로써 비록 간접적이기는 하나 매우 강력한 영향력을 발휘한다.

시간체계

전 생애에 걸쳐 일어나는 변화와 사회역사적인 환경을 포함한다. 환경이란 영유아들에게 일치된 방식으로 영향을 주는 고정된 힘은 아니다. 형제의 출생, 학교생활의 시작, 새로운 곳으로의 이사, 부모의 이혼 같은 중요한 생활사건들은 발달에 영향을 주는 새로운 환경을 만들어내면서 영유아와 환경 사이에 존재하는 관계성들을 수정한다.

2) 교육경영이론

교육경영이론은 어린이집 경영의 분석과 변화를 위한 전략을 찾아내기 위해 필요한 것으로 각 어린이집이 지니고 있는 조건과 특성에 따라 융통성 있게 실행되어야 한다.

(1) 과학적 경영이론

19세기 말 타일러(1832~1917)가 제시한 이론으로 교직원의 직무를 과학적으로 프로그래밍하여 적절한 보상을 통해 관리함으로써 경영의 효율을 높일 수 있다는 이론이다. 보비트(1876~1956)는 교육 속에서 과학적 경영이론의 적용원칙을 다음과 같이 제시하고 있다(김주건, 1997).

① 가능한 모든 시간에 모든 교육시설을 활용하도록 한다.

② 교직원의 작업능률을 최대로 유지한다.

③ 교육활동 중의 낭비를 최대한 제거한다.

④ 교직원들에게 행정을 맡기기보다 유아들을 가르치는 데 최대한 활용한다.

(2) 인간관계이론

개인적인 차원의 의사소통 현상 중 가장 대표적인 것은 인간 개체와 개체 간에 이루어지는 대인 커뮤니케이션 현상이다. 인간관계의 핵심이 무엇이고, 왜 중요하며, 그것을 어떻게 추구해 나갈 것인가 하는 문제를 커뮤니케이션을 중심으로 풀어나가는 것이 인간관계이론의 핵심이다. 하나의 공동체 내에서 사람들은 자기 내부의 주체, 객체 자아와 끊임없는 상호작용을 하는 것과 동시에 타인과 관계를 형성하고 유지, 발전시켜 나가기 위해 지속적인 대화와 소통의 노력을 해나가므로 어린이집 원장은 관리자로서 하는 업무보다 교직원의 필요에 민감하게 반응하고 상호작용하며 부모 및 지역사회와의 협력적 관계에 중점을 두고 운영해야 한다.

(3) 갈등관리이론

조직이론에서 갈등에 대한 과학적 접근이 시도된 것은 최근의 일이며 행동과학에서 주로 연구되었는데, 갈등에 대한 가장 최근의 이론적 관점은 상호작용주의적 관점으로서 1970년대 중반을 지나서 대두되기 시작하였다. 이와 같은 관점은 갈등이란 전적으로 좋은 것도 아니고 전적으로 나쁜 것도 아니라고 생각한다. 조직목표의 달성을 지원하거나 업적 향상에 도움이 되는 갈등은 순기능을 하고 업적을 방해하는 갈등은 역기능을 한다고 주장한다. 갈등관리 방안은 다음과 같다.

① 문제해결

갈등의 당사들이 공동의 노력으로 갈등의 원인이 되는 문제를 해결한다.

② 상위목표의 제시

갈등 당사자들이 공동으로 취해야 할 상위목표를 제시함으로써 갈등을 완화시킬 수 있다.

③ 자원의 증대

희소자원의 획득으로 인한 경쟁에서 초래된 갈등을 해소하는 방법이다.

④ 회피

갈등을 야기할 수 있는 의사결정을 보류, 회피하거나 갈등당사자의 접촉을 피한다. 이는 항구적인 해소방법은 못된다.

⑤ 완화

갈등 당사자들의 이견이나 상충되는 이익과 같은 차이를 얼버무리고 공동이익을 강조함으로써 갈등을 완화시키는 방법이다. 이것은 근본적인 갈등 원인을 제거하지 못하는 것으로 잠정적인 단기적 해소방법이라 하겠다.

⑥ 강압

강력한 압력을 가함으로써 갈등을 해소시키는 방법이다. 여기에는 강력한 힘을 가진 경쟁자를 이용하거나 보스 같은 권위를 가진 사람, 또는 중재인이나 조정자를 이용한다.

⑦ 협상

갈등 당사자들이 그들의 대립되는 입장을 부분적으로 양보하여 해결하고자 하는 타협의 형식을 취한다.

3. 운영관리 영역

어린이집 운영을 위한 공통적이고 일반적인 운영관리의 영역을 6가지 범주로 나누어 보면 다음과 같다.

표 1-1 운영관리의 영역 6가지 범주

인적관리	시설관리	행정·재정 관리	보육과정 운영관리	건강·영양·안전 관리	부모·지역사회 연계 관리
• 원아관리 • 교직원관리	• 시설·설비 관리 • 교재교구 관리	• 운영기획관리 • 홍보 • 문서관리 • 정보관리 • 재정관리 • 평가관리	• 보육프로그램의 계획 • 운영 및 평가 관리	• 건강관리 • 영양관리 • 안전관리	• 부모관리 • 지역사회 연계 관리

1) 인적관리

(1) 원아관리

원아모집, 입학과 출석관리, 반편성, 가정환경 조사, 생활기록부 등을 다룬다.

(2) 교직원 관리

교직원의 채용 및 임용, 교직원의 자격, 업무분장, 연수, 근무평정, 재직 및 퇴직에 관한 사항, 보수 및 근무여건, 교직원의 개인적 활동과 전문적 활동에 관한 사항을 다룬다.

2) 시설관리

(1) 시설·설비 관리

건물, 교실, 놀이터, 시설·설비의 구입, 수리, 유지 및 관리, 주변 환경 관리, 안전관리 등이 포함된다.

(2) 교재교구 관리

교재교구 구입 및 관리, 환경 구성 및 관리, 흥미영역의 구성 및 관리, 시청각 교재 등이 포함된다.

3) 행정 · 재정 관리

(1) 행정관리

업무분장과 업무처리 조직, 업무표준화, 서류관리(법정서류, 보고서류, 기록서류, 통신), 문서처리 등이 포함된다.

(2) 재정관리

보육료의 수납 등 재정의 확보, 분배, 지출, 평가 및 예산수립, 집행, 결산, 감사의 내용이 포함된다.

4) 보육과정 운영관리

보육과정의 운영, 보육계획 수립 및 운영, 행사 계획 및 운영, 영유아 관찰 및 기록, 영유아의 교육과 보호 등의 내용이 포함된다.

5) 건강·영양·안전 관리

영유아의 건강 및 안전을 위한 균형 잡힌 식단에 기초한 급·간식 제공, 감염병 예방 및 확산에 따른 조치, 아동학대 예방지침 등의 내용이 포함된다.

6) 부모·지역사회 연계 관리

(1) 부모 관리

학부모 운영위원회 구성, 학부모 오리엔테이션, 가족참여 행사, 가정통신문, 부모교육 프로그램 운영 등의 내용이 포함된다.

(2) 지역사회 연계 관리

지역환경 관리, 지역사회 기관 및 단체, 관련 행정기관, 지역사회의 전문가, 편의시설, 지역사회 행사 등 인적·물적 자원을 활용한 연계 프로그램 등의 내용이 포함된다.

4. 운영관리 과정

운영관리의 과정은 활동이 시작되는 단계에서 끝나는 단계까지의 전 과정으로 의사결정, 계획, 조직, 의사교환, 영향, 조정, 평가의 단계를 거치게 된다(김주건, 1997). 이 단 계들은 개별적 요소가 아닌 유기적 순환과정을 거치는 통합적인 요소들이다. 요소별 내용은 다음과 같다.

1) 의사결정decision making

운영과정의 첫 단계로 운영목표나 정책을 수립하는 일을 결정하는 단계이다. 적기에 합리적인 결정 여부가 과업의 성패를 좌우하는 중요한 요인이 된다.

2) 계획planning

목적 및 목표를 유효하게 수행할 절차와 방법을 합리적이고 효과적으로 수행하기 위한 준비과정으로서 계획단계에 포함되는 내용은 다음과 같다.

(1) 외부환경과 어린이집의 여건 분석

(2) 교육목표 및 운영목표 설정

(3) 운영방침 설정

(4) 활동계획의 작성

(5) 목표와 계획에 대한 평가

3) 조직organizing

조직은 인적·물적 요소를 정비하고 활동을 연결시킴으로써 모든 독립적인 부분들이 달성하고자 하는 목적을 효과적으로 성취하도록 하는 것이다. 각 요소들이 서로 유기적인 관련을 가지고 충분히 기능하도록 기관을 구성하는 것이 중요하다.

4) 의사교환communication

의사교환은 서로에 대한 이해를 도우며 경청, 설명, 정보교환, 의사소통, 기술적 정보 사용 등이 포함된다. 인간관계 의사소통기술은 운영자에게 필수적이며, 운영자는 직원의 성취를 객관적으로 평가하여 강점과 약점에 관한 의사소통을 하는 것이 필요하다.

5) 영향influncing

영향은 지휘, 설득, 지시의 결과로 나타나는 행동을 말한다. 이는 자발적이고 자율적으로 나타나는 것이 바람직하다.

6) 조정cordinating

운영관리에 관여되는 여러 가지 측면에서 조직, 인사, 재정, 시설, 사무, 교육활동 등이 기관의 목표 달성에 최적의 상태가 되도록 조화시키는 것이다. 어린이집에서는 교직원 상호 간의 만남을 통해 갈등을 해소하거나 조화를 이루면서 최대한의 목표 달성을 위해 노력하는 분위기가 이루어져야 한다.

7) 평가evaluating

계획한 과업의 실천과정과 성과를 분석하고 검토하여 합리성과 효율성을 측정하는 것으로 서비스의 질을 최상으로 유지하기 위해 운영관리의 전반적인 과정 및 수행결과에 대해 점검하는 단계이다.

CHAPTER

02

어린이집 설치

1. 어린이집 설치 유형
2. 어린이집 설치과정

02
어린이집 설치

1. 어린이집 설치 유형

어린이집을 설치할 때는 「영유아보육법」에서 규정하고 있는 설치기준을 준수해야 한다. 「영유아보육법」 제2장 제10조에서 제시하고 있는 어린이집 유형 및 설치기준을 살펴보면 다음과 같다.

1) 국·공립 어린이집

국가나 지방자치단체가 설치·운영하는 어린이집 중 직장어린이집을 제외한 상시 영유아 11인 이상을 보육할 수 있는 시설이다. 국가 및 지방자치단체의 장이 인가절차 없이 직접 설치하되, 어린이집 수급계획 등을 포함한 보육계획을 사전에 수립하여 반영될 수 있도록 하며 지방자치단체의 경우 설치 시 지방보육정책위원회의 심의를 거쳐야 한다.

2) 사회복지법인어린이집

「사회복지사업법」에 의한 사회복지법인이 설치·운영하는 어린이집으로 상시 영유아 21인 이상을 보육할 수 있는 시설을 갖추어야 한다(시행규칙 제9조).

「영유아보육법」상의 설치기준을 모두 갖추어야 하며 산업단지에 있는 지식산업센터 건물에 어린이집 설치 시 안전사고 및 재난에 대비한 시설을 갖추어 5층까지 보육실을 설치할 수 있다. 관할 시장·군수 또는 구청장에게 사전에 인가 신청을 하고 지역 보육 수요와 어린이집의 공급 현황 등을 고려하여 지역별로 균형 있게 배치되도록 한다.

3) 직장어린이집

사업주가 사업장의 근로자를 위하여 설치·운영하는 어린이집으로 국가 또는 지방자치단체의 장이 소속 공무원을 위하여 설치·운영하는 어린이집을 말한다. 상시 영유아 5인 이상을 보육할 수 있는 어린이집으로 「영유아보육법」상의 설치기준을 모두 갖추어야 하며, 사업주가 직장어린이집을 설치할 경우에는 안전사고 및 재난에 대비한 시설을 갖추어 건물 내 5층까지 보육실을 설치할 수 있다.

상시 영유아 20인 이하를 보육하는 직장어린이집은 가정어린이집을 설치할 수 있는 곳에도 설치할 수 있으며, 직장어린이집을 설치하고자 하는 자는 관할 시장·군수 또는 구청장에게 사전에 인가를 신청하여야 한다.

4) 가정어린이집

개인이 가정 또는 그에 준하는 곳에 설치·운영하는 어린이집으로 상시 영유아 5인 이상 20인 이하를 보육할 수 있는 어린이집을 말한다. 「영유아보육법」상의 설치기준을 모두 갖추어야 하며, 관할 시장·군수 또는 구청장에게 사전에 인가를 신청하여야 한다.

5) 협동어린이집

보호자 11인 이상이 조합을 결성하여 설치·운영하는 어린이집으로 상시 영유아 11인 이상을 보육할 수 있는 어린이집을 말한다. 관할 시장·군수 또는 구청장에게 사전에 인가 신청을 하여야 하며, 상시 영유아 20인 이하를 보육하는 부모협동어린이집은 가정어린이집을 설치할 수 있는 곳에도 설치할 수 있다.

보육아동을 둔 보호자 11인 이상이 상호 출자하여 공동으로 어린이집을 설치·운영할 것을 약정함으로써 그 효력이 발생하며 출자는 조합원의 약정에 따라 금전, 기타 재산 또는 노무로 할 수 있다. 어린이집 대표자는 조합원 중에서 선임하고, 시설 운영에 관한 통상 사무는 원장이 전임하며, 주요사항은 조합원 과반수 이상 찬성으로 결정한다.

조합원이 최대한 보육과정 및 의사결정에 참여하여 소기의 설립목적을 달성하도록 노력하여야 한다.

6) 장애아전문통합어린이집

장애아전문통합어린이집은 12명 이상의 장애 영유아를 보육할 수 있는 시설을 갖춘 어린이집을 말한다. 미취학 장애인을 3명 이상 보육하는 시설로서 교사 대 아동비율 준수(1 : 3)를 전제로 하다. 어린이집에서는 장애아동을 대상으로 인근 장애아전문통합어린이집 또는 장애인복지관과 연계하여 특수교육진단평가, 개별화 교육프로그램IEF 등을 시행함으로써 장애아동이 제대로 된 보호서비스를 받을 수 있도록 하여야 한다.

7) 시간연장어린이집

기준보육시간(07 : 30~19 : 30)을 경과하여 최대 24시까지 시간을 연장하여 보육하는 시설이다. 해당 시설의 종일보육을 연장하여 보육하는 것이 원칙이나, 주간에 다른 어린이집 등을 이용한 경우에도 가능하다. 법인·직장어린이집 등 취약보육을 우선 실시하여야 하는 시설을 우선 지정하며, 평가인증을 통과한 시간연장보육을 희망하는 어린이집에 대해서도 우선 지정한다.

8) 시간제 보육 제공기관으로 지정받은 어린이집(시·도 육아종합지원센터)

가정양육 시에도 지정된 제공기관에서 시간 단위로 보육서비스를 이용하고 이용한 시간만큼 보육료를 지불하는 서비스이다. 지원대상은 보육료 또는 유아학비를 지원받지 않고 양육수당을 수급 중인 영아이며, 지급방식은 아동 또는 부모 등의 명의 계좌입금과 시장·군수·구청장이 계좌 적정성을 확인한 후 입금한다.

2. 어린이집 설치과정

어린이집을 설치하려면 보육 수요 등 지역 여건 및 어린이집 설치기준에 관하여 관할 시장·군수 또는 구청장에게 사전에 설치 전 상담을 요청할 수 있다. 어린이집을 설치하기 위해서는 다음과 같은 절차를 확인하고 준비해야 한다.

1) 어린이집의 설치 전 상담

지방자치단체의 장은 어린이집을 설치하고자 하는 자가 사전에 상담을 요청하는 경우, 관할 지역의 보육 수요, 어린이집 입지조건 및 설치기준 등에 관하여 사전 고지하는 등 적극 협조하여야 한다.

상담의 절차

접수 → 상담 → 인가 가능 여부 결정 → 구두 및 서면 통보 → 인가 준비

2) 장소 선정

어린이집을 안정적으로 운영하기 위해서는 입지조건과 보육 수요 등을 충분히 고려하여 장소를 선정하여야 한다.

- 어린이집을 설치하고자 하는 이용권역 내 6세 미만의 취학 전 영·유아가 유치원이나 어린이집을 이용할 것으로 예상되는 수를 파악하고, 어린이집 간의 거리나 수준을 고려하여 과잉경쟁을 하지 않고 원아모집을 할 수 있는 곳으로 선정한다.
- 어린이집 주변 환경은 공원이나 숲이 있어 공기가 쾌적하며 보건·위생 등에 문제가 없어야 하고, 주택단지와 인접하고 안전하며 교통이 편리하여 등·하원이 용이한 곳에 설치하여야 한다.
- 어린이집 입지와 관련된 법 규정과 보육정책에 대한 정보를 수집하여 면밀히 검토하고 자연재해의 피해가 우려되거나 소음이나 공해, 위험요소가 없는 교육적으로 도움이 되는 지역에 설치하는 것이 바람직하다.
- 어린이집과 주변에 지역사회의 자원을 활용할 수 있는 소방서, 박물관, 병원, 공연장 등 견학이나 원내 방문 등을 통하여 학습의 기회를 가질 수 있는 곳이 바람직하다.

3) 규모 결정

표 2-1 규모 결정

시설 규모 \ 면적기준	어린이집 전용면적	보육실 면적	놀이터 면적	신청기준
50인 미만 시설	영유아 1인당 $4.29m^2$	영유아 1인당 $2.64m^2$	-	각 면적 산정 인원 중 가장 적은 수를 정원으로 함
50인 이상 시설			영유아 1인당 $3.5m^2$ 원칙	

4) 운영계획 수립

운영계획은 어린이집을 설치하여 어떻게 운영할 것인가에 대한 계획을 세부적으로 수립하는 것으로 운영철학을 바탕으로 기관운영의 기본적 성격과 방향을 결정하고 재정 및 입지 조건 등을 고려하여 운영계획을 수립한다. 운영계획에 포함되어야 하는 내용은 다음과 같다.

- 어린이집의 정원은 전용면적은 1인당 면적기준은 4.29m² 범위 내에서 책정하게 하고 보육실 면적은 영유아 1인당 2.64m²를 확보해야 하므로 이러한 기준 여부를 확인하여야 한다.
- 보육교직원과 영유아에게 기본적으로 필요한 시설(보육실, 실내놀이터, 실외놀이터, 식당과 조리실, 교사실, 원장실, 자료실 등)을 우선적으로 계획하여 공간을 확보하여야 한다.
- 어린이집의 보육사업의 기본방향과 운영계획 초안을 작성하여 전문가나 경험이 풍부한 원장들의 조언을 들어 반영하며, 어린이집 설치에 필요한 비용을 산정하여 효율적으로 활용할 수 있도록 예산을 편성하여야 한다.
- 어린이집의 개원 시기 결정은 원아모집 등이 매우 중요하며 어린이집은 3월에 학기를 시작하여 2월에 졸업을 하게 되므로 이를 전제로 개원 일정을 준비하는 것이 바람직하다.

5) 인가 신청

어린이집 설립은 인가사항이므로 법정 시설 규모, 인력 등이 구비되면 설립을 할 수 있으며, 신청인은 어린이집 인가신청서 및 첨부서류를 구비하여 관할 시장·군수 또는 구청장에게 제출한다. 신청인이 인가신청서를 제출하면 처리기관은 보육 수급 확인 후 인가여부를 검토하고 입지조건 등 현장 확인을 통하여 인가 여부를 결정하고, 인가 여부가 결정되면 인가증을 작성하여 접수일로부터 14일 이내에 교부해야 한다. 인가신청서 작성방법 및 구비서류는 다음과 같다.

(1) 인가신청서 작성방법

① 시설 명칭은 ○○어린이집으로 하고, 관할 구 지역 안에서는 동일한 명칭을 쓸 수 없다.

② 시설종별은 민간 또는 직장으로 구분한다.

③ 시설장은 실제 어린이집을 운영하는 사람이다.

④ 소재지는 신청인의 주소와 관계없이 실제로 어린이집이 설치되는 위치의 번지 및 층, 호수까지 자세히 기재한다.

⑤ 보육정원은 2세 미만, 2세, 3세 이상으로 구분하여 기재한다〔1인당 보육시설 면적 기준 3.63m^2(1.1평)〕.

⑥ 범위 내에서 보육정원을 반별 기준에 따라 책정하되, 보육실은 3세 미만 영아 1인당 2.64m^2(0.8평) 이상, 3세 이상 유아 1인당 1.98m^2 이상(0.6평)을 확보하여야 한다.

⑦ 예산은 어린이집의 1년 총예산 규모를 기재하되, 수입액은 보육료와 기타 수입을 포함하며, 지출액은 아동급식비, 교재교구비, 운영비, 인건비 등을 포함하여 계산한다.

(2) 인가신청 시 구비서류

어린이집 인가신청서에 첨부하여야 할 서류는「영유아보육법 시행규칙」제5조제1항에 따른다(보건복지부, 2018).

① 법인의 정관 및 출연금 등에 관한 서류(법인인 경우에만 해당)

② 단체의 회칙 또는 규약(단체인 경우에만 해당)

③ 임대차계약서(부동산을 임차하는 경우에만 해당)

④ 어린이집의 구조별 면적이 표시된 평면도와 시설 및 설비 목록

⑤ 어린이집의 원장의 자격을 증명하는 서류

⑥ 보육교직원 채용계획서

⑦ 어린이집 운영계획서(운영경비와 유지방법을 포함)

⑧ 설립자가 개인인 경우 경비의 지급 및 변제 능력에 관한 서류

⑨ 인근 놀이터 이용계획서(영유아 50인 이상의 어린이집으로서 옥외놀이터나 옥내놀이터를 설치하지 아니하는 경우에 한함)

⑩「전기사업법 시행규칙」제38조에 따른 전기안전점검확인서 및「도시가스사업법 시행규칙」제25조 및「액화석유가스의 안전관리 및 사업법 시행규칙」제29조에 따른 정기검사증명서

⑪「소방용품의 품질관리 등에 관한 규칙」제5조에 따른 현장처리물품의 방염성능검사 성적서 및 방염성능검사 확인 표시

표 2-2 어린이집 인가신청서

어린이집 인가신청서

접수번호		접수일		처리기간	14일	
신청인	성명(대표자)			주민등록번호		
	법인·단체명			전화번호		
	주소					
어린이집 개요	명칭		어린이집 종류		전화번호	
	소재지					
	어린이집 원장	성명		주민등록번호		
보육정원	총인원 명	1세 미만 명	1~2세 미만 명	2세 명	3세 명	4~5세 명
시설·설비	보육실 m^2		조리실 m^2		목욕실 m^2	
	화장실 m^2		놀이터 m^2		사무실 m^2	
	양호실 m^2		대지 m^2		기타 m^2	
직원	총인원 명	보육교사 명	간호사 명	영양사 명	조리원 명	기타 명
예산	수입액 원		지출액 원		비고	

「영유아보육법」 제13조제1항·제14조제1항 및 같은 법 시행규칙 제5조제1항에 따라
보육시설의 설치인가를 신청합니다.

년 월 일

신청인 (서명 또는 인)

특별자치도지사·시장·군수·구청장 귀하

첨부서류	1. 법인의 정관 및 출연금 등에 관한 서류(법인인 경우만 해당합니다) 2. 단체의 회칙 또는 규약(단체인 경우만 해당합니다) 3. 임대차계약서(부동산을 임차하는 경우만 해당합니다) 4. 어린이집의 구조별 면적이 표시된 평면도와 시설 및 설비 목록 5. 어린이집 원장의 자격을 증명하는 서류 6. 보육교직원 채용계획서 7. 어린이집 운영계획서(운영경비와 유지방법을 포함합니다) 8. 경비의 지급 및 변제 능력에 관한 서류(설립자가 개인인 경우만 해당합니다) 9. 인근 놀이터 이용계획서(영유아 50명 이상의 어린이집으로서 옥외놀이터나 옥내 놀이터를 설치하지 않은 경우만 해당합니다) 10. 「전기사업법 시행규칙」 제38조에 따른 전기안전점검확인서 및 「도시가스사업법 시행규칙」 제25조 및 「액화석유가스의 안전관리 및 사업법 시행규칙」 제29조에 따른 정기검사증명서 11. 「소방용품의 품질관리 등에 관한 규칙」 제5조에 따른 현장처리물품의 방염성능검사 성적서 및 방염성능검사 확인 표시
담당공무원 확인사항	1. 법인 등기사항증명서(법인인 경우만 해당합니다) 2. 건축물대장 및 건물 등기사항증명서

처리절차

신청서 작성	➔	접수	➔	검토	➔	결재	➔	인가증 발급
신청인		특별자치도 시·군·구		특별자치도 시·군·구		특별자치도 시·군·구		

CHAPTER

03

어린이집 환경관리

1. 시설 및 설비 관리
2. 비품 및 교재교구 관리

03
어린이집 환경관리

1. 시설 및 설비 관리

1) 시설 및 설비의 개념

시설이란 건물 구조 및 공간 등 물리적 환경을 의미하고, 시설을 지원하기 위한 물리적 요소를 설비라고 한다. 어린이집의 시설·설비는 영유아보육의 기능을 구체적으로 실현하고자 하는 목적으로 활용되는 물리적 조건으로 이는 영유아보육의 질을 결정하는 핵심 요인이 된다. 그러므로 효율적인 보육을 위해서는 보육환경과 시설·설비의 중요성을 인식하고 영유아보육에 적합하도록 마련되어야 한다.

2) 시설 및 설비의 기준

(1) 어린이집의 입지조건

① 지방자치단체의 장은 어린이집의 보육수요·보건·위생·급수·안전·교통·환경 및 교통 편의 등을 충분히 고려하여 쾌적한 환경의 부지를 선정하여야 하므로 영유아의 신체적·사회적 안전에 위험하다고 판단되는 시설(폐기물 처리시설, 유흥업소, 감염병원 등) 인근에 어린이집이 입지하지 않도록 인가를 제한할 수 있으며, 위험시설 또한 어린이집 인근에 입지하지 않도록 노력하여야 한다.

② 어린이집은 「주택건설기준 등에 관한 규정」 제9조의2제1항에서 규정하고 있는 위험시설로부터 수평거리 50m 이상 떨어진 곳에 배치하여야 한다.

③ 지방자치단체의 장은 보육부서와 건축 및 기타 부서 간 긴밀한 협조체계를 구축하여 어린이집의 인가 또는 위험시설의 신축을 위한 건축 허가 시 어린이집의 입지조건을 충분히 고려하도록 조치하여야 한다.

(2) 어린이집의 구조 및 일반기준

① 어린이집은 1층 또는 전체(5층 이하)에 설치하여야 하며, 기본시설은 보육실, 조리실, 목욕실, 화장실, 옥외놀이터(정원 50인 이상 시설), 급·배수시설, 비상재해 대피 시설, 교사실 등이며, 어린이집 내 사적 용도를 위한 시설 등 영유아 보육 목적에 부합하지 않은 시설 설치 불가하고, 기숙시설은 농산어촌 등 교사수급이 곤란한 경우에 한해 제한적으로 인정한다. 또한 대표자의 주거시설, 보육교직원이 가족과 함께 거주하는 것은 불가하고, 지하실은 조리실 및 보육공간으로 사용불가하다.

보육실

- 보육실의 설치 원칙은 1층에 설치(건축법령상 층수에 관계없이 층 4면의 100분의 80 이상이 지상에 노출되어 있고, 해당 층 주출입구의 하단이 지표면으로부터 1m 이내)하며, 예외적으로 해당 층 4면의 100분의 50 이상 100분의 80 미만이 지상에 노출되고 해당 층 주 출입구의 하단이 지표면으로부터 1m 이내 지방보육정책위원회의 심의를 거쳐 채광 등 영유아의 건강과 안전에 문제가 없는 것으로 확인된 층에 어린이집을 설치하는 경우이다.
- 건물 전체가 어린이집인 경우 및 사업주가 직장어린이집을 설치하는 경우에는 1층부터 5층까지 보육실을 설치(영아반 보육실은 1층에 우선 배치)할 수 있다.
- 건물 전체를 어린이집으로 사용하는 경우도 영아반 보육실은 1층에 우선 배치하여야 한다. 300세대 이상의 아파트 단지 전체가 필로티나 이와 비슷한 구조인 경우 그 위층에 어린이집을 설치하는 경우와 산업단지에 있는 건물의 1층 이상 5층 이하의 어린이집 설치가 가능하다.

조리실

- 조리실은 1층 이상에 설치하는 것을 원칙으로 하되 「식품위생법」에 의하여 집단급

식소로 신고한 경우, 또는 조리실 면적 이상의 선큰Sunken이 설치되어 있는 경우 지하 1층에도 설치를 허용하나, 영유아들의 식사를 위한 테이블 등 식당시설을 설치할 수 없다.

- 조리실은 채광이 잘 되도록 하고, 기계 환기시설을 하여 청정한 실내 환경을 유지하도록 하며, 창문에는 방충망을 설치하여야 한다. 또한 식기를 소독하고 위생적으로 취사 및 조리할 수 있는 설비를 갖추어야 한다.
- 유치원과 같은 건물에 설치된 어린이집은 유치원의 조리실을 함께 사용할 수 있다. 사업주가 직장어린이집을 설치한 경우로서 직장어린이집이 설치된 건물에 집단급식소를 운영하는 경우에는 조리실을 별도로 설치하지 않을 수 있다. 이 경우 영유아를 위한 음식의 조리공간은 분리 또는 구획(칸막이·커튼 등)되어 있어야 한다. 전담영양사 및 전담조리원이 배치될 수 있도록 행정지도 및 밀폐 가능한 냉·온조절 운반차 등을 사용할 수 있도록 행정지도하여 조리된 음식물의 오염을 방지하여야 한다.

화장실

- 화장실은 보육실과 동일한 층의 인접한 공간에 설치하며 목욕실은 보육실과 인접한 공간에 설치(건물 외부 설치 불가)한다.
- 영유아용 수세식 변기는 가능한 한 10~15인당 1개 이상을 설치하는 것이 바람직하다. 다만, 가정어린이집의 경우 성인용 변기에 디딤판 및 탈부착식 유아용 변기를 설치하고 이동식 어린이용 변기를 갖춘 경우 유아용 변기를 설치하지 아니할 수 있다.
- 화장실 바닥은 미끄럼 방지 장치를 하여야 하며, 세정장치와 수도꼭지 등은 냉·온수의 온도를 조정 및 고정할 수 있어야 한다.

교사실

- 보육 정원 21일 이상 어린이집은 '교사실'이 설치되어야 한다. 교사실에는 보육활동 준비와 행정사무, 휴식 등에 필요한 설비를 갖추어야 한다.

(3) 놀이터 및 놀이기구 설치기준

가. 놀이터 설치기준

- 정원 50인 이상의 어린이집은 영유아 1인당 3.5m^2 이상 규모의 옥외놀이터 설치를 원칙으로 하되, 정원 규모별 면적기준은 달리 적용할 수 있다.

- 실내놀이터를 제외하고, 놀이터의 바닥은 모래밭, 천연 및 인공 잔디, 고무매트, 폐타이어 블록으로 설치하여야 한다.
- 놀이터는 「영유아보육법」, 「어린이놀이시설 안전관리법」, 「환경보건법」 등에서 정한 기준을 준수하여 설치하여야 하며, 어린이집의 2층 이상에 놀이터를 설치하는 경우, 영유아보육법령에서 정하는 비상재해대비시설을 설치한다.
- 놀이기구는 영아용과 유아용 또는 대상연령별로 설치하고, 놀이터에 대근육활동놀이기구(고정식) 1종 이상 포함, 최소 3종 이상의 놀이기구를 설치한 경우 인가한다.

나. 비상재해 대비시설 설치 기준

- 어린이집이 1층인 경우에 비상시 양방향 대피가 가능하여야 하며, 양방향 대피를 위하여 주출입구 외에 안전한 지상과 바로 연결되는 비상구 또는 출구를 설치하여야 한다. 출구 규격은 유효폭 0.75m 이상, 유효높이 1.75m 이상으로 설치하여야 한다.
- 어린이집이 2층과 3층인 경우에 비상시 층별로 양방향 대피가 가능하여야 하며, 양방향 대피를 위하여 주계단 외에 층별로 건물 내부를 경유하지 않고 직접 지상으로 바로 연결되는 비상계단 또는 미끄럼대를 당해 건물의 외부에 설치하여야 한다. 다만, 건물 전체를 어린이집으로 사용하는 건물에서 내부 직통계단을 2개 이상 설치하거나 주계단 외에 피난 층 또는 지상으로 통하는 직통계단을 설치한 경우 비상계단을 설치한 것으로 인정한다.
- 「소방시설 설치 유지 및 안전관리에 관한 법률 시행령」에서 규정하는 스프링클러가 건물 전체에 걸쳐 유효하게 설치되고, 피난기구의 화재안전기준NFSC에서 정한 피난기구를 설치한 경우, 비상계단 및 미끄럼대를 설치하지 않을 수 있다.

(4) 장애아전문어린이집

장애아만을 20명 이상 보육하는 장애아전문어린이집을 설치하는 경우에는 다음의 설치 및 설비를 갖추어야 한다.

① 장애아가 활동하기에 충분하도록 어린이집은 장애아 1명당 7.83m^2 이상, 보육실(교실, 거실, 포복실, 유희실, 치료교실, 집단활동실 포함)은 장애아 1명당 6.6m^2 이상의 면적을 확보하여야 한다.

② 강당, 놀이실은 문턱 없이 접근이 가능한 통로에 연결되어야 하고 휠체어, 보행기 등

의 출입에 장애가 없어야 한다.

③ 출입구는 비상재해 시 대피하기 쉽도록 복도 또는 넓은 공간에 직접 연결되도록 설계되어야 하며, 시각장애를 위한 점자블록이나 유도장치를 갖추어야 한다.

④ 옥외 피난계단의 유효폭은 0.9m 이상이어야 한다.

⑤ 회전문과 자재문(문턱이 없어 양방향으로 열리는 문)은 금하며, 자동문 설치 시 문의 개폐시간은 3초 이상을 확보하여야 한다(휠체어에 앉은 영유아가 문의 손잡이를 잡을 수 있어야 한다).

⑥ 계단 외에 엘리베이터 또는 기울기 1/12 이하의 경사로를 설치하여야 한다.

(5) 장애아통합어린이집

장애아 3명 이상 보육하는 장애아통합어린이집을 설치하는 경우에는 다음의 설치 및 설비를 갖추도록 노력하여야 한다.

① 2층 이상의 어린이집에는 엘리베이터를 설치하거나 적어도 한 곳 이상의 기울기 1/12 이하의 경사로를 설치하여야 한다.

② 출입구는 비상재해 시 대피하기 쉽도록 복도 또는 넓은 공간에 직접 연결되도록 설계되어야 하며, 시각장애를 위한 점자블록이나 유도장치를 갖추어야 한다.

③ 복도, 문, 화장실은 휠체어의 출입에 장애가 없어야 한다.

④ 옥외 피난계단의 유효폭은 0.9m 이상이어야 한다.

3) 공간별 시설관리

(1) 실내 보육공간

보육환경은 영유아들의 신체적, 인지적, 사회·정서적 발달을 위해 발달 상황에 맞춘 쾌적하고 편리하며 안전한 각종 시설과 교재와 교구의 배치, 놀이공간들로 마련되어야 한다. 또 영유아가 활동하고 머무는 환경이 어떻게 이루어지느냐에 따라 발달수준과 성장·발달에 매우 중요하며, 적절한 보호와 교육을 제공할 수 있는 환경으로 구성하여야 한다. 실내 보육공간은 일상생활영역과 놀이 및 탐색 영역으로 구분할 수 있다.

가. 일상생활영역

수유 및 이유, 간식 영역

수유 및 이유, 간식 영역은 청결하고 위생적으로 관리되어야 하며, 영아들이 편안하게 음식을 먹을 수 있는 편하고 안정감 있는 환경으로 구성되어야 한다. 이유식 시간표, 살균소독기, 냉장고 및 오븐을 준비한다. 영아마다 음식 섭취량과 식사 일정을 기록하는 일상생활활동 실행 기록지를 작성한다.

표 3-1 일상생활활동 실행 기록지

<table>
<tr><th colspan="2" rowspan="2">구분</th><th rowspan="2">수유 및 식사, 이유식
(시간 기록)</th><th colspan="2" rowspan="2">낮잠 및 휴식 시간
(시간 기록)</th><th colspan="2" rowspan="2">기저귀 및 배변
(시간 기록)</th><th colspan="5">투약의뢰 및 투약확인</th></tr>
<tr><th>종류</th><th>용량</th><th>시간</th><th>보관
(냉장·실온)</th><th>투약
확인</th></tr>
<tr><td rowspan="4">000</td><td rowspan="3">실행</td><td>수유 :</td><td>오전</td><td></td><td>대변</td><td></td><td rowspan="3"></td><td rowspan="3"></td><td rowspan="3"></td><td rowspan="3"></td><td rowspan="3"></td></tr>
<tr><td rowspan="2">오전 이유식 :
오후 이유식 :</td><td rowspan="2">오후</td><td rowspan="2"></td><td>상태</td><td>딱딱함,
보통, 설사</td></tr>
<tr><td>소변</td><td></td></tr>
<tr><td>평가 및
특이
사항</td><td></td><td colspan="2"></td><td colspan="2"></td><td></td><td></td><td></td><td></td><td></td></tr>
</table>

낮잠 및 휴식 영역

낮잠 및 휴식 영역은 가정과 같이 안락하고 조용해야 하며 편안한 의자, 쿠션, 푹신한 깔개, 가족사진 등을 게시하여 영아들에게 안정감을 제공해야 한다.

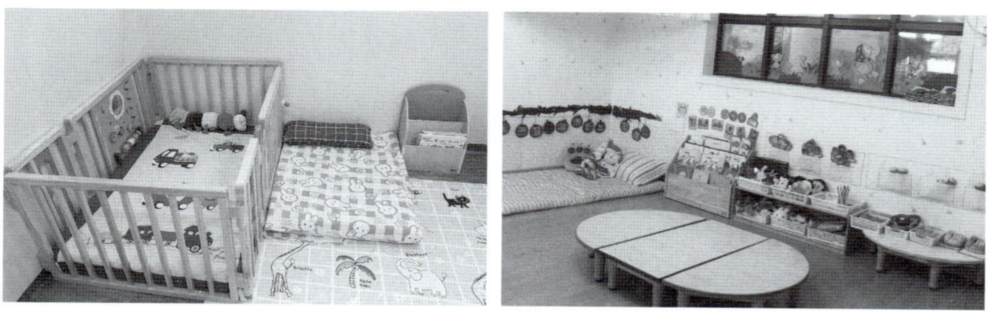

그림 3-1 **휴식영역**

기저귀갈이영역

기저귀갈이영역은 영아의 생리적인 요구에 적절하게 대응하기 위하여 세면대와 가까이 배치하고, 기저귀갈이 관련 용품 수납장(기저귀, 로션, 수건, 물휴지 등)과 뚜껑 있는 휴지통을 준비하여 영아의 언어적·비언어적으로 상호작용을 공감하여 기저귀갈이를 지원한다.

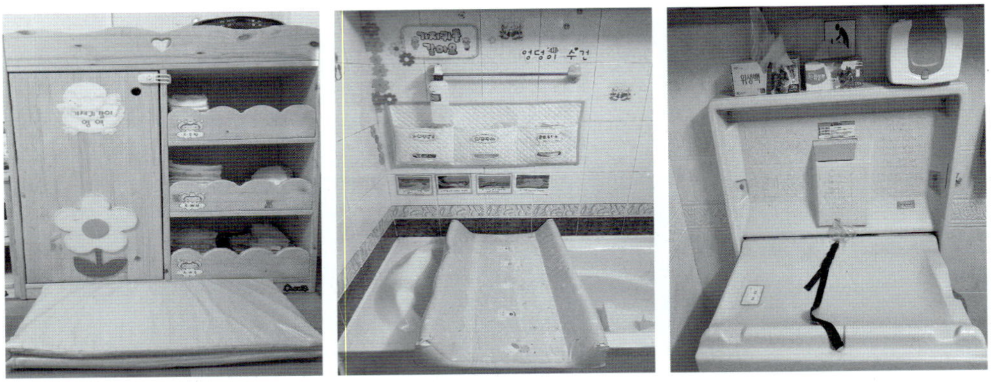

그림 3-2 **기저귀갈이영역**

화장실

화장실은 배변과 씻기를 하는 영역으로 안전하고 청결하여야 한다. 통풍과 채광이 잘 되어야 하며, 밝고 매력적이며 상쾌한 분위기로 조성하고, 바닥은 미끄럼 방지 시설을 설치하고 항상 물기가 없도록 관리하여야 한다. 변기는 유아용으로 설치하고, 세면대는 유아의 키를 고려하여 유아가 서서 편안하게 씻을 수 있을 정도로 설치한다. 손 씻는 순서, 양치하는 순서표 등을 세면대 근처에 부착하여 유아들의 위생지도에 활용한다. 세면대

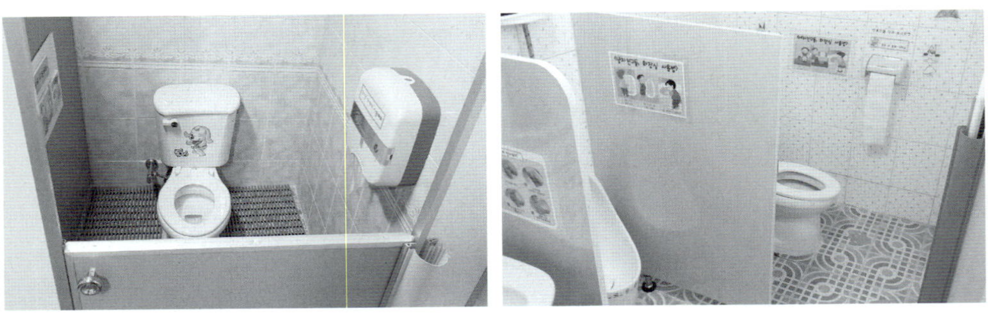

그림 3-3 **화장실**

외에도 샤워시설, 부드러운 휴지, 종이타올 등 유아의 신체를 고려하여 설치한다.

나. 연령별 놀이와 탐색 영역

언어영역

- 영아(만 0~1세)는 스스로 언어활동을 할 수 없지만 보육실 안쪽 밝은 곳에 편안하게 앉을 수 있는 안락한 의자나 소파 등을 마련하는 것이 좋다. 책은 잘 찢어지지 않는 재질로 다양한 촉감을 느낄 수 있는 것으로 준비하고, 가족사진이나 영아의 모습(안전거울 비치) 등을 관찰하면서 듣기, 말하기, 읽기, 쓰기 환경을 균형 있게 지원한다.
- 만 2세 영아는 1세보다 언어적 표현력과 어휘력이 증가하므로 보육실 안쪽의 밝고 조용한 곳에 소파나 카펫, 부드러운 쿠션 등으로 안락하고 편안한 공간을 만들어준다. 듣기, 말하기, 읽기, 쓰기 경험을 균형 있게 제공하고 교구나 놀잇감은 주제에 맞게 지원한다.
- 0~2세를 위한 언어영역의 공간이 부족한 경우 언어영역을 안락하게 구성하여 휴식영역으로 공유할 수도 있다.

표 3-2 0~2세 언어영역 자료의 예

• 여러 가지 다른 질감을 촉감으로 느낄 수 있는 책 • 단순한 개념책(그림책이나 글씨가 적은 책) • 까꿍놀이 책 • 손인형, 막대인형, 융판자료나 자석자료 • 영아의 사진, 가족사진 • 친숙한 사물이나 동물의 그림이나 사진 • 편안한 의자, 쿠션, 깔개 등

그림 3-4 **0~2세 언어영역**

• 만 3~5세 유아가 언어활동을 집중할 수 있도록 햇빛이 잘 들고 소음이 적은 조용한 곳에 공간을 마련한다. 다양한 동화와 그림책, 녹음자료, 필기도구 등을 비치하여 듣기, 말하기, 읽기, 쓰기 활동이 균형적으로 이루어지도록 지원한다.

표 3-3 3~5세 언어영역 자료의 예

• 듣기 : 다양한 종류의 책, CD플레이어, 헤드폰, 카세트 레코드와 테이프 등 • 말하기 : 이야기 꾸미기 자료와 융판, 그림 카드, 막대인형이나 퍼펫, 인형극 틀, 녹음기, 마이크 등 • 읽기 자료 : 종류별 책과 책꽂이, 그림책, 잡지류, 글씨가 적혀 있는 다양한 종류의 카드(예: 친구 이름 카드, 글자 카드, 낱말 카드 등) • 쓰기 자료 : 각종 필기구, 단어 카드, 한글 고무 글자판과 스탬프, 잉크, 소형 화이트보드와 보드펜, 가위, 펀치, 테이프, 풀 등

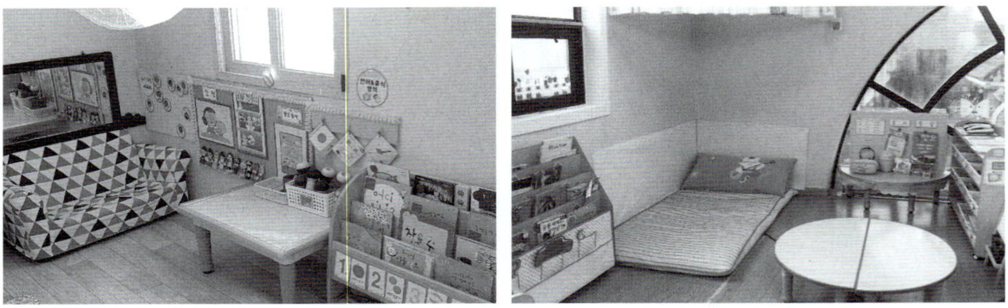

그림 3-5 **3~5세 언어영역**

감각·탐색 영역

영아(만 0~1세)는 대다수 놀잇감 탐색이 빨기로 시작되므로 안전하고 위생적이며 독성이 없고 씻을 수 있는 것이어야 한다. 놀잇감은 크기나 재질에 위험요소가 없는 것으로

그림 3-6 **감각·탐색 영역**

제공하며 다양한 감각(시각, 청각, 미각, 후각, 촉각)이 자연스럽게 발달하도록 환경을 제공한다.

만 2세 영아는 소근육 조절과 협응이 발달하는 시기로 영아의 관심과 흥미에 따라 분류하고 모를 수 있는 퍼즐, 모양 찾기, 색깔 맞추기 등의 놀잇감을 제공해 준다. 또한 다양한 탐색이 증가하므로 안전을 고려한 실물, 자연물을 마련한다.

수·조작 영역, 과학영역

만 3~5세 유아의 수·조작 영역은 소근육, 논리적 사고, 수학적 사고, 문제해결과 관련된 활동을 하도록 보육실 안쪽에 구성하여 조용한 분위기를 제공하고, 소근육 발달 증진 및 연령에 적합한 수학적 사고 경험을 할 수 있도록 환경을 지원한다.

과학영역은 다양한 자연물이나 물체를 보육실 안쪽 햇빛이 잘 드는 곳에 구성하고, 다양한 실물과 동식물을 관찰하고 탐구할 수 있도록 주제에 맞는 다양한 자료들을 제공하여 관찰하도록 한다. 결과를 벽면에 게시하여 친구들끼리 내용을 공유하고 사고하는 기회를 제공한다.

그림 3-7 **수·조작 영역, 과학영역**

신체영역

영아(만 0~1세)는 근육과 운동기술이 급속히 발달하는 시기로 움직임의 욕구가 강하고 끊임없이 주변을 탐색하므로 보육실 내에 공간을 마련하여 항상 대근육활동을 위한 다양한 놀잇감을 준비해 준다.

만 2세 영아는 신체 움직임이 활발하고 신체활동을 즐길 수 있도록 걷기, 달리기, 오르기 등을 할 수 있는 대근육활동 공간을 마련하고 영유아의 흥미를 끌 수 있는 놀잇감을 제공해 준다.

그림 3-8 **신체영역**

______미술영역

영아(만 0~1세)는 탐색영역에 미술 놀잇감, 언어영역의 끼적이는 공간 등을 배치하여 제공한다.

만 2세 영아는 창의적 표현활동이 증가하므로 다양한 표현활동을 할 수 있도록 다양한 미술재료들을 준비해 주고, 벽면에 활동물을 게시하여 자신의 활동에 긍정적 느낌을 갖도록 지원한다. 물을 사용하기 편리한 싱크대 주변에 구성한다.

만 3~5세 유아의 미술영역은 동적인 영역과 분리하여 조용한 곳에 마련하되 물을 사용하기 편리한 싱크대 옆에 위치하도록 하고, 물감, 크레파스, 점토 및 다양한 종류의 종이나 폐품 등 다양한 재료를 이용하여 그리기, 만들기, 꾸미기와 같은 표현활동이 이루어지고 완성된 작품이나 결과물의 감상 기회를 제공한다.

그림 3-9 **미술영역**

______음률영역

영아(0~1세)는 자발적으로 다양한 영역을 활동하기 어렵지만 다양한 놀이환경은 필요하므로 신체영역이나 탐색영역에 만 0~1세의 놀이특성을 고려하여 역할·쌓기·음률 놀잇감을 비치하여 지원한다.

만 2세 영아가 음악에 맞춰 몸을 흔들면서 표현하는 데 불편함이 없도록 충분한 공간을 마련하고, 연령에 적합한 음률 놀잇감과 동작활동 자료를 제공하여 다양한 소리 탐색 및 신체표현 활동이 일어나도록 제공해 준다.

만 3~5세 유아들이 음악을 감상하며 노래를 부르고, 여러 가지 악기를 연주하며 소리를 스스로 만들어보고 탐색, 신체적 표현을 하는 영역으로 활동적이고 소음이 많은 영역이다. 따라서 안전과 소음을 고려하여 바닥에 카펫을 깔아주고 가능한 보육실 입구 가까운 쪽에 구성하여 다른 영역에 방해되지 않도록 지원한다.

그림 3-10 **음률영역**

역할영역

만 2세 영아는 어린이집이나 가정에서의 경험을 놀이로 재연하는 지연모방이 정확하게 일어나므로 다양한 역할놀이를 할 수 있도록 역할 소품과 다양한 역할놀이 교구 및 놀잇감 등을 마련해 준다.

만 3~5세 유아들은 다양한 역할놀이와 협동놀이 등 움직임이 많은 활동적인 놀이를

그림 3-11 **역할영역**

하므로 동적인 영역에 배치한다. 또한 관련 교구를 통해 가작화하여 풍부한 상상놀이 및 사회극놀이를 하는 영역으로 쌓기영역과 인접하여 구성하여 활동의 연계나 확장이 되도록 하는 것이 바람직하다.

쌓기영역

만 2세 영아는 블록을 이용한 공간구성력과 분류능력이 발달하므로 다양한 재질과 크기, 모양의 블록을 제공하고, 바닥에 소음방지를 위해 깔개나 카펫을 깔아 적극적인 쌓기활동을 제공한다.

만 3~5세 유아들이 다양한 블록을 가지고 활동적으로 놀이하는 공간으로 크기, 모양 등 개념의 이해를 돕는 영역으로 블록을 최대한 활용할 수 있도록 충분한 공간을 제공하고 소음을 줄이기 위하여 깔개나 카펫을 깔아 인접 영역에 방해를 주지 않도록 배려한다. 역할놀이영역과 인접하여 배치함으로써 활동의 다양성과 연계를 이룰 수 있도록 한다.

표 3-4 쌓기영역 자료의 예

• 헝겊 블록	• 나무 블록	• 우레탄 블록	• 스펀지 블록
• 종이 블록	• 레고 블록	• 와플 블록	• 사람 모형 및 동물 모형 등

그림 3-12 **쌓기영역**

(2) 행정관리영역

가. 원장실 또는 교사실

원장실은 원장이 어린이집의 운영관리를 위한 사무관리, 부모상담, 손님접대 등이 이루어지는 공간인 동시에 교사와 영유아들에 대한 보육환경 전반을 파악할 수 있고, 영유아에 대한 보호와 감독을 적절하게 하고, 실내·외 활동을 쉽게 볼 수 있는 곳에 공간을 마련하여야 한다.

교사실은 보육교사들이 수업을 계획하고 학습자료를 제작하여 보육활동이 원활히 수행될 수 있도록 하는 공간이며, 교사들이 회의를 하거나 휴식을 취할 수 있는 장소이다. 사무용품 및 참고자료 등을 함께 비치하고 휴식을 위한 편안한 소파, 차를 마실 수 있는 공간 등을 마련하여 교사가 충분히 휴식하고 재충전하여 업무에 집중할 수 있어야 한다.

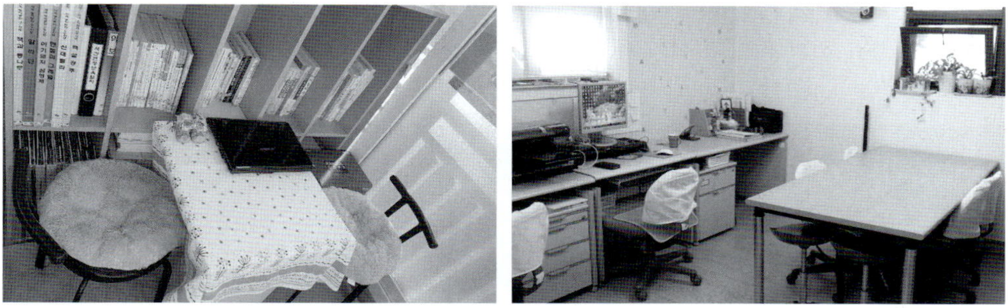

그림 3-13 **원장실 또는 교사실**

나. 자료실

자료실은 교사들이 가장 많이 활용하는 공간으로 교사실과 인접한 곳에 위치하는 것이 바람직하며, 수납을 위한 가구는 폭과 높이를 조절할 수 있는 것으로 준비한다. 자료는 특성에 따라 주제, 영역, 재료, 계절, 연령, 활용도 등에 따라 체계적으로 정리하고 교구·교재대장과 목록을 만들어 체계적으로 관리하여야 한다.

그림 3-14 **자료실**

(3) 서비스영역

가. 현관

현관은 어린이집에 처음으로 방문하는 사람들의 첫인상을 좌우하고, 영유아가 부모로부터 헤어지고 만나는 장소이며, 교직원들이 매일 출입하는 곳으로 편안하고 안정된 분위기를 느낄 수 있어야 한다. 현관에 영유아의 신체 크기에 적합한 가구를 배치하고 게시판을 마련하여 전달사항이나 운영현황(보육방침, 보육목표, 주요행사 등)을 준비하여 게시하는 것이 좋다. 현관의 바닥과 문은 안전을 고려하여 사고를 예방할 수 있도록 하고, 신발장이 위치한 현관 바닥의 청결에 주의를 기울여야 하는 공간이다.

그림 3-15 **현관**

나. 부모 또는 방문객을 위한 공간

학부모나 지역사회 인사 등 기관을 방문하는 사람들이 잠시 머무는 동안 편안하게 기다릴 수 있는 공간이 있어야 한다. 사무실이나 교사실과 연결되도록 하며, 학부모님들이 쉽게 이용할 수 있도록 개방되어야 한다. 편안한 의자, 간단한 음료, 어린이집 안내자료나 육아에 도움을 주는 정보지 등을 비치하여 활용할 수 있도록 한다.

그림 3-16 **부모 또는 방문객을 위한 공간**

(4) 실외 놀이공간 구성 및 운영

실외의 공간은 영유아의 활동영역을 넓히고 교실 내에서 제한되었던 영유아들의 신체 능력을 키워주며 실내에서 느낀 긴장을 완화시키는 역할을 하는 중요한 공간이다. 실외 환경은 실내환경에서 이루어지는 활동과 비슷한 활동이 이루어지도록 구성해야 하며, 심미적인 즐거움과 안전을 제공해야 한다.

가. 자연관찰

실내환경과의 가장 큰 차이는 바로 자연과의 만남이다. 영유아들이 주변 환경을 충분히 탐색할 수 있도록 작은 정원을 가꾸는 것도 중요하며 연못 등을 마련하여 물고기를 직접 기를 수도 있다. 또한 동물관찰영역을 마련하여 작은 동물을 키워보는 경험을 할 수도 있다.

그림 3-17 **자연관찰**

나. 물·모래놀이

그늘이 있는 공간에 물, 모래 및 도구들을 제공하여 영유아들이 자유롭게 놀이할 수 있게 한다.

그림 3-18 **물·모래놀이**

다. 놀이기구

고정된 탈것인 미끄럼틀, 시소, 그네 등을 제공하거나 복합놀이기구를 설치할 수 있다.

그림 3-19 **놀이기구**

라. 다양한 탈것

신체를 활용한 놀이가 가장 활발히 이루어지도록 다양한 탈것을 제공한다.

그림 3-20 **다양한 탈것**

2. 비품 및 교재교구 관리

1) 비품 및 교재교구의 개념

영유아들은 자발적인 놀이를 통해 오감각을 사용하여 사물을 탐색하고 직접 조작하고 다루는 활동을 하면서 상황을 이해하는 지식, 태도, 기술 등을 배운다. 이러한 영유아의 학습특성을 만족시키고 효과적인 보육활동이 이루어지기 위해서는 비품 및 교재교구를 갖추어야 한다.

비품은 어린이집 생활의 편의를 위해 제공되는 것으로 사무용품, 주방용품, 시청각자료, 전자제품 등으로 분류할 수 있다(문혁준, 2015). 교재teaching materials와 교구teaching instruments는 보육활동에 직접적으로 활용되는 매개물을 의미하는데, 상호 연관성을 가지고 교육자료로 함께 사용되고 있다. 그러나 교재와 교구를 엄밀히 구별할 경우, 교재는 유아와 교사를 매개하여 교육을 전개하는 자료와 교사, 즉 소프트웨어software를 의미하며, 교재에는 유아가 사용하는 자료와 교사가 사용하는 자료가 포함된다. 교구는 학습내용과 학습활동을 연결하여 학습목표를 달성하는 데 사용되는 기기나 물품 등의 하드웨어hardware를 의미한다. 영유아들의 놀이에 대한 흥미를 유발시키고 놀이를 효율적으로 진행시키는 매체의 역할을 하는 비품 및 교재교구는 보육목표를 달성하기 위해 충분히 제공되어야 한다.

2) 비품 및 교재교구 선정기준

영유아들을 위한 비품과 교재교구의 선정기준을 제시하면 다음과 같다(최석란 외, 2016).

① 안전성 : 안전과 위생을 가장 우선적으로 고려한다.

② 내구성 : 견고하게 제작되어 쉽게 파손되지 않는 것이 좋다.

③ 경제성 : 최소의 경비와 노력으로 최대의 효과를 볼 수 있는 질 높은 교재교구를 선정한다.

④ 매력성 : 심미적으로 아름답고 세련되게 디자인된 것, 질감과 촉감이 좋은 매력적이어야 한다.

⑤ 상호작용성 : 영유아들간에 적극적인 상호작용이 일어날 수 있는 교재교구를 선정한다.

⑥ 관리의 용이성 : 가볍고 변색되지 않으며 공간을 적게 차지하는 등 유지, 관리, 보관이 쉬운 것을 선정한다.

3) 비품 및 교재교구의 종류

어린이집에서 구비해야 할 비품 및 교재교구의 종류는 다음과 같이 제시할 수 있다.

(1) 비품의 종류

가. 사무용품

사무용품은 책상, 의자, 전화기, 컴퓨터, 정리장(교구, 도서, 약품, 개인물품) 등 교직원이나 학부모, 영유아들이 사용하는 물건으로 구성된다.

나. 주방용품

싱크대, 냉·온장고, 정수기, 식기소독기, 밥솥 등 영유아와 교직원들의 급·간식을 준비하는 데 필요한 물건으로 구성된다.

다. 영유아용 비품

책상, 의자, 기저귀갈이대, 침대, 교구정리장, 개인사물함, 이동식 변기, 영역별로 사용하는 다양한 종류의 물건 등으로 구성된다.

(2) 교재교구의 종류

가. 쌓기놀이영역

- 다양한 적목 : 종이벽돌블록, 단위블록, 공간블록, 우레탄블록
- 모형 : 교통기간, 사람, 동물모형 등
- 사회극놀이용 소품: 가면, 간판 표시물 등

나. 역할놀이영역

- 주방용품, 가정용품, 다양한 의상들, 기타 역할놀이 자료(병원놀이, 가게놀이, 미용실놀이, 소방서놀이 등)

다. 언어영역

- 융판, 이야기 꾸미기, 손인형, 녹음기, 소리상자, 다양한 그림책 등

라. 조작영역

- 퍼즐, 구성놀이용 블록, 다양한 게임판

마. 조형영역

- 각종 종이류, 그리기 도구, 점토, 폐품류

바. 음률영역

- 악기류, 노래자료, 감상자료, 녹음기 등

4) 비품 및 교재교구의 관리

효율적인 비품 및 교재교구의 효율적인 관리방법을 제시하면 다음과 같다(정연희, 2014).

① 별도의 독립된 공간을 마련하여 채광, 통풍, 환기 상태를 수시로 점검하며 보관한다.
② 정리 및 분류를 위해 다양한 형태의 선반을 활용한다.
③ 분류하기 쉽도록 각 어린이집의 상황에 맞게 분류영역을 표시한다.
④ 사용하고 난 후에는 손상된 곳을 보수하고 분실된 부분들을 다시 만들거나 구입하여 보충한다.
⑤ 교재교구는 투명한 비닐 지퍼백, 다양한 크기의 바구니를 준비하여 교구를 넣고 교재교구 사용설명서를 부착하여 누구라도 활용할 수 있도록 한다.
⑥ 비품 및 교재교구 목록표를 작성하여 보관실에 비치하고 계속 추가하도록 한다.

표 3-5 비품관리대장

일련 번호	구입 일자	구분	적요	규격	수량	단가	구입가격	현재량	수령자인	비고
1										
2										
3										
4										
5										
6										
7										
8										

표 3-6 교재교구대장

일련번호	구입일자	품명	영역 또는 활동	규격	수량	단가	구입가격	수입별		사용처	폐기일자	비고
								구입	기증			
1												
2												
3												
4												
5												
6												
7												
8												

CHAPTER

04

보육교직원 **인사** 및 **조직 관리**

1. 인사 및 조직 관리의 개념
2. 인사관리 원칙
3. 보육교직원 자격관리
4. 보육교직원 임용과 해임
5. 보육교직원 보수교육
6. 보육교직원 조직문화와 리더십

04
보육교직원
인사 및 **조직 관리**

1. 인사 및 조직 관리의 개념

인사 및 조직 관리란 조직의 목적을 달성하기 위한 인간관계 및 협동체제의 구성으로 조직구성원 모두 각자의 위치에서 최대한 능력을 발휘할 수 있도록 하는 모든 활동을 말한다. 한 집단의 조직문화는 조직구성원의 행동에 영향을 주게 되고, 조직구성원의 행동은 조직문화를 형성하는 중요한 요인으로 작용함으로써 상호 밀접한 관계를 유지한다.

보육시설 종사자는 크게 교원과 직원으로 구분할 수 있다. 교원이란 영유아의 보호와 교육을 직접 담당하는 원장과 보육교사를 의미한다. 사무업무와 관리업무를 담당하는 총무, 취사부, 영양사, 관리인, 운전기사, 간호사 등은 직원에 해당된다. 보육의 효과는 보육시설에 종사하는 인적자원의 질에 크게 좌우되므로 유능한 사람을 최적으로 확보하여 적재적소에 배치하고, 지속적인 현직 교육과 근무여건 개선을 통해 사기를 높이는 등 인적자원 관리에 힘써야 한다.

질적 수준이 높은 어린이집이 되기 위해서는 바람직한 운영관리 체계를 갖추고 보육인력의 전문성을 강화하기 위한 노력이 필요하다. 보육인력은 보육의 질에 직접적이고 절대적인 영향을 미치므로 원장은 보육교직원의 관리가 매우 중요하다.

보육교직원 관리는 보육교직원 배치기준에 따른 보육교직원 인력을 행정적으로 준수하고 채용 시 근로규정을 명시한 복무규정 및 근로계약 등을 체결하여 근로의 안정적이고 분쟁없는 고용상태를 제공하여야 한다. 또한 조직에서의 역할과 업무분담, 보육교직원 경력관리, 보육교직원 간 의사소통 및 재교육 등을 관리하여 효율적이고 합리적 조직관리를 할 수 있어야 한다. 어린이집 운영자는 보육교직원의 역할과 업무에 대해서 정확히 안내하여야 하며, 보육교직원들은 각자 자신이 맡은 역할을 충실히 수행함과 동시에 상호 협조적으로 일할 수 있도록 분위기를 조성함으로써 운영의 효율성을 극대화할 수 있다.

보육교직원에 대한 문서관리는 어린이집 운영자나 근무하는 모든 보육교직원의 역할과 책임, 의무 등을 명시하고 역할을 수행할 수 있도록 지원하며, 보육교직원이 긍지와 자부심을 가지고 스스로 소중한 인적자원임을 인식하고 능동적으로 업무를 수행하는 데 목적을 두어야 한다.

2. 인사관리 원칙

인사관리의 원칙은 인사관리를 주도하는 기본적인 기준으로 인간주의적 접근하에 다음과 같은 원칙이 전제되어야 한다(최석란 외, 2016).

1) 전인주의 원칙

고용의 안정, 우수한 근무환경이나 인간관계, 복리후생시설 등의 환경에 대한 욕구와 더불어 일하는 보람, 성취감, 책임감 등의 자기실현 욕구를 종합적으로 다룸으로써 교직원들의 근무동기를 높이는 원칙이다.

2) 공정의 원칙

학연, 지연, 혈연, 친족 등을 중시하는 인사관행이 배제되어야 하는 원칙이다. 자격을 갖춘 모든 보육교사 누구에게나 기회가 균등해야 한다.

3) 능력주의 원칙

어린이집에서는 각 교직원이 갖고 있는 능력을 최대한 고려한 업무분담을 통해 능력을 발휘할 수 있는 유능함과 성취감을 경험하게 해야 한다.

4) 전문성 신장의 원칙

보육교직원으로서의 전문성을 고취시킬 수 있는 기회를 지속적으로 제공함으로써 전문성을 신장시킬 수 있도록 기회를 제공한다.

5) 정보공개주의 원칙

보육교직원 간의 협동의욕을 높이기 위해서는 새로운 정보나 지식에 대하여 비밀주의가 아닌 공개주의를 취해야 한다는 원칙이다. 단, 개인의 인사에 관한 사항은 원장의 책임 하에 인사비밀로 관리해야 한다.

3. 보육교직원 자격관리

보육교직원은 「영유아보육법」 및 「보육사업안내의 자격기준」을 준수하여 임용 및 배치하여야 한다. 원장과 보육교사 및 기타 교직원의 자격기준을 살펴보면 다음과 같다.

1) 원장의 자격

어린이집 원장 자격기준(시행령 제21조 [별표1])에 해당하는 자로서 보건복지부 장관이 검정·수여하는 국가자격증을 받은 자여야 한다.

2) 보육교사의 자격

보육교사는 자격기준(시행령 제21조 [별표1])에 해당하는 자로서 보건복지부 장관이 검정·수여하는 국가자격증을 받은 자여야 한다(법 제21조).

4. 보육교직원 임용과 해임

임용이란 모집과 선발을 거쳐 우수 인력을 확보하여 배치하는 과정을 의미하는 것으로 보육교직원의 임용은 공개채용을 원칙으로 한다. 해임은 맡은 직위에서 그만두게 하는 것을 말하는데 임용과 해임을 합쳐서 임면이라 한다.

표 4-1 어린이집 원장 자격기준

어린이집 유형	자격기준
일반기준	• 보육교사 1급 자격을 취득한 후 3년 이상의 보육 등 아동복지업무 경력이 있는 사람 • 「유아교육법」에 따른 유치원 정교사 1급 자격을 취득한 후 3년 이상의 보육 등 아동복지업무 경력이 있는 사람 • 유치원 원장의 자격을 가진 사람 • 「초·중등교육법」에 따른 초등학교 정교사 자격을 취득한 후 5년 이상의 보육 등 아동복지업무 경력이 있는 사람 • 「사회복지사업법」에 따른 사회복지사 1급 자격을 취득한 후 5년 이상의 보육 등 아동복지업무 경력이 있는 사람 • 「의료법」에 따른 간호사 면허를 취득한 후 7년 이상의 보육 등 아동복지업무 경력이 있는 사람 • 국가 또는 지방자치단체에서 7급 이상의 공무원으로 보육 등 아동복지업무에 5년 이상 근무한 경력이 있는 사람
가정어린이집	• 일반기준에서 정한 자격을 갖춘 사람 • 보육교사 1급 이상 자격을 취득한 후 1년 이상의 보육업무 경력이 있는 사람
영아전담 어린이집	• 일반기준에서 정한 자격을 갖춘 사람 • 간호사 면허를 취득한 후 5년 이상의 아동간호업무 경력이 있는 사람
장애아전문 어린이집	• 일반기준에서 정한 자격을 갖춘 사람으로서 다음의 어느 하나에 해당하는 사람 – 대학(전문대학을 포함)에서 장애인복지 및 재활 관련 학과를 전공한 사람 – 장애영유아어린이집에서 2년 이상의 보육업무 경력이 있는 사람
「고등교육법」에 따른 대학(전문대학을 포함한다) 또는 교육훈련시설이 운영하는 어린이집	• 일반기준에서 정한 자격을 갖춘 사람 • 어린이집을 운영하는 대학의 조교수 또는 교육훈련시설의 전임교수 이상으로서 보육 관련 교과목에 대하여 3년 이상의 교육경력이 있는 사람

표 4-2 보육교사 자격기준

등급	자격기준
보육교사 1급	1. 보육교사 2급 자격을 취득한 후 3년 이상의 보육업무 경력이 있는 사람으로서 보건복지부 장관이 정하는 승급교육을 받은 사람 2. 보육교사 2급 자격을 취득한 후 보육관련 대학원에서 석사학위 이상을 취득하고 1년 이상의 보육업무 경력이 있는 사람으로서 보건복지부 장관이 정하는 승급교육을 받은 사람
보육교사 2급	1. 전문대학 또는 이와 같은 수준 이상의 학교에서 보건복지부령으로 정하는 보육 관련 교과목 및 학점을 이수하고 졸업한 사람 2. 보육교사 3급 자격을 취득한 후 2년 이상의 보육업무 경력이 있는 사람으로서 보건복지부 장관이 정하는 승급교육을 받은 사람
보육교사 3급	고등학교 또는 이와 같은 수준 이상의 학교를 졸업한 사람으로서 보건복지부령으로 정하는 교육훈련시설에서 정해진 교육과정을 수료한 사람

1) 보육교직원 임면보고

어린이집 원장은 어린이집의 보육교직원의 채용·휴직·출산휴가·육아휴직, 1개월 이상의 장기병가·퇴직 등의 임면사항을 보육통합정보시스템에 즉시 등록하고 이를 14일 이내에 시·군·구청장에게 보고하여야 한다. 또한 어린이집에 근무하는 보육교직원은 직종, 근무기간 및 근무시간에 관계없이 보육통합시스템에 등록하고 시장·군수·구청장에게 임면보고를 하여야 한다(대체교사, 보조교사, 누리과정 운영 도우미, 운전원, 단기간 근로자 등 모든 보육교직원 임면 보고). 「영유아보육법」 제44조제3호의2에 따라 "보육교직원의 임면에 관한 사항을 보고하지 아니하거나 거짓으로 보고한 경우" 시정명령의 대상이 된다.

표 4-3 보육교직원 임용 시 첨부 서류

- 인사기록카드 사본(시스템을 통하지 않고 시·군·구청장에게 직접 임면보고하는 경우)
- 자격을 요하는 자의 경우 자격증 사본(단, 원장 및 보육교사는 보육통합시스템을 통한 자격조회가 가능한 경우에는 제출 제외)
- 채용신체검사서 사본
- 아동학대 및 성범죄 경력 조회 결과서
- 기본 증명서
- 4대보험 가입 내역서

2) 보육교직원 자격의 적격성 확인

해당 관청은 신규 교직원에 대한 임용보고가 끝나면 교직원의 자격 적격성 여부를 확인한다.

3) 신원조회

자격의 적격성 확인 후 해당 관청에서 신원조회가 실시되는데, 이때 「영유아보육법」 제20조에 근거한 어린이집 교직원의 결격사유 여부를 검토하게 된다.

4) 경력관리시스템 입력관리

마지막 단계로는 신규 채용된 어린이집 교직원을 경력관리시스템에 입력하는 단계이다. 경력관리시스템에서는 종사자의 출산휴가, 육아휴직 등을 관리한다. 원장은 신규 채용된 보육교직원과 임금, 계약기간 등 근로조건을 명시한 근로계약을 체결해야 한다.

표 4-4 근로계약서

근로계약서

(기관명) 대표 ×××(이하 '갑'이라 함)와 근로자 △△△(이하 '을'이라 함)는 다음과 같이 근로계약을 체결하고 상호 성실히 이행할 것을 확약한다.

제1조(담당업무)

"을"의 담당 업무는 (　　　　)로 하되, 업무상 필요한 경우 갑은 을의 담당 업무를 변경할 수 있다.

제2조(근로 장소)

"을"의 근로 장소는 (　　　　)로 하되, 업무상 필요한 경우 갑은 을의 근로 장소를 변경할 수 있다.

제3조(근로시간 및 휴게시간)

① "을"의 근로일 및 근로일별 근로시간과 휴게시간은 다음과 같다. 단, 업무상 필요한 경우 변경할 수 있다.

가. 근로일 : 평일, 토요일

나. 근로시간 : 평일 00:00 ~ 00:00 (휴게시간 00:00~00:00)

토요일 00:00 ~ 00:00 (휴게시간 00:00~00:00)

② "갑"은 업무상 필요에 따라 "을"에게 연장, 야간 및 휴일 근로를 명할 수 있고 본 근로계약서의 체결로 "을"은 이에 동의한다.

제4조(임금)

① "을"의 임금은 월급 총액 (　　　　　　)원으로 한다.

② 임금의 구성항목과 그 계산방법은 다음 표와 같다.

구성항목	급여액	계산방법
기본급	원	시급 × (209 시간)
수당1 (　　　　　　)	원	
수당2 (　　　　　　)		

③ 전항의 임금은 매월　 일부터　 일까지 기산하여 당월　일에 "을"이 지정하는 은행 계좌로 송금한다.

※ '국고보조시설'의 경우 아래 조항으로 대체

제4조 (임금)　① "을"의 임금은 매년 보건복지부 장관이 정한 인건비지원 기준에 따라 (　　　) 호봉 갑(을) 월급 총액 (　　　)원으로 시작한다. (※ 필요한 경우 수당별 금액 기재)

② 전항의 임금은 매월　　일부터　　일까지 기산하여 당월　　일에 "을"이 지정하는 은행계좌로 송금한다.

제5조(휴일)

① "을"의 유급휴일은 주휴일(매주 0요일)과 근로자의 날로 한다.

② 그 밖의 유급휴일은 "갑"의 복무규정에 따른다.

제6조(휴가)

① "갑"은 "을"에게 근로기준법에 따라 연차유급휴가(전년도 8할 이상 출근 시 연간 15일, 입사 첫해는 전월 개근 시 1일을 주며 실제 사용한 일수는 이듬해 15일에서 차감)를 주며, 그 외 휴가는 "갑"의 복무규정에 따른다.

② "을"의 복무규정상 부여되는 휴가를 사용하는 경우 연차유급휴가를 사용한 것으로 하며, "을"의 근로의욕 고취 및 "갑"의 계산상 편의를 도모하기 위해 연차유급휴가의 사용을 제한하지 아니하는 범위 내에서 매월 "을"의 급여에 연차유급휴가 미사용 수당을 산입하여 지급할 수 있다.

※ 5인 미만 사업장의 경우, 근로기준법 제11조 동법시행령 제7조에 따라 연차휴가에 관한 규정의 적용을 받지 아니하나 사업장 상황을 고려하여 연차휴가를 부여할 수 있다.제7조(준용)

본 계약서에 명시되지 않은 사항은 복무규정 및 근로기준법의 관련조항을 준용하도록 한다.

20　　년　　　월　　　일

갑(사용자)

사업장명 :

대표자 :　　　　　　　　(인)

소재지 :

을(근로자)

이름 :　　　　　　　　(인)

주민등록번호 :

주소 :

○○ 어린이집

5. 보육교직원 보수교육

보육교직원의 자질 향상을 위해 실시하는 교육으로 보육에 필요한 지식과 능력을 유지 개발하기 위하여 보육교직원이 정기적으로 받는 직무교육과 보육교사가 상위등급의 자격(3급→2급, 2급→1급)을 취득하기 위해 받아야 하는 승급교육을 말한다.

※ 근거 :「영유아보육법」 제23조, 시행규칙 제20조, 제39조의3

1) 보수교육의 종류

(1) 어린이집 원장의 보수교육

직무교육					사전직무교육
일반직무교육		특별직무교육			어린이집 원장 사전직무교육
기본교육	심화교육	영아보육 직무교육	장애아보육 직무교육	방과후보육 직무교육	

(2) 보육교사 등의 보수교육

직무교육					승급교육	
일반직무교육		특별직무교육			2급 보육교사 승급교육	1급 보육교사 승급교육
기본교육	심화교육	영아보육 직무교육	장애아보육 직무교육	방과후보육 직무보육		

2) 교육 구분별 보수교육 대상자

교육 구분			교육대상	교육시간	비고
직무교육	일반직무교육	보육교사	현직에 종사하고 있는 보육교사로서 보육업무 경력이 만 2년을 경과한 자와 보육교사 직무교육(승급교육 포함) 받은 해부터 만 2년이 경과한 자	40시간	3년마다
		원장	현직에 종사하고 있는 원장으로서 어린이집 원장직무교육을 받은 해부터 만 2년을 경과한 자	40시간	3년마다
	특별직무교육	영아보육	영아보육을 담당하고 있는 일반직무교육 대상자와 영아보육을 담당하고자 하는 보육교사 및 어린이집 원장	40시간	이수하고자 하는 자
		장애아보육	장애아보육을 담당하고 있는 일반직무교육 대상자와 장애아보육을 담당하고자 하는 보육교사 및 어린이집 원장	40시간	이수하고자 하는 자
		방과후보육	방과후 보육을 담당하고 있는 일반직무교육 대상자와 방과후 보육을 담당하고자 하는 보육교사 및 어린이집 원장	40시간	이수하고자 하는 자

(계속)

교육 구분			교육대상	교육시간	비고
직무교육	어린이집 장기 미종사자 직무교육	원장 및 보육교사	영유아보육법 개정에 의하면, 2020년 3월 1일 기준으로 만 2년 이상 보육업무 공백이 있는 자로 보육현장에 재진입하는 원장 및 보육교사 *교육 신청 : 교육통합관리시스템(http://dhrd.childcare.go.kr) 가입 후 교육 신청	40시간 집합교육	2019년 9월 1일부터 상시 신청
승급교육	2급 승급교육		보육교사 3급의 자격을 취득한 후 보육업무 경력이 만 1년이 경과한 자	80시간	이수하고자 하는 자
	1급 승급교육		보육교사 2급의 자격을 취득한 후 보육업무 경력이 만 2년이 경과한 자 및 보육교사 2급의 자격을 취득한 후 보육 관련 대학원에서 석사학위를 취득한 경우 보육업무 경력이 만 6개월이 경과한 자	80 시간	이수하고자 하는 자
원장 사전 직무교육	-		「영유아보육법」 시행령[별표 1] 제1호의 가목부터 라목(일반, 가정, 영아전담, 장애아전담 어린이집 원장)까지 어느 하나의 자격을 취득하고자 하는 자	80시간	이수하고자 하는 자

3) 보수교육의 방법

시·도지사가 선정한 전문교육원에 위탁교육을 실시한다.

6. 보육교직원 조직문화와 리더십

1) 보육교직원 조직문화의 특성

조직문화란 조직의 구성원들이 공유하고 있는 가치관, 신념, 관습, 규범, 의례, 의식, 지식, 기술 등을 모두 포함하는 종합적 개념이다. 조직문화는 하나의 조직이 주어진 환경 속에서 오랜 기간 자체의 목적을 달성해 나가는 과정에서 형성되며, 일단 형성되면 쉽게 변하지 않고 계속되면서 조직구성원들의 행동에 영향을 주어 조직의 성과, 즉 조직효과성에도 영향을 미치게 된다. 어린이집에서는 원장, 교사, 영유아 그리고 행정직원으로 이루어진 구성원들이 끊임없이 상호작용을 하면서 '교육'이라는 목표를 성취하고자 노력하는 일종의 사회적 조직이다. 원장과 교사들은 그들의 고유 업무를 수행하기 위해 독특한 문화를 형성하고 적용하면서 생활하고 있다.

어린이집 조직문화의 특성을 살펴보면 다음과 같다(조인숙, 2005).

① 어린이집은 보호와 교육이라는 목적성과 기능에서 오는 특징이 있다. 따라서 어린이집 교사는 체계적인 교육과 더불어 따뜻하고 안정적인 양육자로서의 역할을 우선적으로 요구받게 된다.

② 어린이집은 대체로 다른 조직에 비해 규모가 작고 인적 구성이 비교적 단순하다. 시설의 규모가 작다는 것은 조직 규모가 단순하다는 것을 의미한다. 조직구조가 단순하기 때문에 임의대로 이루어지는 것에 크게 지장을 받지 않으며 조직 내에서도 과학성, 체계성, 합리성이 강조되기보다는 가족적 분위기가 강조된다.

③ 근무여건이 열악하고 조직의 공동체의식이 적다. 이직률이 높아 조직에 대한 응집력 이 약한 편이다.

④ 어린이집의 구성원은 대부분 여성이며 20~30대가 50% 이상을 차지하고 있다. 여성조직의 소통방식은 인간관계를 중심으로 이루어진다. 이러한 의사소통체계는 인간관계나 조직의 운영에 있어서 긍정적인 영향을 끼치기도 하지만 공적인 업무처리 면에서는 부정적 영향을 주기도 한다.

⑤ 어린이집의 질을 결정하는 교사의 업무 성격은 매우 독립적이고 개인적이지만 업무량은 많다. 또한 교사는 늦게까지 영유아와 함께 지내야 하므로 업무를 위한 회의조차도 시간이 부족해서 제한을 받는다.

⑥ 어린이집은 설립주체에 따라 국공립, 민간, 개인, 직장, 가정, 협동 등 6가지로 구분되며, 설립주체별로 다양한 설립취지를 가지고 있다. 어린이집의 특성이 다양한 것은 보육서비스의 질적 다양성의 원인이 된다.

2) 보육교직원 조직문화에 영향을 미치는 요인

어린이집 교직원의 조직문화에 영향을 미치는 요인은 10가지로 제시할 수 있다(문혁준 외, 2015).

(1) 동료관계

동료 간 강한 결속력이 있는 조직문화에서는 교사들의 상호작용이 원활하고 자신의 생각을 자유롭게 펼칠 수 있기 때문에 매우 효율적인 집단적 특징을 보인다.

(2) 전문성 증진

전문성 증진과 개인 성장을 위한 다양한 기회는 역동적 조직문화의 특징이다.

(3) 원장과의 관계

원장의 지도력은 교사의 업무수행에 지대한 영향을 미칠 수 있다.

(4) 조직기능의 명확성

조직기능이 명확한 어린이집에서는 교직원 간의 갈등이나 직무 스트레스가 비교적 적게 나타난다.

(5) 승진제도

보수, 직무, 안정성, 승진 관련 정책들이 공평하게 운영되는 보상체계를 가져야 한다.

(6) 의사결정

교사의 의견을 존중하고 수용하는 등 긍정적인 환경에서의 의사결정과정이 필요하다.

(7) 프로그램 목적에 대한 교직원 간의 일치도

교사가 조직목표에 공유하는 정도가 높을수록 교사의 직무수행능력은 증진된다.

(8) 업무수행

명확한 업무분장을 통한 업무수행은 교사에게 안정감과 만족감을 제공하여 직무에 더 충실할 수 있게 한다.

(9) 물리적 환경

준비되지 않은 환경은 교사에게 업무에 대한 스트레스와 좌절감을 줄 수 있다.

(10) 개혁성

원장은 변화의 필요성을 감지하고 변화과정의 속도를 설정한 후에 새로운 아이디어를 활동 프로그램 속에 전환시킴으로써 향상을 도모하는 역할을 하기 때문에 개혁의 성공 여부는 직접적으로 조직의 지도력 양상과 관련된다.

3) 보육교직원의 리더십

리더십은 목표를 달성하기 위하여 개인 및 집단을 조정하고 동작하게 하는 기술이나 정해진 목표를 열정적으로 수행하도록 설득하는 능력을 뜻한다. 보육기관의 리더십은 기관장인 원장과 교사의 리더십으로 나누어 살펴볼 수 있다.

보육기관은 소규모의 조직이기 때문에 원장은 인간관계뿐만 아니라 과업, 대내적인 활동, 원아 및 교사, 지역사회의 연계, 학부모와의 관계, 사무관리 등 다양한 직무를 수행하고 있다. 보육기관이라는 조직의 특수성과 직무수행의 복잡성 그리고 지도력을 받아들여야 하는 대상의 다양성을 고려하면 보육기관 원장의 리더십은 나름대로의 독자적 특성을 지닌다고 할 수 있다. 원장은 기관의 경영자이자 교육행정가, 재원확보자, 대외홍보자, 운영계획자, 영유아교육자일 뿐 아니라 나아가 교사, 학부모의 상담자 역할까지도 담당해야 하는 다양하고 어려운 역할을 맡고 있다. 이러한 원장의 역할수행 정도는 보육기관의 성패를 결정한다 해도 과언이 아니다.

보육기관에서는 원장의 리더십이 가장 중요하지만 보육교사들의 리더십 또한 그 중요성이 인정되고 있다. 하우스RJ House는 경로-목표이론에서 리더십을 4가지 유형으로 기술하였다.

(1) 지시적 리더십

직무의 구조화가 체계적으로 되어 있지 않은 경우 리더가 지시해 줄 것을 기다리거나 기술, 정보사항 등을 리더에게 의존하는 경우이며, 리더는 구체적 작업지시, 규칙, 절차, 계획, 통제, 조절을 통해 구성원들을 의사결정에 참여하게 할 수 있다.

(2) 지원적 리더십

직무가 지극히 구조화되어 있는 경우 집단 간의 상호작용이 극히 필요할 때 또는 지나친 스트레스를 받아 불만족스러운 과업인 경우이며, 리더는 우호적, 친밀감, 인간적 관심, 의사표현 존중 등으로 리더십을 발휘할 수 있다.

(3) 참여적 리더십

직무가 흥미있고 적당히 구조화되어 있는 경우 또는 강한 독립심과 성취욕구를 지닌 구성원들인 경우이며, 리더는 협의 및 제안을 활용하나 의사결정은 리더가 한다.

(4) 성취지향적 리더십

참여적 리더십의 상황과 유사하나 복잡한 과업을 수행하는 성취지향적인 구성원들이 있을 경우이며, 리더는 도전적 목표를 설정하고 구성원들의 능력을 신뢰하며 성과에 대한 책임을 갖는다.

CHAPTER

05

보육과정관리

1. 표준보육과정

2. 누리과정

3. 보육계획 수립

4. 보육계획의 실행 및 평가

05
보육과정관리

1. 표준보육과정

표준보육과정은 어린이집의 만 0~5세 영유아들에게 국가 수준에서 제공하는 보편적이고 공통적인 보육의 목표와 내용을 제시한 것이다. 표준보육과정은 0~1세 보육과정, 2세 보육과정, 3~5세 보육과정(누리과정 포함)으로 구성된다.

1) 표준보육과정 및 보육프로그램 추진과정

표준보육과정 및 보육프로그램의 추진과정을 살펴보면 **표 5-1**과 같다.

2) 표준보육과정의 기본전제

① 영유아는 개별적인 특성을 지닌 고유한 존재이다.

② 영유아는 연령에 따라 발달특성이 질적으로 다르다.

③ 영유아는 그 자체로서 존중받아야 하는 존재이다.

④ 영유아는 직접적으로 경험할 때 의미 있는 지식, 기술 및 바람직한 태도를 형성해 간다.

⑤ 영유아는 일상생활이 편안하고 학습과 경험이 놀이중심으로 이루어질 때 최대의 능력이 발휘된다.

표 5-1 표준보육과정 및 보육프로그램 추진과정

표준보육과정의 개정과정	내용
영유아보육법 전문 개정(2004. 1.)	표준보육과정 개발의 근거 마련(영유아보육법 제29조 제2항, 제4항, 시행규칙 제30조)
표준보육과정 고시(2007. 1.)	표준보육과정의 구체적 보육내용 및 교사지침 고시(여성가족부 고시 제2007-1호)
표준보육과정 보육프로그램 (2008. 7.)	표준보육과정 보육프로그램 총론(1권) 0~5세용 어린이집 프로그램(총 6권), 장애아용 프로그램(1권) 개발 및 보급
표준보육과정 재고시(2010. 9.)	여성가족부의 보육업무가 보건복지부로 이전되면서 2007. 1.의 표준보육과정 고시가 보건복지부 고시 제2010-71호로 재고시함
5세 누리과정 고시(2011. 9.)	보건복지부, 교육과학기술부에서 어린이집과 유치원 5세를 위한 공통과정으로서 5세 누리과정을 제정 고시함
5세 누리과정에 기초한 어린이집 프로그램(2012 .2.)	5세 누리과정에 기초하여 5세 어린이집 프로그램(4권)과 DVD(4개), 연령 연계 프로그램(1권)을 개발하여 보급
제2차 표준보육과정 고시(2012. 2.)	5세 누리과정 제정과 더불어 0~4세를 포함하여 제2차 표준보육과정을 고시함 (보건복지부 고시 제2012-28호)
3~4세 누리과정 고시 및 5세 누리과정 개정 고시(2012. 7.)	보건복지부와 교육과학기술부가 함께 5세 누리과정 개정과 더불어 3~4세 누리과정을 고시함
제3차 어린이집 표준보육과정 고시(2013. 1.)	0~1세 보육과정, 2세 보육과정, 3~5세 보육과정(누리과정)을 포함하여 전체적으로 고시함 (보건복지부 고시 제2013-8호)
3, 4세 누리과정에 기초한 어린이집프로그램(2013. 2.)	3세 누리과정에 기초한 어린이집 프로그램 개발 및 보급
어린이집 표준보육과정에 기초한 영아보육프로그램(2013 .3.)	제3차 표준보육과정에 기초하여 총론(1권) 0~2세용 영아보육프로그램 개발 및 보급

출처 : 보건복지부·중앙육아종합지원센터(2015). 제3차 어린이집 표준보육과정에 기초한 연령별 보육프로그램의 활용.

⑥ 영유아는 민감하고 반응적인 성인과의 신뢰 관계 속에서 최적의 발달을 이룬다.

⑦ 영유아가 속한 가정, 지역사회가 함께 협력할 때 영유아에게 가장 긍정적 영향을 미친다.

3) 편성과 운영

(1) 편성

① 어린이집의 운영시간에 맞추어 편성한다.

② 표준보육과정에 제시된 각 영역의 내용을 균형 있게 통합적으로 편성한다.

③ 영유아의 발달특성 및 개인차, 경험을 고려하여 놀이를 중심으로 편성한다.

④ 영유아의 일과 중 일상생활을 포함하여 편성한다.

⑤ 어린이집과 보육실의 특성에 따라 융통성 있게 편성한다.

⑥ 성별, 종교, 신체적 특성, 가족 및 민족 배경 등으로 인한 편견이 없도록 편성한다.

(2) 운영

① 보육계획(연간, 월간, 주간, 일일 계획 등)에 의거하여 운영한다.

② 실내·외 환경을 다양한 흥미영역으로 구성하여 운영한다.

③ 영유아의 능력과 장애 정도에 따라 조정하여 운영한다.

④ 부모와 각 기관의 실정에 따라 부모교육을 실시한다.

⑤ 가정과 지역사회와의 협력과 참여에 기반하여 운영한다.

⑥ 교사 재교육을 통해 어린이집 표준보육과정 운영을 개선해 나간다.

4) 교수-학습방법

① 주도적인 놀이를 중심으로 교수·학습 활동이 이루어지도록 한다.

② 흥미를 중심으로 활동을 선택하고 지속할 수 있도록 한다.

③ 생활 속 경험을 소재로 하여 지식, 기술, 바람직한 태도를 기르도록 한다.

④ 교사와 신뢰감을 형성하고 개별적인 활동이 이루어지도록 한다.

⑤ 교사, 환경, 또래와 능동적인 상호작용이 이루어지도록 한다.

⑥ 주제를 중심으로 여러 활동이 통합적으로 이루어지도록 한다.

⑦ 만 0~1세, 만 2세 영아는 일상생활 및 개별활동, 휴식 등이 균형 있게 이루어도록 한다.

⑧ 만 3~5세 유아는 실내·외 활동, 정적·동적 활동, 대·소집단 활동 및 개별활동, 일상생활 및 휴식 등이 균형 있게 이루어지도록 한다.

5) 평가

(1) 운영평가

① 어린이집 표준보육과정의 목표와 내용에 근거하여 보육내용이 적절히 편성·운영되는지 평가한다.

② 어린이집 표준보육과정의 운영내용 및 활동이 영유아의 발달수준과 흥미, 요구에 적합한지 평가한다.

③ 영유아의 발달수준, 흥미, 요구에 적합한 경험 및 학습을 촉진할 수 있는 다양한 활동과 교수-학습방법이 계획되고 통합적으로 운영되는지 평가한다.

④ 일과운영 및 보육활동 구성 시 놀이활동과 일상생활활동의 양과 내용이 영아 및 유아 각 연령의 발달에 적합하게 계획되고 운영되는지 평가한다.

⑤ 만 0~1세아, 만 2세아는 집단 활동보다 개별적인 상호작용과 교수법을 중심으로 상호작용이 진행되는지를 평가한다.

⑥ 어린이집 표준보육과정 운영평가 결과를 수시로 반영하여 보육과정 운영계획을 수정·보완하거나 다음 연도의 계획 수립 및 운영에 반영하는지 평가한다.

(2) 영·유아평가

① 어린이집 표준보육과정의 목표와 내용에 근거하여 영유아의 특성과 변화 정도를 평가한다.

② 지식, 기술, 태도 등을 평가한다.

③ 일상생활과 보육과정활동 전반에 걸쳐 평가한다.

④ 관찰, 활동 결과물 분석, 부모면담 등 다양한 방법을 사용하여 종합적으로 평가하고 그 결과를 기록한다.

⑤ 평가결과는 영유아에 대한 이해와 어린이집 표준보육과정 운영 개선 및 부모면담 자료로 활용한다.

6) 표준보육과정 영역별 목표

(1) 0~1세

가. 기본생활 : 건강하고 안전한 일상생활을 경험한다.

1. 건강하고 편안한 일상생활을 경험한다.
2. 안전한 생활을 경험한다.

나. 신체운동 : 감각 및 기본 신체운동 능력을 기른다.

1. 감각기능을 발달시키고 자신의 신체를 탐색한다.

2. 대·소근육을 조절하고 걷기 등의 능력을 기른다.

3. 규칙적으로 신체활동에 참여한다.

다. 의사소통 : 말소리를 구분하고 의사소통의 기초를 마련한다.

1. 주변의 소리와 말소리 듣기에 관심을 보인다.
2. 표정, 소리, 몸짓으로 자신의 생각과 느낌을 표현한다.
3. 짧은 그림책이나 친숙한 환경 인쇄물에 관심을 가진다.
4. 끼적이기에 관심을 가진다.

라. 사회관계 : 친숙한 사람과 관계를 형성한다.

1. 자신과 다른 사람을 구별된 존재로 인식한다.
2. 기본정서를 표현하고 다른 사람의 감정에 주의를 기울인다.
3. 안정적인 애착을 형성하고 또래나 교사와 함께 지낸다.

마. 예술경험 : 아름다움에 관심을 가진다.

1. 자신의 신체와 주변의 감각 자극에 호기심을 가지고 반응한다.
2. 소리와 움직임으로 반응하고 단순한 미술을 경험하며 모방행동을 즐긴다.
3. 친근한 소리나 노래를 즐겨 듣고 자연물, 사물, 주변 환경에 관심을 가진다.

바. 자연탐구 : 보고 듣고 만지면서 주변 환경에 관심을 가진다.

1. 주변 사물에 대한 탐색을 시도한다.
2. 주변에서 일어나는 수학적 상황을 지각한다.
3. 감각과 조작을 통하여 주변 사물과 자연환경에 대해 지각한다.

0~1세 표준보육과정 내용체계 및 세부내용의 예시

표 5-2 기본생활 내용체계

내용범주	내용
건강하게 생활하기	몸을 깨끗이 하기 즐겁게 먹기 건강한 일상생활하기
안전하게 생활하기	안전하게 지내기 위험한 상황에 반응하기

표 5-3 기본생활 세부내용

<table>
<tr><th>내용범주</th><th>내용</th><th>1수준</th><th>2수준</th><th>3수준</th><th>4수준</th></tr>
<tr><td rowspan="10">건강하게 생활하기</td><td rowspan="3">몸을 깨끗이하기</td><td colspan="4">몸이 깨끗해졌을 때 기분이 좋음을 안다.</td></tr>
<tr><td colspan="4">도움을 받아 손을 씻는다.</td></tr>
<tr><td></td><td colspan="3">도움을 받아 이를 닦는다.</td></tr>
<tr><td rowspan="3">즐겁게 먹기</td><td>편안하게 안겨서 우유(모유)를 먹는다.</td><td>이유식에 적응한다.</td><td>고형식에 적응한다.</td><td>다양한 음식을 먹어본다.</td></tr>
<tr><td></td><td></td><td colspan="2">도구로 음식을 먹어본다.</td></tr>
<tr><td colspan="4">즐겁게 먹는다.</td></tr>
<tr><td rowspan="4">건강한 일상생활하기</td><td colspan="4">수면을 충분히 취한다.</td></tr>
<tr><td colspan="4">편안하게 쉰다.</td></tr>
<tr><td colspan="4">하루일과에 편안하게 참여한다.</td></tr>
<tr><td colspan="2"></td><td colspan="2">배변의사를 표현한다.</td></tr>
<tr><td rowspan="4">안전하게 생활하기</td><td rowspan="3">안전하게 지내기</td><td colspan="3">안전한 상황에서 놀이한다.</td><td>놀잇감을 안전하게 사용한다.</td></tr>
<tr><td colspan="4">안전한 장소에서 놀이한다.</td></tr>
<tr><td colspan="4">차량 승·하차 시 안전장구를 착용한다.</td></tr>
<tr><td>위험한 상황에 반응하기</td><td></td><td>위험하다는 말에 반응을 보인다.</td><td colspan="2">위험하다고 알려주면 주의한다.</td></tr>
</table>

(2) 2세

가. 기본생활 : 건강하고 안전한 생활습관의 기초를 마련한다.

1. 건강한 생활습관의 기초를 경험한다.
2. 안전한 생활습관의 기초를 경험한다.

나. 신체운동 : 감각, 신체조절 및 기본운동능력을 기른다.

1. 감각능력을 기르고, 자신의 신체 움직임을 탐색한다.
2. 안정된 자세로 대·소근육을 조절하고 기본운동능력을 기른다.
3. 규칙적으로 신체활동에 참여한다.

다. 의사소통 : 의사소통능력의 기초를 기른다.

1. 다른 사람의 말과 짧은 이야기 듣는 것을 즐긴다.

2. 자신의 생각과 느낌을 말로 주고받기를 즐긴다.
3. 그림책이나 환경 인쇄물에 관심을 가지며 글의 내용에 흥미를 가진다.
4. 글자 형태 끼적이기에 관심을 가진다.

라. 사회관계 : 나를 인식하고 다른 사람과 더불어 생활하는 경험을 한다.

1. 자기존중감을 형성한다.
2. 자신의 감정을 알고 다른 사람의 감정에 반응을 보인다.
3. 가족을 사랑하고 또래, 교사와 즐겁게 지내며 간단한 규칙 등을 지킨다.

마. 예술경험 : 아름다움에 관심을 가지고 예술경험을 즐긴다.

1. 주변 생활에서 예술적 요소를 발견하고 흥미롭게 탐색한다.
2. 간단한 리듬이나 노래, 움직임, 자발적인 미술활동을 자유롭게 시도하고 모방이나 상상놀이로 표현한다.
3. 주변의 환경과 자연 및 다양한 표현에서 예술적 요소를 관심 있게 보고 즐긴다.

바. 자연탐구 : 주변 환경에 호기심을 갖고 탐색하기를 즐긴다.

1. 호기심을 가지고 주변 세계에 대해 다양하게 탐색한다.
2. 주변에서 경험하는 수학적 상황을 인식한다.
3. 다양한 탐색을 통하여 주변 사물과 자연환경을 인식한다.

2세 표준보육과정 내용체계 및 세부내용의 예시

표 5-4 기본생활 내용체계

내용범주	내용
건강하게 생활하기	몸을 깨끗이하기 바르게 먹기 건강한 일상생활하기 질병에 대해 알기
안전하게 생활하기	안전하게 놀이하기 교통안전 알기 위험한 상황알기

표 5-5 기본생활 세부내용

<table>
<tr><th>내용범주</th><th>내용</th><th>1수준</th><th>2수준</th></tr>
<tr><td rowspan="10">건강하게 생활하기</td><td rowspan="2">몸을 깨끗이 하기</td><td colspan="2">스스로 손과 몸 씻기를 시도한다.</td></tr>
<tr><td colspan="2">스스로 이 닦기를 시도한다.</td></tr>
<tr><td rowspan="3">바르게 먹기</td><td colspan="2">음식을 골고루 먹는다.</td></tr>
<tr><td colspan="2">도구를 사용하여 스스로 먹는다.</td></tr>
<tr><td colspan="2">정해진 자리에서 먹는다.</td></tr>
<tr><td rowspan="4">건강한 일상생활하기</td><td colspan="2">일과에 따라 규칙적으로 잠을 잔다.</td></tr>
<tr><td colspan="2">정해진 시간에 알맞게 휴식한다.</td></tr>
<tr><td colspan="2">하루일과에 즐겁게 참여한다.</td></tr>
<tr><td>정해진 곳에서 배변한다.</td><td>화장실에서 배변한다.</td></tr>
<tr><td>질병에 대해 알기</td><td>질병의 위험을 안다.</td><td></td></tr>
<tr><td rowspan="5">안전하게 생활하기</td><td rowspan="2">안전하게 놀이하기</td><td>놀이기구나 놀잇감을 안전하게 사용한다.</td><td></td></tr>
<tr><td>안전한 장소에서 놀이한다.</td><td></td></tr>
<tr><td>교통안전 알기</td><td>교통수단의 위험을 안다.</td><td>교통수단의 위험을 알고 조심한다.</td></tr>
<tr><td rowspan="2">위험한 상황 알기</td><td>위험한 상황과 위험한 것을 안다.</td><td>위험한 상황과 위험한 것을 알고 조심한다.</td></tr>
<tr><td colspan="2">위험한 상황 시 어른의 지시에 따른다.</td></tr>
</table>

2. 누리과정

유아·놀이중심의 「2019 개정 누리과정」의 특징은 다음과 같다.

1) 누리과정 개정의 주요 특징

(1) 유아중심·놀이중심 교육과정

교사 주도 활동을 지양하며, 유아가 충분한 놀이 경험을 통해 몰입과 즐거움 속에서 자율·창의성을 신장하고, 전인적 발달과 행복을 추구할 수 있도록 하였다.

(2) 국가수준 교육과정으로서 구성 체계 확립

누리과정의 성격을 국가수준 공통 교육과정으로 명시하고, 미래사회 핵심역량을 반영한 인간상–건강한 사람, 자주적인 사람, 창의적인 사람, 감성이 풍부한 사람, 더불어 사는 사람–과 목표를 밝혀 교육과정으로서 구성 체계를 확립하였다.

(3) 내용구성의 간략화를 통한 현장 자율성 확대

교육과정의 5개 영역—신체운동·건강, 의사소통, 사회관계, 예술경험, 자연탐구—은 유지하되, 연령별 세부내용(369개)을 연령 통합(59개)으로 간략화하고 다양한 교육방식이 발현될 수 있도록 현장 자율성을 확대하였다.

(4) 교사의 누리과정 실행력 지원

교사의 과다한 일일교육계획 작성을 경감하고, 주제와 유아놀이를 일치시켜야 하는 부담감 등을 완화해 교사의 자신감 회복을 도우며 자율성과 책무성을 강조하여 누리과정 실행력을 지원하는 데 중점을 두었다.

2) 누리과정의 기본·구성 방향

① 사람과 자연을 존중하고, 우리 문화를 이해하는 데 중점을 둔다.

② 전인발달이 고루 이루어진 창의적 인재를 기르는 데 중점을 둔다.

③ 초등학교 교육과정과의 연계성을 고려한다 : 초등학교 1, 2학년 통합 교과 교육과정은 학생들이 학교생활에 원만하게 적응하고, 기본생활습관과 규범을 익히며, 자신과 주위 현상에 대한 관계를 이해하고, 건강한 심신 발달을 이루도록 하는 데 목적을 두고 있다.

④ 5개 영역을 중심으로 주도적인 경험을 강조하고, 놀이 중심의 통합과정으로 구성한다.

3) 누리과정 영역별 목표 및 내용

3~5세 누리과정 신체운동·건강, 의사소통, 사회관계, 예술경험, 자연탐구의 5개 영역을 중심으로 구성한다.

(1) 신체운동·건강

실내외에서 신체활동을 즐기고, 건강하고 안전한 생활을 한다.

① 신체활동에 즐겁게 참여한다.

② 건강한 생활습관을 기른다.

③ 안전한 생활습관을 기른다.

표 5-6 신체운동·건강

신체활동 즐기기	건강하게 생활하기	안전하게 생활하기
• 신체를 인식하고 움직인다. • 신체 움직임을 조절한다. • 기초적인 이동운동, 제자리운동, 도구를 이용한 운동을 한다. • 실내외 신체활동에 자발적으로 참여한다.	• 자신의 몸과 주변을 깨끗이 한다. • 몸에 좋은 음식에 관심을 가지고 바른 태도로 즐겁게 먹는다. • 하루 일과에서 적당한 휴식을 취한다. • 질병을 예방하는 방법을 알고 실천한다.	• 일상에서 안전하게 놀이하고 생활한다. • TV, 컴퓨터, 스마트폰 등을 바르게 사용한다. • 교통안전 규칙을 지킨다. • 안전사고, 화재, 학대, 유괴 등에 대처하는 방법을 알고 행동한다.

(2) 의사소통

일상생활에 필요한 의사소통 능력과 상상력을 기른다.

① 일상생활에서 듣고 말하기를 즐긴다.

② 읽기와 쓰기에 관심을 가진다.

③ 책이나 이야기를 통해 상상하기를 즐긴다.

표 5-7 의사소통

듣기와 말하기	읽기와 쓰기에 관심 가지기	책과 이야기 즐기기
• 말이나 이야기를 관심 있게 듣는다. • 자신의 경험, 느낌, 생각을 말한다. • 상황에 적절한 단어를 사용하여 말한다. • 상대방이 하는 이야기를 듣고 관련해서 말한다. • 바른 태도로 듣고 말한다. • 고운 말을 사용한다.	• 말과 글의 관계에 관심을 가진다. • 주변의 상징, 글자 등의 읽기에 관심을 가진다. • 자신의 생각을 글자와 비슷한 형태나 글자로 표현한다.	• 책 읽기에 관심을 가지고 상상하기를 즐긴다. • 동화, 동시에서 말과 글의 재미를 느낀다. • 말놀이와 이야기 짓기를 즐긴다.

(3) 사회관계

자신을 존중하고 더불어 생활하는 태도를 가진다.

① 자신을 이해하고 존중한다.

② 다른 사람과 사이좋게 지낸다.

③ 우리가 사는 사회와 다양한 문화에 관심을 가진다.

표 5-8 사회관계

나를 알고 존중하기	더불어 생활하기	사회에 관심 가지기
• 나를 알고 소중히 여긴다. • 나의 감정을 알고 상황에 맞게 표현한다. • 내가 할 수 있는 것을 스스로 한다.	• 가족의 의미를 아라고 화목하게 지낸다. • 친구와 서로 도우며 사이좋게 지낸다. • 서로 다른 감정, 생각, 행동을 존중한다. • 일상에서 예의를 지켜 행동한다. • 약속과 규칙의 필요성을 알고 지킨다.	• 내가 살고 있는 곳에 대해 궁금한 것을 알아본다. • 우리나라에 대해 자부심을 가진다. • 다양한 문화에 관심을 갖고 문화의 다양성을 존중한다.

(4) 예술경험

아름다움과 예술에 관심을 가지고 창의적 표현을 즐긴다.

① 자연과 생활 및 예술에서 아름다움을 느낀다.

② 예술을 통해 창의적으로 표현하는 과정을 즐긴다.

③ 다양한 예술 표현을 존중한다.

표 5-9 예술경험

아름다움 찾아보기	창의적으로 표현하기	예술 감상하기
• 자연과 생활에서 아름다움을 느끼고 즐긴다. • 다양한 예술적 요소에 관심을 갖고 찾아본다.	• 다양한 노래를 즐겨 부른다. • 신체, 사물, 악기로 간단한 소리와 리듬을 만들어 본다. • 신체나 도구를 활용하여 움직임과 춤으로 자유롭게 표현한다. • 다양한 미술 재료와 도구로 자신의 생각과 느낌을 표현한다. • 극놀이로 경험이나 이야기를 표현한다.	• 다양한 예술을 감상하며 상상하기를 즐긴다. • 서로 다른 예술 표현을 존중한다. • 우리나라 전통 예술에 관심을 갖고 친숙해진다.

(5) 자연탐구

탐구하는 과정을 즐기고, 자연과 더불어 살아가는 태도를 가진다.

① 일상에서 호기심을 가지고 탐구하는 과정을 즐긴다.

② 생활 속의 문제를 수학적, 과학적으로 탐구한다.

③ 생명과 자연을 존중한다.

표 5-10 자연탐구

과학적 탐구하기	생활 속에서 탐구하기	자연과 더불어 살기
• 주변 세계와 자연에 대해 지속적인 호기심을 가진다. • 궁금한 것을 탐구하는 과정에 적극적으로 참여한다. • 탐구과정에서 서로 다른 생각에 관심을 갖는다.	• 물체의 특성과 변화를 여러 가지 방법으로 탐색한다. • 물체를 세어 수량을 안다. • 물체의 위치와 방향, 모양을 알고 구별한다. • 일상에서 길이, 무게 등의 속성을 비교한다. • 주변에서 반복되는 규칙을 찾는다. • 도구와 가계에 대해 관심을 가진다.	• 주변의 동식물에 관심을 가진다. • 생명과 자연환경을 소중히 여긴다. • 날씨와 계절의 변화를 생활과 관련짓는다.

누리과정 내용체계 및 세부내용의 예시

표 5-11 의사소통영역 내용체계

내용범주	내용
듣기	낱말과 문장 듣고 이해하기
	이야기 듣고 이해하기
	동요, 동시, 동화 듣고 이해하기
	바른 태도로 듣기
말하기	낱말과 문장으로 말하기
	느낌, 생각, 경험 말하기
	상황에 맞게 바른 태도로 말하기
읽기	읽기에 흥미 가지기
	책읽기에 관심 가지기
쓰기	쓰기에 관심 가지기
	쓰기도구 사용하기

표 5-12 의사소통영역 세부내용

내용범주	내용	세부내용
듣기	낱말과 문장 듣고 이해하기	낱말의 발음에 관심을 가지고 듣는다.
		일상생활과 관련된 낱말과 문장을 듣고 뜻을 이해한다.
	이야기 듣고 이해하기	다른 사람의 이야기를 듣고 이해한다.
		이야기를 듣고 궁금한 것에 대해 질문한다.
	동요, 동시, 동화 듣고 이해하기	동요, 동시, 동화를 다양한 방법으로 듣고 즐긴다.
		전래 동요, 동시, 동화를 듣고 우리말의 재미를 느낀다.
	바른 태도로 듣기	다른 사람의 이야기를 주의 깊게 듣는다.
말하기	낱말과 문장으로 말하기	친숙한 낱말을 정확하게 발음해 본다.
		다양한 낱말을 사용하여 말한다.
		일상생활에서 일어나는 일들을 간단한 문장으로 말한다.
	느낌, 생각, 경험 말하기	자신의 느낌, 생각, 경험을 말한다.
		주제를 정하여 함께 이야기를 나눈다.
		이야기를 지어 말한다.
말하기	상황에 맞게 바른 태도로 말하기	듣는 사람의 생각과 느낌을 고려하여 말한다.
		차례를 지켜 말한다.
		바르고 고운 말을 사용한다.
읽기	읽기에 흥미 가지기	주변에서 친숙한 글자를 찾아본다.
		읽어 주는 글의 내용에 관심을 가진다.
읽기	책 읽기에 관심 가지기	책 보는 것을 즐기고 소중하게 다룬다.
		책의 그림을 단서로 내용을 이해한다.
		궁금한 것을 책에서 찾아본다.
쓰기	쓰기에 관심 가지기	말이나 생각을 글로 나타낼 수 있음을 안다.
		자기 이름을 써본다.
		자신의 느낌, 생각, 경험을 글자와 비슷한 형태로 표현한다.
	쓰기도구 사용하기	쓰기 도구에 관심을 가지고 사용해 본다.

3. 보육계획 수립

1) 영아를 위한 보육계획

영아를 위한 주제별 보육계획안의 활동 구성은 영아의 발달특성과 흥미를 고려하여 연령이 증가함에 따라 좀더 세분화하여 구성한다. 영아를 위한 일반적인 보육계획의 원리는 다음과 같다.

① 영아반 주제별 보육계획안의 활동은 등원 및 맞이하기, 기본생활 및 안전, 일상생활, 실내자유놀이, 실외놀이, 귀가 및 가정과의 연계 등으로 구성하되, 연령을 고려하여 용어를 다르게 표현하거나 영역을 점차 세분화한다.

② 등원 및 맞이하기, 기본생활 및 안전, 실외놀이, 귀가 및 가정과의 연계 등은 0~2세 모두 공통적으로 용어를 사용하고, 일상생활과 실내자유놀이는 연령에 따라 다르게 구성한다.

③ 일상생활은 영아의 발달특성을 고려하여 연령별로 다르게 구성한다. 0세의 '수유 및 이유'는 1세와 2세에서 '점심 및 간식'으로 구성하고, '낮잠'은 0~2세에서 공통으로 구성하여야 한다. 0세의 '기저귀갈이'는 1세에서 '기저귀갈이·배변활동'으로, 2세에서는 '배변활동'으로 구성한다.

④ 실내자유놀이는 흥미영역으로 구성할 때 영아의 발달특성을 고려하여 구성하되 연령이 증가함에 따라 영역을 세분화한다. 0세는 '신체, 언어, 감각·탐색'으로, 1세는 '신체, 언어, 감각·탐색, 역할·쌓기'로, 2세는 '신체, 언어, 감각·탐색, 역할·쌓기, 미술, 음률'로 구성한다.

2) 유아를 위한 보육계획

유아기는 신체·사회·정서·언어·인지 발달의 결정적 시기로 만 3, 4, 5세 유아의 발달특성은 각 연령별로 차이가 있다. 유아를 위한 보육계획은 이러한 유아들의 발달특성을 고려하여 유아가 즐겁고 다양한 활동을 통해 전인적으로 성장할 수 있도록 계획, 운영되어야 한다. 유아를 위한 일반적인 보육계획의 원리는 다음과 같다.

① 유아들의 전인적 발달을 도모하기 위해 유아의 흥미와 욕구를 충족시킬 수 있도록 계획한다.

② 유아들의 기본적인 욕구와 신체적 보호를 위한 기본생활 측면을 고려하여 계획한다.

③ 유아의 신체·언어·정서·사회·인지 발달이 통합적으로 이루어지도록 계획한다.

④ 어린이집에서는 타인과 함께 생활하는 시간이 길기 때문에 다양한 형태의 상호작용을 통해 바른 사회성발달이 이루어질 수 있도록 계획한다.

⑤ 획일적 특별활동을 지양하고 다양한 수준의 교재와 교구를 활용하여 유아들이 직접 체험해 볼 수 있는 개별화 보육활동을 계획한다.

⑥ 오랜 시간 어린이집에 머물게 되므로 가정처럼 편안하고 안전한 분위기와 환경을 경험할 수 있도록 계획하고 풍부한 문화체험을 포함시켜 활동을 계획한다.

4. 보육계획의 실행 및 평가

1) 연간 보육계획안

연간 보육계획안은 1년 동안 영유아가 달성해야 할 보육목표와 내용을 주제로 제시하며, 영유아들에게 흥미 있는 주제, 계절, 어린이집이나 지역사회의 행사 등을 근거로 작성한다. 주제는 동일 연령 내에서, 그리고 연령이 증가할수록 친숙하고 구체적이며 자주 경험하는 것에서부터 점차 추상적이고 멀어진 환경에 대한 주제가 포함되도록 한다.

(1) 영아반

① 0세는 월령에 따른 발달적 차이가 크고 양육활동이 놀이활동에 많은 부분을 차지하므로, 연간 주제는 0세 발달특성과 발달과업을 중심으로 세상에 대한 호기심, 애착을 보이는 사람과 사물을 중심으로 선정하고 1세와의 연계를 고려하여 주제를 선정한다.

② 1세는 0세에 비해 놀이활동이 점점 늘어나므로, 연간 주제는 1세의 발달특성과 발달과업, 적응, 계절, 어린이집이나 지역사회의 특성을 반영하되 0세 및 2세의 연계성을 고려하여 선정한다.

③ 2세는 0~2세에 비해 놀이활동 비중이 점점 커지므로 연간 주제는 2세 발달특성을 반영하여 어린이집-나-가족-친구로 관계를 확장해 나가고, 동시에 계절의 변화, 흥미와 관심 등을 반영하는 주제를 선정한다. 주제는 어린이집에서 이루어지는 연간

행사의 일정과 연계하되, 0~1세는 행사와 연계하지 않아도 된다.

(2) 유아반

유아반 연간 주제는 유아의 발달특성과 흥미에 기초하고, 계절의 변화나 유아들이 관심을 갖는 주제로 선정한다. 동일한 주제를 다른 연령에서도 계획할 수 있으나, 이때 수준별 내용은 연령에 따라 연계성 및 수준을 고려하여 계획한다. 학기 초에는 가정이나 일상생활에서 경험한 친숙한 활동 및 교사의 도움을 덜 필요로 하는 내용으로 시작하여 점차 새로운 경험이 더해지도록 한다.

표 5-13 2세 연간 보육계획안의 예

목표 : 2세의 발달특성을 반영하여 9개 주제를 선정하여 통합적 활동이 자연스럽게 반복, 심화, 확장되도록 한다. 표준보육과정의 전 영역을 고루 반영하여 2세가 보편적으로 관심 있는 주제를 선정하여 어린이집에 대한 긍정적인 적응성을 기르고 '나'를 중심으로 한 동심원적 구조로 체계적·통합적으로 진행한다.

순서	주제	주	소주제
1	어린이집이 좋아요(7주)	1	나는 ○○반이에요
		2	엄마, 아빠와 헤어질 수 있어요
		3	우리 반 선생님과 친구들이에요
		4	재미있는 놀잇감이 있어요
		5	내가 좋아하는 놀잇감이에요
		6	편안하게 지내요
		7	안전하게 놀아요
2	봄나들이 가요(5주)	1	바깥놀이가 재미있어요
		2	안전하게 바깥놀이해요
		3	꽃구경은 즐거워요
		4	벌레가 꿈틀꿈틀해요
		5	봄나들이 갈까요
3	나는요(5주)	1	나는 ○○○이에요
		2	내 몸을 살펴보아요
		3	나는 느껴요
		4	내가 좋아하는 것이 있어요
		5	혼자서도 잘해요

(계속)

순서	주제	주	소주제
4	재미있는 여름이에요(7주)	1	날씨가 더워졌어요
		2	비가 많이 와요
		3	깨끗하게 씻어요
		4	물놀이가 재미있어요 1
		5	물놀이가 재미있어요 2
		6	여행을 가요
		7	
5	나는 가족이 있어요(5주)	1	엄마 아빠가 좋아요
		2	우리 가족을 흉내 내요 1
		3	우리 가족을 흉내 내요 2
		4	우리 가족을 소개해요 1
		5	우리 가족을 소개해요 2
6	동물놀이해요(6주)	1	여러 가지 동물이 있어요
		2	엄마동물 아기동물
		3	동물처럼 소리를 내어보아요
		4	동물처럼 움직여보아요
		5	ㅇㅇ반이 좋아하는 동물
		6	동물을 사랑해요
7	알록달록 가을이에요(6주)	1	가을이에요
		2	가을나들이
		3	단풍이 물들었어요
		4	자연물로 놀이해요
		5	알록달록 색깔나라
		6	재미있는 그리기나라
8	겨울과 모양을 즐겨요(5주)	1	여러 가지 모양이 있어요
		2	모양놀이해요
		3	즐거운 성탄절이에요
		4	추워요
		5	따뜻하게 지내요

(계속)

순서	주제	주	소주제
9	나는 친구가 있어요(6주)	1	내 친구가 좋아요
		2	친구와 함께하는 놀이가 있어요
		3	우리는 ㅇㅇ살 (설날)
		4	형·언니가 되었어요
		5	즐거웠던 우리반이에요
		6	

2) 월간 보육계획안

월간 보육계획안은 일반적으로 연간 보육계획안 주제를 다시 한 주 단위로 하여 소주제로 나누는 것이다. 소주제 개수는 해당 반 영유아의 흥미 지속 정도, 발달수준을 고려하여 가감할 수 있다. 소주제 진행기간은 일반적으로 한 주 단위로 계획하지만, 유아의 흥미, 소주제 관련 활동을 통한 충분한 이해과정이 필요한 경우 한 주 이상 지속하여 진행할 수도 있다. 월간 보육계획안에서 일상생활활동과 실내·외 놀이활동 등 하루 일과를 기준으로 구분하여 활동을 제시하도록 한다.

표 5-14 2세 월간 보육계획안(주제별 보육계획)의 예

주제		알록달록 가을이에요					
목표		가을 날씨에 변화를 느끼고 관심을 갖는다.					
주		1주	2주	3주	4주	5주	6주
구분 \ 소주제		가을이에요	가을나들이	나뭇잎이 물들어요	자연물로 놀이해요	알록달록 색깔나라	재미있는 그리기나라
등원 및 맞이하기		아침에 먹고 온 음식을 이야기해 보기					
기본생활 및 안전		• 스스로 겉옷을 벗어 보기 • 길을 잃었을 때는 제자리에서 기다리기 • 겉옷을 벗어 옷걸이에 걸어보기 • 주변의 어른에게 '도와주세요' 이야기해 보기					
일상생활	점심 및 간식	바르게 앉아서 먹어보기 (새로운) 음식 먹어보기					
	낮잠	자고 나서 내 베개를 정리해 보기					
	배변활동	배변 후 선생님의 도움받아(스스로) 옷을 올려 보기 지퍼, 단추 잠가보기					

(계속)

주		1주	2주	3주	4주	5주	6주
구분	소주제	가을이에요	가을나들이	나뭇잎이 물들어요	자연물로 놀이해요	알록달록 색깔나라	재미있는 그리기나라
실내 자유 놀이	신체	• 낙엽비가 내려요	• 나뭇잎처럼 움직여보기	• 나뭇잎 징검다리 건너기	• 콩 주머니 던지기	• 색풍선놀이	• 같은 색깔 도미노
	언어	• 과일열매 까꿍카드	• 나들이 사진보며 이야기 나누기	• 나뭇잎에 그림편지 쓰기	• 자연물(탐색) 그림책	• 색깔에도 이름이 있어요	• 내가 좋아하는 색깔이 있어요
	감각·탐색	• 내 짝을 찾아주세요(과일 반쪽 찾기)	• 숟가락으로 열매 옮기기	• 단풍잎(은행잎)방석	• 조각천 염색하기	• 색탁구공 옮기기	• 알록달록 색소금 만들기
	역할·쌓기	• 낙엽을 청소해요 • 큰나무, 작은 나무 쌓아보기	• 가을 소풍놀이 • 블록돗자리 만들기	• 나뭇잎(단풍잎, 은행잎) 왕관 쓰고 놀이하기 • 가을 동산 만들기	• 열매, 나뭇잎 소꿉놀이 • 나무무늬 블록으로 식탁, 의자 구성하기	• 삼색밀가루 반죽으로 요리하기 • 알록달록 색깔 길 만들기	• 삼색 밀가루 케이크(생일파티놀이) • 무지개 촉감 블록 쌓기 무너뜨리기
	미술	• 알록달록 가을나무 꾸미기	• 산책 가방 만들기	• 나뭇잎 왕관 만들기	• 솔방울에 색깔 입히기	• 색깔 공을 굴려 그림 그리기	• 까만 크레파스 그림
	음률	• 열매 마라카스 흔들기	• 노래 「오리 소풍」에 맞춰 춤추기	• 나무악기 연주하기	• 춤추는 씨앗(큰북 두드리기)	• 리듬악기 두드리며 「가을바람」 노래 부르기	• 색스카프 흔들기
실외놀이		• 동물 인형 목욕 시키기 • 여러 가지 색, 모양의 나뭇잎이 있어요	• 여러 가지 색, 모양의 나뭇잎이 있어요 • 가을나들이	• 가을나들이 • 나뭇가지에 매달린 물체 탐색하기	• 나뭇가지에 매달린 물체 탐색하기 • 흙으로 놀아요	• 흙으로 놀아요 • 색돈보기로 바깥풍경 관찰하기	• 색 돋보기로 바깥풍경 관찰하기 • 무지개 낙하산놀이
귀가 및 연계	귀가	가을 날씨 이야기하며 귀가하거나 나뭇잎의 변화 살펴보며 귀가하기					
	가정 및 지역사회 연계	가정과의 연계 - 가족과 함께 공원 나들이해 보기 지역사회와의 연계 - 공원으로 산책하기(어린이집에서 가까운 근린공원 산책하기)					

3) 주간 보육계획안

① 주간 보육계획안은 매주 진행될 소주제 관련 활동을 월요일부터 금요일(또는 토요일)까지 요일별, 시간대별, 실내·외 공간별, 흥미영역별로 어떻게 배분하여 진행할 것인가에 대한 계획을 의미한다.

② 소주제 관련활동은 하루에 진행되는 것이 아니라 며칠 동안 연속적·반복적으로 배치하고 진행한다. 주간 보육계획안에 배치된 활동은 보육과정에 근거하여 소주제 간 활동들이 연계되도록 작성한다.

③ 소주제와 관련된 보육활동이 영유아의 흥미와 능력에 따라 여러 날에 걸쳐 지속될 수도 있고 매일 다른 활동이 제시될 수도 있으며, 교사가 계획한 활동을 영유아가 하지 않고 다른 놀이를 할 수 있음을 염두에 둔다.

④ 대·소집단 활동이나 실내 및 실외 자유놀이활동의 경우, 정적·동적 활동을 균형 있게 배치한다.

⑤ 오후 자유놀이활동은 새로운 활동으로 계획할 수 있으나, 오전활동 중 활동방법을 부분적으로 변화하거나 추가자료를 제공하여 연계하는 방법도 가능하다. 경우에 따라서는 오전 자유놀이활동을 반복하여 진행할 수도 있다. 가능한 오후 자유놀이활동은 실내·외 활동을 모두 계획하도록 한다.

표 5-15 2세 주간 보육계획안의 예

<table>
<tr><td colspan="2">주제</td><td colspan="3">알록달록 가을이에요</td><td>1주</td><td colspan="2">가을이에요</td></tr>
<tr><td colspan="2">목표</td><td colspan="6">가을 날씨의 변화를 느끼고 관심을 갖는다.</td></tr>
<tr><td colspan="2">구분</td><td>월</td><td>화</td><td>수</td><td>목</td><td>금</td><td>토</td></tr>
<tr><td colspan="2">등원 및 맞이하기</td><td colspan="6">아침에 먹고 온 음식을 이야기해 보기</td></tr>
<tr><td colspan="2">기본생활 및 안전</td><td colspan="6">스스로 겉옷을 벗어 보기
길을 잃었을 때는 제자리에서 기다리기</td></tr>
<tr><td rowspan="3">일상
생활</td><td>점심 및 간식</td><td colspan="6">바르게 앉아서 먹어보기
(새로운) 음식 먹어보기</td></tr>
<tr><td>낮잠</td><td colspan="6">자고 나서 내 베개를 정리해 보기</td></tr>
<tr><td>배변활동</td><td colspan="6">배변 후 선생님의 도움 받아(스스로) 옷을 올려 보기
지퍼, 단추 잠가보기</td></tr>
</table>

(계속)

구분		월	화	수	목	금	토
실내 자유 놀이	신체	낙엽비가 내려요					
	언어	과일 열매 까꿍카드					
	감각·탐색	내 짝을 찾아주세요(과일 반쪽 찾기)					
	역할·쌓기	낙엽을 청소해요	큰 나무, 작은 나무 쌓아보기				
	미술	알록달록 가을나무 꾸미기					
	음률	열매 마라카스 흔들기					
실외놀이		동물 인형 목욕시키기			여러 가지 색, 모양의 나뭇잎이 있어요		
귀가 및 연계	귀가	가을 날씨 이야기하며 귀가하기					
	가정 및 지역사회 연계	가정과의 연계 - 가족과 함께 공원 나들이해 보기					

4) 일일 보육계획안

① 일일 보육계획안은 주간 보육계획안에 기초하여 하루 일과를 시간대별로 활동순서를 정하여 활동계획과 필요한 준비물 등을 미리 계획해 보는 것이다.

② 등원에서 귀가까지 종일보육 일과를 수립하며, 영유아가 하루 일과를 예측하는 것이 가능하도록 한다.

③ 주간 보육계획안에서 선정한 활동을 기초로 활동의 난이도, 활동간 연계, 사전 경험의 연계, 영유아의 흥미와 반응 정도 등을 고려하여 계획을 수립한다. 영유아는 자신의 생리적 욕구를 적절히 조절할 수 없으므로 하루 일과계획에 간식, 배변, 낮잠 및 휴식 등 생리적 욕구를 고려하여 계획한다.

표 5-16 2세 일일 보육계획안의 예

<table>
<tr><td colspan="2" rowspan="2">일일 보육계획 및 실행</td><td rowspan="2">2018년 00월 00일
0요일 날씨 :</td><td>담임</td><td>원장</td></tr>
<tr><td></td><td></td></tr>
<tr><td>주제</td><td colspan="4">알록달록 가을이에요</td></tr>
<tr><td>소주제</td><td colspan="4">가을이에요</td></tr>
<tr><td>목표</td><td colspan="4">가을 날씨의 변화를 느끼고 관심을 갖는다.</td></tr>
<tr><th>구분</th><th>활동 계획 및 방법</th><th>준비물 및 유의점</th><th colspan="2">실행</th></tr>
<tr><td>7:30~9:00
등원 및
통합보육

09:~
맞춤반 등원</td><td>• 등원하는 영아 반갑게 맞이하기
• 영아의 기분과 건강상태 확인하기
• 스스로 소지품 정리할 수 있도록 도와주기
• 투약의뢰서 유무 확인하기
• 통합보육실에서 자유놀이하기</td><td>출석카드
투약의뢰서
일일연락장
영역별 놀잇감</td><td colspan="2">부모님과 등원하는 영아에게 아침에 무엇을 먹었는지를 물어보거나 자신이 무엇을 먹었는지에 대해 이야기를 나누었다.</td></tr>
<tr><td>9:00~9:30
화장실가기 및
오전간식</td><td>• 화장실 다녀오기 및 손씻기
• 준비된 간식 가지고 자리에 앉기
• 간식 먹은 후 함께 자리 정리하기</td><td>시리얼
우유</td><td colspan="2"></td></tr>
<tr><td>9:30~10:50
오전
실내자유놀이</td><td>• 새로운 영역활동 개별적으로 소개하기
• 관심 있는 영역에서 자유롭게 활동하도록 돕고, 긍정적 상호작용 나누기
• 교사의 도움이 필요한 놀이에 적절히 참여하기
[신체] 낙엽비가 내려요
- 이전에 산책활동 통해 낙엽을 뿌리며 관찰한 경험 회상하기
- 환경 인쇄물로 만든 낙엽을 위로 던지며 움직임 관찰하기
[언어] 과일·열매 까꿍카드
- 벽에 붙어 있는 과일·열매 사진을 보고 함께 탐색하기
- 까꿍판에 같은 사진 넣어 함께 열어보고 탐색하기
- 벽에 붙인 사진과 까꿍판 같은 사진 고르기
[역할·쌓기] 낙엽을 청소해요
- 종이 낙엽이 떨어진 바닥을 함께 빗자루로 쓸고 쓰레받기에 담아보기</td><td>과일 열매 사진,
까꿍판,
환경 인쇄물,
종이낙엽,
영아용 빗자루와 쓰레받기,
영역별 기본 놀잇감</td><td colspan="2">[언어]
벽에 붙은 과일 사진을 보고 '사과'라고 말하기도 하고 까꿍판을 열고 '사과'가 나오자 벽을 바라보며 사진을 찾는 모습이 관찰되었다. 벽에 있는 사진과 까꿍판 사진을 탐색한 후 같은 사진을 찾아볼 수 있었다.
[역할]
종이 낙엽을 빗자루로 쓸어서 쓰레받기로 담다가 몇 개가 담기 힘들자 손으로 집어 쓰레받기에 담기도 했다. 그리고 또 쏟아서 쓸고 담는 놀이를 반복했다. 어떤 친구는 쓰레받기에 낙엽을 담아서 휴지통에 넣으려고 하였다. "청소하자"라는 말에 대한 친구들의 반응이 전보다 빨라졌다.</td></tr>
<tr><td>10:50~11:10
정리정돈 및
화장실가기</td><td>• 놀잇감 바르게 사용도록 안내하고 함께 정리하기
• 화장실 다녀오기</td><td></td><td colspan="2"></td></tr>
</table>

(계속)

구분	활동 계획 및 방법	준비물 및 유의점	실행
11:10~11:50 실외놀이 및 손씻기	[실외활동] 동물인형 목욕시키기 - 전 주에 했던 활동 회상 질문하기 - 좋아하는 인형을 스스로 선택하여 함께 목욕놀이하기 [대체활동] 실내에서 동물인형 목욕시키기 • 화장실 다녀오기 및 손씻기	동물 인형, 수조, 목욕의자, 스펀지, 비누, 수건	여러 가지 동물인형 바구니를 함께 들고 나갔다. 비누칠을 해 주면서 '세수해'라고 말하기도 하고 수건에 동물인형을 눕혀서 '시원해'라고 말하기도 했다.
11:50~13:20 점심식사 및 이닦기	• 골고루 음식 먹고 함께 정리하도록 안내하기 • 이닦기 • 먼저 먹은 친구는 자유롭게 놀이하기	현미밥 맑은콩나물국 채소치즈달걀말이 연근조림 배추김치	밥을 먹다가 숟가락을 떨어뜨리자 한 친구가 자기 숟가락을 들고 '줄까?'라고 했다. 다른 숟가락으로 교체해 주니까 '좋아?'라고 친구에게 말을 했다.
13:20~15:00 낮잠	• 편안한 분위기 느끼도록 낮잠 준비 • 편하게 낮잠 자기 • 개인이불 함께 정리하기		
14:40~15:00	• 간식 먹고 귀가		
15:00~15:30 화장실가기 및 오후간식	• 화장실 다녀오기 및 손씻기 • 준비된 간식 가지고 자리에 앉기 • 간식 먹은 후 함께 자리 정리하기	간장비빔쌀국수, 사과	
15:30~16:50 오후 실내자유놀이	• 원하는 영역에서 자유롭게 놀기 • 놀잇감 바르게 사용하도록 안내하고 함께 정리하기		[신체] 낙엽을 보여주고 "우리 공원에서 보았지요?"라고 말하니까 어떤 친구는 고개를 끄덕이기도 했다. 미리 만든 종이 낙엽을 손으로 집어 서로에게 뿌려주며 친구와 어울려 놀이할 수 있었다. '또'라고 말하며 손을 잡아끌기도 하였고, 낙엽을 뿌리는 활동이 반복되었다.
16:50~17:30 실외놀이 및 손씻기	[실외놀이] 실외 놀이터에서 자유놀이 [대체활동] 실내 유희실에서 자유놀이 • 화장실 다녀오기 및 손씻기		
17:30~19:30 귀가 및 통합보육	• 통합보육하면서 개별적으로 귀가하기 • 자신의 소지품 함께 정리해 보기 • 선생님과 친구에게 '안녕' 인사하기		귀가하는 친구에게 "오늘 뭐했는지 엄마에게 말해 보자."라고 했더니 손을 위로 올리면서 웃었다. 궁금해하는 어머니께 낙엽을 뿌리는 활동을 흉내 내는 것 같다고 말씀드렸다.
일일평가	산책을 하면서 낙엽을 줍고 손으로 뿌리기도 한 경험이 영아들에게 인상 깊었던 것 같다. 낙엽비 활동을 할 때 이전 경험이 자연스럽게 회상되어 매우 즐거워하였는데 좀더 활발한 활동 지원을 위해 내일은 넓은 공간에서 활동을 해봐야겠다.		
비고	개별 침구 요청 : 민수 어머님께 귀가 시간에 금요일에 보내드린 개별 침구를 보내주지 않아 여벌 침구로 낮잠지도를 했다고 말씀드리고 내일 침구를 보내달라고 말씀드렸다.		

5) 보육계획의 평가

연간·월간·주간 보육계획이 연령에 적합하게 수립되고 실행되었는지를 정기적으로 평가하고, 그 결과를 추후 보육과정에 반영하여야 한다. 이러한 보육과정 평가는 표준보육과정에서 제시한 연령별 목표와 내용을 근거로 삼아 실시하고, 보육계획에 대한 평가와 영아에 대한 평가로 구분하여 진행한다.

평가주기는 보육일지를 통한 일일평가, 주간평가, 월간평가, 반기별 평가, 연말평가 등으로 구분하여 실시할 수도 있다. 일일평가, 주간평가 시에는 교사 스스로 자신의 교수법, 자료 활용, 영아의 반응 등에 대해 분석하고, 이를 다음날 또는 다음 주일과 운영에 반영할 수 있다. 월간평가나 반기별 평가, 연말평가의 경우에는 원장과 다른 연령을 맡은 교사가 함께 진행할 수 있으며, 필요시 외부 전문가를 포함하여 다양한 관점에서 평가할 수 있다.

(1) 보육계획 및 실행에 대한 평가

연령별로 달성해야 할 보육목표와 내용이 연간, 월간 또는 주간 보육계획에 반영 및 실행되었는지를 평가한다. 교사는 하루 일과 운영을 되돌아보는 일일평가를 통하여 자신의 교수법, 자료 활용, 영아의 반응 등에 대하여 분석하고, 이를 다음날 일과 운영에 반영한다.

표 5-17 기간에 따른 평가

연간 보육계획 평가	지난 1년간 진행되었던 연간 주제를 점검하고 연간 주제가 발달에 적합했는지, 흥미를 이끌 수 있었는지, 시기적으로 적합하였는지 등을 살펴본다. 매년 새로운 학기가 시작되기 전 2월에 검토하여 그 다음 해의 연간 보육계획에 반영한다.
월간 보육계획 평가	다음 달 월간 보육계획 및 다음 해 연간 보육계획에 반영한다. 월간 보육계획 평가는 매월 마지막 주 금요일 또는 토요일에 진행한다.
주간 보육계획 평가	한 주간의 보육과정 내용의 흐름을 되돌아보고 계획된 주간 보육내용 중 실제로 진행된 내용과 진행되지 않은 내용, 주간 보육 시 계획되지 않았지만 추가로 진행된 내용을 정리해 본다. 일일 보육내용이 다음날의 보육내용과 연계성 있게 진행되었는지도 검토한다. 내용은 유아의 반응, 흥미, 보육내용 진행시의 상황, 활동의 균형을 고려하여 분석하고, 분석된 내용은 다음 주 계획에 반영한다. 주간 보육계획 평가는 한 주를 마무리 하는 금요일 오후에 진행한다.
일일 보육계획 평가	일일 보육계획에 대한 평가는 정기적 보육평가의 가장 기초적이며 매일 일과 후 실행하고 평가된 내용은 다음날 일일보육계획에 반영한다.

(2) 영유아 개인평가

연령별로 보육목표가 달성되었는지를 알아보기 위해서는 영아에 대한 평가가 동시에 이루어져야 한다. 영아평가의 경우 일화기록, 발달 체크리스트, 활동결과물 분석, 부모면담 등 다양한 방법으로 실시할 수 있다. 이때 영아의 특성상 활동결과물 분석이 어려울 경우 활동사진 등을 함께 활용해 보는 방법도 고려해 볼 수 있다. 그 외에도 활동하는 장면을 간단하게 스마트폰으로 동영상을 촬영하여 부모면담 시 활용할 수도 있다.

CHAPTER

06

재정 및 행정 관리

1. 재정관리
2. 행정관리

06
재정 및 행정 관리

1. 재정관리

어린이집을 효율적으로 운영하기 위해서는 재정관리의 원칙을 잘 숙지한 후 철저한 계획하에 사용하고 관리하는 것이 필요하다. 어린이집 재정관리의 원칙은 다음과 같다(보건복지부, 2018).

1) 수입·지출 기본원칙

① 어린이집의 재무회계에 관한 사항은 '사회복지법인 및 사회복지시설 재무·회계규칙'에 따라 실시하여야 하며, 주요항목별 기준 등을 준수하되 모든 수입 및 지출 관리는 통장을 통해서 하여야 한다.

② 수입과 지출 행위 시에는 수입·지출 결의를 한 후 현금출납부, 총계정원장에 기록하고 청구서, 영수증, 지급내역서 등 관련 근거서류를 반드시 첨부하여야 한다.

③ 어린이집 재무회계 규칙에 의한 회계보고 의무화로 어린이집은 매월 보조금 신청 시 보육통합정보시스템CIS에서 정한 형태와 내용에 따라 재무회계 관련 자료를 전송 또는 입력하여야 한다.

④ 보육통합정보시스템에 입력(전송)하여야 하는 수입·지출 항목 등 재무회계 자료는

동 시스템에서 요구하는 바에 따라 시행하며, 어린이집 원장은 보육교직원의 근로소득을 관할세무서에 신고하여야 한다.

2) 보육료 수납·지출 관리 원칙

(1) 보육료 수납

① 어린이집의 원장은 보육료 수납 영수증을 발급하여야 하나 아이행복카드 이용 시에는 카드 발급 영수증으로 대체 가능하며, 아이행복카드 이외의 일반아동보육료는 신용카드 및 금융기관을 통하여 수납한다.

② 현금 수납은 원칙적으로 불가능하나, 불가피한 사유로 현금 수납하는 경우에는 수납한 날의 다음날까지 어린이집 관리 통장에 보육아동 명의로 무통장 입금(일괄 입금 불가)하고 어린이집 원장은 무통장입금증 원본을 보관한다.

(2) 지출관리

① 어린이집의 지출은 어린이집 전용 신용(체크)카드, 계좌입금으로 한다. 다만, 어린이집에 지원되는 국가 또는 지방자치단체의 보조금 지원은 보조금 전용카드나 보조금 전용계좌를 이용하여야 하며, 시·도지사가 정하는 소액의 범위 내에서 현금결제가 가능하다.

② 지출할 때에는 세금계산서, 카드결제영수증, 현금영수증(현금결제) 등 관련 서류를 첨부한다.

(3) 보육교직원 인건비 지급 원칙

① 원장은 보건복지부장관이 정한 인건비 지원 기준에 따라 지급하되, 지방자치단체에서 별도 지급하는 교사처우개선비 등은 부가적으로 지급한다.

② 모든 어린이집은 보육교사에게 「최저임금법」에 의한 최저임금 이상의 보수를 지급하여야 하며, 지방자치단체에서 별도 지급하는 교사처우개선비 등은 부가적으로 지급하고, 4대 보험료의 사업자 부담분은 별도 부담한다.

③ 보육교직원 인건비 지급은 반드시 계좌로 입금하여야 하며, 보육교직원에게는 봉급명세서를 발급하여야 한다.

3) 예산관리

매년 3월 1일부터 익년 2월 말까지 이루어지는 세입과 세출을 예측하는 것을 예산이라고 한다. 어린이집은 예산 총계주의 원칙에 따라 1회계연도의 모든 수입을 세입으로 하고, 모든 지출을 세출로 하며, 세입과 세출은 모두 예산에 계정하여야 한다.

(1) 예산의 편성 및 결정 절차

예산을 편성하여 「영유아보육법」 제25조에 따른 어린이집운영위원회(이하 "시설운영위원회"라 한다)에의 보고를 거쳐 확정한다. 다만, 어린이집 원장은 제1항에 따라 확정한 예산을 매 회계연도 개시 5일전까지 관할 시장·군수·구청장에게 제출하여야 한다.

예산에는 예산총칙 또는 사업계획서, 세입세출 예산서가 첨부된다.

(2) 추가경정예산

예산 성립 후에 발생한 사유로 인하여 이미 성립된 예산에 변경을 가할 필요가 있을 때에는 제10조 및 제11조의 규정에 의한 절차에 준하여 추가경정예산을 편성·확정할 수 있으며, 확정된 날로 부터 7일 이내에 이를 시장·군수·구청장에게 제출하여야 한다.

(3) 예비비

예측할 수 없는 예산 외의 지출 예산의 초과지출에 충당하기 위하여 예비비를 세출예산에 계상할 수 있다. 예비비는 전체 예산의 2% 범위 내에서 편성하며, 예비비를 사용할 경우에는 예비비 사용조서를 작성하여야 한다.

(4) 예산의 목적 외 사용금지

시설회계의 예산은 세출예산이 정한 목적 외에 이를 사용하지 못한다.

4) 결산관리

(1) 결산서의 작성 제출

어린이집 원장은 시설회계의 세입·세출 결산 보고서를 작성하여 각각 시설운영위원회에 보고를 거친 후 다음 연도 5월 31일까지(「영유아보육법」 제2조) 시장·군수·구청장에게 제출하여야 하며 시설의 게시판과 인터넷 홈페이지에 20일 이상 공고하고, 「영유아보육법」 제49조의2제1항에 따라 정보시스템에 공시하여야 한다(보건복지부, 2018).

(2) 결산보고서 첨부 서류

결산보고서에 첨부하는 서류는 다음과 같다.

> 세입·세출 결산 총괄 설명, 세입·세출 결산서, 연도말 잔액 증명서(주거래 은행에서 발행한 서류), 결산서 보조서류, 퇴직적립금 통장 사본, 퇴직적립금 예금 잔액 증명서

5) 회계관리

(1) 수입의 관리

① 원장은 시설의 수입 및 지출에 관한 사무를 관리하고 관리에 대한 책임이 있으며, 수입 및 지출 원인 행위에 관한 사무를 어린이집의 보육교직원에게 위임할 수 있으나, 위임할 경우 반드시 위임장을 작성하여야 한다.

② 어린이집에 관련된 모든 수입금의 수납은 금융기관에서 취급하는 경우를 제외하고는 담당 교직원이나 원장이 적접 수납하여야 하며, 어린이집 담당 교직원이나 원장이 수납한 수입금은 그 다음날까지 금융기관에 예입하여야 한다.

③ 과오납된 수입금은 수입한 세입에서 직접 반환한다.

(2) 지출의 관리

어린이집의 모든 지출은 소액의 경비지출을 제외하고는 어린이집 예금통장의 전용계좌나 전용카드(체크카드)만을 이용할 수 있으며, 지출담당 교직원은 경비 또는 소액의 경비지출을 위하여 100만 원 이하의 현금을 보관할 수 있다.

(3) 회계장부

어린이집에서는 다음의 회계장부를 둔다.

> ① 현금출납부 ② 총계정원장 ③ 봉급대장 ④ 보육료대장 ⑤ 비품관리대장

(4) 증빙서류

어린이집은 다음의 증빙서류를 둔다.

① 계좌입금증빙서류	② 수입·지출결의서	③ 반납결의서
④ 예비비 사용조서	⑤ 과목전용조서	⑥ 정부보조금 명세서

6) 세입·세출 예산서 작성 상세 내역

(1) 보육료

시·도지사가 정한 수납한도액 내에서 어린이집이 결정하여 보호자로부터 받는 보육료(부모부담보육료)와 정부로부터 지원되는 보육료 및 카드 수수료 환급금을 포함한다.

(2) 수익자부담 수입

어린이집 원장·보육교사 등 보육교직원이 아닌 외부강사에 의해 어린이집 내·외에서 이루어지는 프로그램 활동에 따른 수익자가 별도로 부담하는 경비로 특별활동비와 입학준비금, 현장학습 등 보호자가 보육료 이외에 별도로 부담하는 경비로 나누어 작성한다.

(3) 보조금 및 지원금

국가 및 지방자치단체로부터 받는 인건비보조금과 소득수준과 관계없는 어린이집을 이용하는 만 0~2세 아동 및 장애아를 대상으로 보육비용의 일정 부분을 정부가 어린이집에 지원하는 기본보육료, 공공형어린이집으로 지정되어 운영하는 어린이집을 대상으로 지원하는 지원금과 교재교구비, 차량운영비, 급·간식비, 냉·난방비, 누리과정 운영비, 시간제보육 운영비, 건강검진비, 교사 보수교육비 등 국가 및 지방자치단체에서 보조하는 기타지원금을 포함한다.

(4) 전입금

전입금과 차입금으로 나누어 법인, 관련 단체, 대표자가 추가적으로 지원하는 전입금, 금융기관 등에서 어린이집 운영에 필요한 비용을 일시적으로 차입한 단기차입금과 어린이집 운영에 불가피한 사유로 시설 개·보수 등이 필요할 경우, 금융기관으로부터 회계연도를 달리하여 상환 가능한 장기차입금으로 나눈다.

(5) 기부금

국내외 민간단체 및 개인으로부터 받은 기부금·결연후원금·위문금·찬조금 중 후원목적이 지정된 지정후원금과 국내외 민간단체 및 개인으로부터 받은 기부금·결연후원금·위문금·찬조금 중 후원목적이 지정되지 아니한 수입과 자선행사 등으로 얻어지는 비지정후원금으로 나눈다.

(6) 적립금

세출 예산 적립금의 사용을 위해 실제 운영비 통장으로 입금된 적립액 및 적립기간 만기 도래에 따른 환급금과 근로자 퇴직금 지급을 위한 인출금 등이 있다.

(7) 과년도 수입

전년도 출납정리기간 이후에 납입된 수입으로 금년도 수입으로 확정된 경우이다.

(8) 잡수입

금융기관에 예치한 예금의 이자수입과 차량, 물품 등 매각수입, 변상금, 위약금 수입, 교육 외 수입(보증금 수입 등), 보육교사 실습비 등 어린이집 자산매각 수입을 포함한 기타 수입을 포함하다.

(9) 전년도 이월금

전년도 불용으로 이월된 금액과 전년도 종료되지 못한 이월사업비를 포함한다.

(10) 인건비

교직원과 관련된 비용으로 원장인건비, 보육교사인건비, 기타인건비, 기관부담금으로 구분된다.

(11) 운영비

소모품 및 잡기 구입비, 구급약품, 각종 사무용 및 교구 비품의 수선비, 대관·비품대여료, 공고료, 우편료 등 각종 수수료, 인쇄비, 홍보물, 도서구입비 등을 포함한 수용비, 세금 및 공과금(전기, 도시가스, 수도 등), 자동차세, 보험료, 안전공제회비 및 통신료인 공공요금 및 제세공과금과 어린이집 근무 보육교직원의 국내 출장여비 및 국외 출장여비인 여비, 그 밖에 운영경비로서 분류되지 아니한 경비인 기타 운영비(건물과 관련된 부분 포함), 업무추진비, 직책급, 회의비인 업무추진비를 모두 포함한다.

(12) 보육활동비

어린이집에서 근무하고 있는 원장, 보육교사 등 모든 보육교직원의 자질 향상을 위해 어린이집에서 부담하는 연구·연수비와 보육과정에서 영유아와 직접 관련되어 발생하는 행사경비인 행사비, 영유아와 보육교직원을 위한 쌀, 보리 등의 주식과 부식 구입비 및 간식비 및 급식비 등이 포함된다.

(13) 수익자 부담경비

어린이집 원장·보육교사 등 보육교직원이 아닌 외부강사에 의해 어린이집 내·외에서 이루어지는 프로그램 활동에 따른 소요되는 경비인 특별활동비와 입학준비금, 현장학습비 등 기타 필요경비 지출로 나뉜다.

(14) 적립금

대규모 예산이 수반되는 시설 개·보수나 통학차량 구입 등 시설의 안정된 기관 운영 및 시설·환경 개선을 위해 상당한 지출이 소요되는 사항이 있을 경우에는 계획을 수립한 후 정기적금 등에 가입하여 별도 통장 적립이 가능하다.

(15) 상환·반환금

어린이집 운영을 위해 일시적으로 차입한 차입금의 원금 및 이자를 상환하는 단기차입금 상환, 어린이집 운영에 불가피한 사유로 시설 개·보수 등이 필요할 경우 금융기관으로부터 회계연도를 달리하여 상환 가능한 장기차입금 상환과 보조금 반환금, 보호자 반환금, 법인회계 전출금이 반환금이다.

(16) 재산조성비

시설 신·증축비 및 부대경비, 그 밖에 환경 개선을 위한 개·보수비인 시설비와 시설, 장비및물품 등의 유지를 위한 수선경비인 시설장비유지비, 어린이집 통학차량, 의자 및 책상, 사무용기기 등은 자산취득비 등을 포함된다.

(17) 과년도 지출

과년도 미지급금 및 과년도 사업비의 지출을 포함한다.

(18) 잡지출

어린이집이 지출하는 보상금, 사례금, 소송경비 및 원 단위 절사금 등이다.

(19) 예비비

예측할 수 없는 불가피한 지출이다.

표 6-1 어린이집 시설회계 세입 예산과목 구분

과목						내역
관		항		목		
01	보육료	11	보육료	111	정부지원보육료	만 0~5세아, 장애아, 다문화·맞벌이가구 등에 지원되는 보육료 및 카드수수료 환급금 등
				112	부모부담보육료	보호자로부터 받은 보육료
02	수익자부담 수입		선택적보육 활동비	211	특별활동비	보호자가 부담하는 특별활동 비용
			기타필요경비	221	기타필요경비	보호자가 부담하는 입학준비금, 현장학습비, 차량운행비, 아침·저녁급식비, 졸업앨범비, 행사비 등 기타 필요경비
03	보조금 및 지원금	21	인건비보조금	311	인건비보조금	국가 및 지방자치단체로부터 받은 인건비 (어린이집으로 지원되는 처우개선비 등 포함)
			운영보조금	321	기본보육료	국가 및 지방자치단체가 보육비용의 일정 부분을 어린이집에 지원하는 보조금
				322	공공형운영비	국가 및 지방자치단체가 공공형 어린이집에 지원하는 보조금
				323	기타지원금	국가 및 지방자치단체로부터 받은 급·간식비, 냉·난방비, 누리과정운영비 등
04	전입금	33	자본보조금	311	자본보조금	신증축비, 개·보수비, 장비비 등
		41	전입금	411	전입금	법인, 단체, 운영자로부터의 운영지원금
		42	차입금	421	단기차입금	회계연도 내 상환을 원칙으로 시설 운영에 필요한 비용을 금융기관 등으로부터 일시 차입한 단기차입금
				422	장기차입금	시설 개·보수 등을 위해 금융기관 등으로부터 차입한 장기차입금
05	기부금	51	기부금	511	지정후원금	국내외 민간단체 및 개인으로부터 후원명목으로 받은 기부금·결연후원금·위문금·찬조금 중 후원 목적이 지정된 수입

(계속)

과목						내역
관		항		목		
				512	비지정후원금	국내외 민간단체 및 개인으로부터 후원명목으로 받은 기부금·결연후원금·위문금·찬조금 중 후원목적이 지정되지 않는 수입과 자선행사 등으로 얻어지는 수입
06	적립금	61	적립금	611	적립금처분수입	적립금 및 퇴직적립금에서 이전받은 금액
07	과년도 수입	71	과년도 수입	711	과년도 수입	전년도 출납정리기간 이후에 납입된 수입
08	잡수입	81	잡수입	811	이자수입	금융기관에 예치한 예금의 이자수입
				812	기타 잡수입	차량·물품 등 매각수입, 변상금, 위약금 수입, 교육 외 수입(보증금 수입 등), 보육교사 실습비, 보험료 수령액 등 어린이집 자산매각 수입 포함
09	전년도 이월금	91	전년도 이월금	911	전년도 이월금	전년도 불용으로 이월된 금액
				912	전년도 이월사업비	전년도에 종료되지 못한 이월사업비

표 6-2 어린이집 시설회계 세출 예산과목 구분

과목						내역
관		항		목		
100	인건비	110	원장인건비	111	원장급여	원장인건비 중 기본급 등
				112	원장수당	원장에게 지급하는 상여금과 제수당
			보육교직원 인건비	121	보육교직원급여	보육교직원 인건비 중 기본급 등
				122	보육교직원수당	보육교직원에게 지급하는 상여금과 제수당
			기타인건비	131	기타 인건비	기타 일급 또는 단기 채용 임시·일용직 급여
			기관부담금	141	법정부담금	어린이집에서 부담하는 법정부담금(국민연금, 국민건강보험, 고용보험, 산업재해보상보험 등)
				142	퇴직금 및 퇴직적립금	어린이집에서 부담하는 퇴직급여 및 퇴직적립금
200	운영비	210	관리운영비	211	수용비 및 수수료	소모품 및 집기 구입비, 도서구입비, 인쇄비, 홍보물, 각종 사무용 및 교구 비품의 수선비, 수수료, 구급약품, 치료비, 대관, 비품대여료, 협회비, 우편료, 광고료 등
				212	공공요금 및 제세공과금	세금 및 공과금, 안전공제회, 전기료, 상·하수도료, 도시가스, 자동차세, 각종 보험료(자동차·화재 등), 전신·전화료(통신료) 등
				213	연료비	보일러 및 난방시설연료비, 취사에 필요한 연료비

(계속)

과목						내역
관		항		목		
				214	여비	국내·외 출장여비
				215	차량비	차량 관련 유류대, 정비유지비, 소모품 등
				216	복리후생비	보육교직원 복리후생을 위한 현물·서비스 지급비(교직원 건강검진비·피복비·치료비·급량비 등)
				217	기타 운영비	그 밖에 운영경비로서 분류되지 않는 경비(건물임대료, 건물융자금 이자 등)
		220	업무추진비	221	업무추진비	어린이집 운영 및 유관기관과 업무협의, 종무식 등 공식적인 업무추진에 소요되는 제반경비
				222	직책급	어린이집 원장의 직책수행을 위하여 정기적으로 지급하는 경비
				223	회의비	어린이집운영위원회, 부모회의 등 각종 회의 등에 소요되는 경비
300	보육활동비	310	기본보육활동비	311	교직원연수·연구비	교직원에게 지급하는 연수비 및 연구비
				312	교재·교구구입비	보육 기자재·도서 등 구입 및 제작비
				313	행사비	아동과 직접 관련되어 발생하는 각종 행사경비
				314	영유아복리비	영유아 건강 및 안전관련 비용(건강검진 비용 등)
				315	급식비	정규보육시간 내 제공되는 주·부식 재료 구입비 및 간식비
400	수익자부담경비	410	선택적 보육활동비	411	특별활동비 지출	특별활동에 따라 지출하는 비용
		420	기타필요경비	421	기타필요경비 지출	입학준비금, 현장학습비, 차량운행비, 아침·저녁 급식비, 졸업앨범비, 기타 필요경비
500	적립금	510	적립금	511	적립금	어린이집의 안정적인 기관 운영 및 완성에 수년을 요하는 공사나 제조 등 특정 목적사업을 위한 적립금
600	상환·반환금	610	차입금 상환	611	단기 차입금 상환	단기 차입금 원금 및 이자 상환액
				612	장기 차입금 상환	장기 차입금 원금 및 이자 상환액
		620	반환금	621	보조금 반환금	전부보조금 미사용분에 대한 반환금
				622	보호자 반환금	보호자 부담비 미사용분에 대한 반환금
				623	법인회계 전출금	법인에서 지원한 전입금과 연계하여 지출하는 법인회계로의 전출금
700	재산조성비	710	시설비	711	시설비	시설 산·증축비 및 부대경비, 그 밖에 환경개선을 위한 개·보수비
				712	시설장비유지비	시설, 장비 및 물품 등의 유지를 위한 수선경비
		720	자산구입비	721	자산취득비	시설 운영에 필요한 비품구입비, 노후 업무용 차량 교체 등 차량구입비(차량할부금 포함), 그 외 자산취득비

(계속)

과목						내역
관		항		목		
800	과년도 지출	810	과년도 지출	811	과년도 지출	과년도 미지급금 및 과년도 사업비의 지출(지출대상 부도 등 부득이한 경우에 한해 제한적으로 인정)
900	잡지출	910	잡지출	911	잡지출	보상금·사례금·소송경비 및 원단위 절사금 등
1000	예비비	1010	예비비	1011	예비비	예측할 수 없는 불가피한 지출소요

비고 : 결산을 하는 경우에는 예산에서 사용한 과목에 따른다.

2. 행정관리

행정관리란 어린이집을 운영함에 있어서 영역별로 필요한 서류 및 시스템의 관리를 말한다. 어린이집 행정관리에는 교직원의 업무분장, 문서관리, 공문서 작성 및 관리, 보육정보종합시스템의 운영 등이 포함된다.

1) 교직원의 업무분장

어린이집에서 원장과 보육교사는 자신의 업무와 역할을 잘 파악하고 있어야 할 뿐 아니라 어린이집과 관련된 공동업무를 적절하게 분장함으로써 어린이집을 더욱 합리적으로 운영할 수 있다. 또한 원장과 보육교사는 정기적인 교사회의에서 분장된 업무내용이 적합한지, 균형적인지를 분석하여 어린이집이 합리적이고 효율적으로 운영될 수 있도록 하고, 보육교직원들이 자신의 역할을 적절히 수행할 수 있도록 해야 한다. 보육교직원의 업무분담은 일반 업무분장과 비상상황 시 업무 분장으로 나뉜다.

업무분장은 어린이집 운영목록표, 고유업무와 공동업무, 보육실 내 업무분장 등의 내용을 포함하여 주요업무와 기타업무로 제시할 수 있다.

표 6-3 보육교직원 업무분장표

구분	담당	업무내용	비고
주요업무	원장	• 원의 전반적인 교육 및 운영 계획 / 견학 및 행사 계획 • 업무분장, 감독, 근무평정 등 업무관리 • 시설설비 및 재정 관리 / 운영 및 교육정보 수집 • 행정당국 및 단체와의 관계 유지 / 일지 취합 검사	-전체 청소구역 관리

(계속)

구분	담당	업무내용	비고
	주임교사	• 보육활동 진행 및 준비 / 보육일지 작성 • 각 보육실의 환경 구성 및 청결 관리 / 학부모 상담 • 영유아에 대한 관찰일지 및 보고서 작성 • 영유아 건강 및 안전 관리 / 영유아 영양 및 급식 관리	-담당 교실 관리
기타업무	교사 1	• 영아반의 전반적인 교육내용 관리 • 연간 보육계획안, 주간 보육계획안, 일일 보육계획안 작성 • 원아 관리 및 관찰 지도 / 소모성 교재 점검 및 신청 • 시청각 기자재관리(O.H.P, 빔프로젝터, 카메라 등) • 안전관리(소화기 점검), 비상대피훈련 담당	-계단 청소 -외부 청소
	교사 2	• 입학상담 및 자원봉사자 담당 / 위생 소독 • 식단표 작성 및 주문 담당 / 화분 관리 • 게시판(주간 보육계획안, 주간식단표, 월 행사) 담당 및 관리	-화장실 청소 -화장실 수건 관리
	교사 3	• 유아반의 전반적 교육내용 관리 • 연간 보육계획안, 주간 보육계획안, 일일 보육계획안 작성 • 원아 관리 및 관찰 지도 / 교재교구 정리 및 관리 • 행사 일지 작성 / 비디오 및 테이프 정리 담당	-실외 놀이터 청소
	교사 4	• 사무실 도서 정리 및 관리 / 업무일지 작성 • 종이, 시트지, 코팅기, 복사지(복사기) 등 지류 정리 및 관리 • 약품장 관리 및 약품 사용 대장 담당 / 생일잔치 계획 및 준비	-현관 청소
	운전사	• 차량안전 준수사항 • 차량 내 소화기관리	-차량청결
	조리사	• 1층 물컵 관리 / 식자재 주문 및 관리 • 2층 정수기 물컵 관리	-세탁기관리

2) 문서관리

어린이집의 설립 및 인가, 영유아 및 교직원들의 건강과 안전, 환경과 위생, 보육과정 등을 효율적으로 계획하고 운영하기 위해서는 필요한 문서가 있으며 이러한 문서의 체계적 관리를 통해 어린이집을 효율적으로 운영할 수 있다.

어린이집 운영을 위해 필요한 서류는 초기운영관리서류, 재무관리, 인사관리, 교재교구 관리, 원아 및 학부모 관리, 보육과정관리, 건강·영양·안전 관리 등의 영역에 따라 다양한 문서가 있으며 일정한 기준에 따라 분류 및 보관, 폐기가 이루어져야 한다.

표 6-4 어린이집 문서 보존 연한

구분	보존기간
• 기관 및 단체의 신분, 재산, 권리, 의무를 증빙하는 서류 - 인사기록카드, 보육교직원관리대장 등	준영구
• 공사 관련 장부 및 증빙서류	10년
• 회계 관련 장부 및 증빙서류 - 현금출납부, 총계정원장, 재산대장, 비품관리대장 - 과목전용조서, 수입·지출 원인행위 위임에 관한 위임장 - 보육료대장, 봉금대장 - 수입과 지출에 따른 증빙서류 등 • 영유아 생활기록부	5년
• 기타어린이집 운영에 관한 서류 - 어린이집 운영일지 - 어린이집 이용 신청자 명부 및 이용 아동 연명부 - 연간·월간·주간 보육계획안, 보육일지 등	3년
• 기타 업무연락, 통보, 조회 등과 관련된 기록물	1년

3) 공문서 작성관리

공문서는 행정기관에서 대내외적으로 작성하거나 시행하기 위해 발송한 모든 문서를 지칭하는 것으로 표준화된 양식을 이용해 공문을 작성하여 발송해야 한다. 공문서를 작성하기 위해 포함되는 내용과 작성방법은 다음과 같다.

(1) 문서발송대장

문서발송대장에는 발송번호, 발송일자, 문서번호, 수신자, 제목, 발송방법, 발송자를 기록하고 발송문서와 함께 보관한다.

표 6-5 문서발송대장

번호	발송일자	문서번호	수신처	참조	제목	첨부물		발송방법	비고
						명칭	수량	(우편, 이메일, 팩스 등)	
1									
2									
3									

(2) 문서접수대장

문서접수대장에는 접수번호, 접수일자, 문서번호, 발송처, 제목, 수신자를 기록하여 수신문서와 함께 보관한다.

표 6-6 문서접수대장

번호	접수일자	문서번호	발신처	제목	접수자	비고
1						
2						
3						

4) 보육통합정보시스템

어린이집의 행정적인 업무 부담을 줄이고 국가에서 체계적으로 관리할 수 있는 보육통합정보시스템에서 이루어지는 업무는 어린이집지원시스템 운영 메뉴와 어린이집지원시스템 사용자 메뉴로 구분된다.

(1) 어린이집지원시스템 운영 메뉴

설치·운영관리	시·군·구 인가정보 승인처리 후 변경 시 시·군·구에 요청
구인구직	구인등록 시 시·도 육아종합지원센터, 임신육아종합보육포털에 자동 등록
보육교직원관리	임용신청 시 실명 확인, 자격조회, 계좌 확인
반관리	담당교사 등록 후 교사 대 아동 비율에 맞게 등록
아동관리	입소한 날로부터 3일 이내 시스템 등록
이용현황관리	보육료 결제를 위한 이용현황 확정
사고(감염병)보고	사고발생 24시간 이내 사고보고서 작성
3~5세 누리과정 연수신청	3~5세 누리과정 집합연수 신청
어린이집 홍보관리	어린이집 자랑, 원장 인사말, 보육프로그램 등

(2) 어린이집지원시스템 사용자 메뉴

정보공시	정보공시관리, 변경신청현황, 정보수정요청관리
어린이집 운영	설치운영관리, 기타경비수납액관리, 시간연장보육서비스 등 어린이집 운영 관련 사항

(계속)

보조금	신청현황, 사업현황, 농촌특별근무수당, 교사근무환경개선비, 누리과정보조금
커뮤니티	가정통신문, 이야기방, 맞춤정보
안전공제회	가입관리, 사고관리, 공제급여청구관리, 커뮤니티
평가인증	평가인증 신청관리
교육관리	누리과정, 장애영유아 직무교육과정, 실습관리, 교육신청, 교육만족도조사
시간제보육	일정관리, 등·하원관리, 일일이용시간확정, 결제, 결제현황
입소대기	아동입소대기관리, 이용신청자명부
회계보고	세입세출 예산서 보고, 세입세출 결산서 보고, 어린이집 인증키 발급
안심 등 하원	등·하원관리
건강안전알림	건강관리, 기상정보, 감염병, 통계, 어린이집 일정관리

CHAPTER

07

건강·영양·안전 관리

1. 건강관리
2. 영양관리
3. 안전관리

07
건강·영양·안전 관리

1. 건강관리

영유아기는 짧은 기간에 급속한 성장과 발달이 이루어지는 시기이므로 이 시기의 건강한 성장과 발달은 이후 인간의 성장과 발달의 기초가 된다. 어린이집에 다니는 영유아는 하루 중 많은 시간을 어린이집에서 보내므로 이들을 건강하고 안전하게 돌보고 적절한 영양을 제공하는 일은 어린이집의 중요한 역할 중 하나이다.

건강관리는 영유아가 신체적·정신적으로 최적의 성장발달을 이루도록 하는 데 목적이 있다. 이를 위하여 원장과 교사는 영유아 개개인의 신체적 건강 및 정서적 상태 등 전체적인 건강상태를 세심하게 관찰하며, 영유아에 대하여 정기적으로 건강진단을 실시하여 생활기록부에 예방 접종 여부 및 내역에 관한 사항을 기록하여 관리하여야 한다.

1) 영유아 건강검진

'영유아 건강검진'은 성장발달과 생활습관 개선교육, 질병 예방에 중점을 두고 있는 검진이다. 현재 국가에서 실시하고 있는 영유아 건강검진은 생후 4개월부터 71개월의 영유아를 대상으로 연령별로 나누어 7차에 걸쳐 진행하고 있다(국민건강보험 홈페이지).

어린이집 원장은 영유아에게 매년 1회 이상 실시하여야 하며, 영유아 건강검진이나 보호자가 별도로 실시한 경우 검사결과 통보서로 갈음할 수 있다. 건강보험공단과 보육통합정보시스템을 통해 건강검진 여부를 확인할 수 있다.

표 7-1 건강검진 시기 및 항목

검진 시기			항목
1차	건강검진	생후 4~6개월	문진 및 진찰, 신체계측, 건강교육
2차	건강검진	생후 9~12개월	문진 및 진찰, 신체계측, 발달선별검사 및 상담, 건강교육
3차	건강검진	생후 18~24개월	문진 및 진찰, 신체계측, 발달선별검사 및 상담, 건강교육
	구강검진	생후 18~29개월	구강 문진 및 진찰, 구강보건교육
4차	건강검진	생후 30~36개월	문진 및 진찰, 신체계측, 발달선별검사 및 상담, 건강교육
5차	건강검진	생후 42~48개월	문진 및 진찰, 신체계측, 발달선별검사 및 상담, 건강교육
	구강검진	생후 42~53개월	구강 문진 및 진찰, 구강보건교육
6차	건강검진	생후 54~60개월	문진 및 진찰, 신체계측, 발달선별검사 및 상담, 건강교육
	구강검진	생후 54~65개월	구강 문진 및 진찰, 구강보건교육
7차	건강검진	생후 66~71개월	문진 및 진찰, 신체계측, 발달선별검사 및 상담, 건강교육

표 7-2 건강검진 항목별 검진방법

검진 항목	방법
문진 및 진찰	문진표, 진찰, 청각 및 시각 문진, 시력검사
신체계측	키, 몸무게(체질량지수), 머리둘레
건강교육	영양, 수면, 안전, 구강, 대소변 가리기, 정서 및 사회성, 개인위생, 취학준비, 간접 흡연교육
발달평가	한국영유아발달선별검사(K-DST)를 통한 평가 및 상담

2) 감염병 관리

영유아의 건강관리는 질병의 치료나 감염병 질환의 예방을 포함한다. 영유아기는 특히 감염성 질환이나 감염에 취약하다. 질병에 따라 정도의 차이는 있으나 어떤 질병이든 걸리지 않는 것이 좋고, 만약 걸렸을 경우에는 조기에 발견하여 치료하는 것이 바람직하다. 따라서 교사나 유아교육기관은 이 시기에 자주 발생하는 질병의 원인과 유형을 잘 파악하고, 이를 예방, 관리하기 위한 기초적 지식과 기술을 지니고 있어야 한다.

면역력이 약한 영유아들이 단체생활을 하는 어린이집에서 감염병 관리는 매우 철저하게 이루어져야 한다. 어린이집에서는 입소 전 감염병과 관련된 내용을 공지함으로써 부모들이 올바르게 대처할 수 있도록 해야 한다.

표 7-3 휴원을 요하는 법정 감염성 질환

병명	증상	잠복기간	결석기간
디프테리아	미열, 인후염, 기침, 쉰 목소리, 두통, 편도선 비대, 회색반점	2~4일	배양검사가 2회 이상 음성이 나올 때까지
백일해	열은 없고 밤에 기침이 심함	7~14일	특유의 기침이 없어질 때까지 → 발병 약 3~4주 정도
홍역	발열, 재채기, 결막염, 발진	9~13일	발진이 없어질 때까지 → 발진 후 약 5일 정도
유행성 이하선염 (볼거리)	발열, 귀밑이 부어오름	7~21일	귀밑 부기가 다 빠질 때까지 → 발진 후 약 5일 정도
풍진	가벼운 감기 같은 증세, 발열, 발진	10~21일	증상이 없어질 때까지 → 대개 발진 후 5일 정도
수두	발열, 발진, 물집이 생김	10~21일	딱지가 떨어질 때까지 → 발진 후 약 7일 정도
수족구병	38℃ 정도의 고열, 1~2일간 입속, 손바닥, 발바닥에 수포가 생김	3~6일	주요 증상이 사라질 때까지
유행성 감기	발열, 기침, 목이 아픔, 뼈마디 아픔	1~3일	주요 증상이 사라질 때까지
농가진	얼굴이나 수족에 쌀알 크기부터 대두 크기의 발진 수포가 생김	2~5일	염증기가 지나 환부치료, 포대를 하고부터
유행성 결막염	눈이 붓고 흰자위가 충열, 눈꼽이 많음	7일	주요 증상이 사라질 때까지
감염성 설사증	설사의 횟수가 많고 변이 물 같고 열이 나며 감기증상을 동반함	2~4일	주요 증상이 사라질 때까지
간염(A형)	식욕부진, 두통, 열, 황달, 관절통	10~15일	주요 증상이 사라질 때까지

* 이상의 질환은 감염성이 강한 질병으로써 각별한 주의가 필요함
* 이상의 질환 이외에 의사의 진단에 의해 감염성이 있다고 판명된 질병은 휴원을 요함

2. 영양관리

영유아기는 다른 어떤 시기보다도 성장 발육이 급속하게 진행되는 결정적 시기로서 충분하고 균형 있는 영양의 섭취가 매우 중요하다. 특히 이 시기의 영양은 신체적 성장뿐만 아니라 지적·정서적 성장과 발달에도 중요한 영향을 미친다. 만약 충분한 영양공급이 이

루어지지 않는다면 영유아기의 성장발달에 문제가 생길 뿐만 아니라 성인기까지 그 영향이 지속될 수 있으므로 영유아기의 영양관리에 더욱 힘써야 한다. 또한 영유아기는 신체적 성장뿐만 아니라 식습관이나 행동, 식품이나 식생활에 대한 태도와 가치가 형성되는 중요한 시기이다. 반면에 편식 등의 잘못된 식습관은 쉽게 고쳐지지 않으며 영양결핍, 소아비만 등 여러 질병의 원인이 될 수도 있다.

1) 급식관리

① 어린이집 원장은 영유아에게 균형 있고 위생적이며 안전한 급식을 하여야 한다. 급식은 정상적인 발달에 필요한 영양을 섭취할 수 있도록 영양사가 작성한 식단에 의하여 공급하되, 영유아 100인 미만을 보육하는 시설의 경우에는 인근 육아종합지원센터, 보건소 및 어린이급식관리지원센터 등의 영양사 지도를 받아 식단을 작성하여야 한다.

② 영유아 100인 이상을 보육하는 시설은 영양사 1인을 두어야 하며, 영양사는 영유아의 건강·영양 및 위생을 고려하여 어린이집의 급·간식을 관리하여야 한다.

③ 급식은 어린이집에서 직접 조리하여 공급하는 것을 원칙으로 한며, 「식품위생법」에 의거 상시 1회 50인 이상에게 식사를 제공하는 어린이집의 경우 시·군·구청 위생관련 부서에 집단급식소로 신고·운영하고 조리사를 배치하여야 한다.

④ 영유아의 건강·안전 및 소비자의 알권리 확보를 위해 식단표에 원산지를 기재하여 공개하여야 한다. 기타 특별한 음식을 필요로 하는 영유아에게는 보호자의 의사를 반영하여 음식을 제공(식품 알레르기 확인 및 음식물 제공 주의)한다.

2) 급식위생

① 어린이집 원장 및 급식을 조리·제공하는 보육교직원은 식중독 환자가 발생하지 않도록 위생관리에 철저히 하여야 한다.

② 어린이집 조리직원은 작업 전 건강상태를 확인하고 위생모, 위생복, 위생화를 착용하여야 하며 장신구를 착용해서는 안 된다.

③ 식품과 소모품은 품명과 용도 등을 표시하여 별도 보관하여야 한다. 유통기한이 경과되거나 상한 재료를 사용 또는 보관해서는 안 되며, 급식에 제공된 음식물을 재

사용하여서는 안 된다. 부패 및 변질되기 쉬운 식품의 원료 및 제품은 냉동·냉장 시설에 보관하여야 한다.

④ 조리실은 항상 청결을 유지하고 정기적으로 식기, 도마, 칼, 행주 등의 주방용구를 세척, 살균, 소독하고 매일 위생 점검을 실시하여야 한다. 어류, 육류, 채소류를 취급하는 칼과 도마는 각각 구분하여야 한다.

3) 급식사고 등 신고

시장·군수·구청장은 부실급식 관련 집단 민원제기, 식중독 등 급식관련 사고, 집단 감염병이 발생하였을 경우에는 시설현황, 사고내역 및 조치사항 등을 즉시 시·도지사를 경유하여 보건복지부 장관에게 보고한다.

4) 위생관리

① 어린이집 교직원은 영유아의 위생에 미치는 사항에 대하여 수시로 점검하여야 한다. 원장은 영유아와 보육교직원의 건강·위생 관리를 위하여 환기, 청소 등을 수시로 실시하여 실내 공기질을 쾌적하게 유지·관리하도록 하여야 하며, 환경개선 등 주기적으로 공기질 정화를 위한 노력을 하여야 한다.

② 어린이집에서는 '어린이집·아동복지시설의 실내 공기질 관리매뉴얼'에 따라 실내 공기질 개선 노력을 하여야 하며, 어린이집 원장은 어린이집용 고농도 미세먼지 대응 메뉴얼'에 따라 고농도 미세먼지 발생 시 대응 관련 어린이집 및 영유아 대상 행동요령 교육 및 실천하여야 한다.

③ 어린이집 대표자는 석면으로 인한 영유아의 건강 피해를 예방하고 영유아가 건강하고 쾌적한 환경에서 생활할 수 있도록 어린이집의 석면을 안전하게 관리하여야 한다.

④ 상수도 및 간이상수도를 사용하는 경우에는 물을 끓여서 사용하고, 정수장치를 사용하는 경우에는 정기적인 필터 교환, 지하수를 사용할 경우에는 「먹는물관리법」이 정하는 바에 따라 수질검사를 실시하고 수질검사 성적서를 비치하여야 한다.

⑤ 어린이집에는 원칙적으로 동물(애완동물, 곤충 등)을 두어서는 안 되나, 동물을 둘 경우에는 사전에 보호자에게 고지하여야 하며, 영유아의 알레르기, 질병, 상해 등을 방지하기 위해 정기적으로 수의사를 통해 면역조치 등을 받아야 한다.

3. 안전관리

어린이집에서는 영유아 스스로가 자신의 안전을 보호할 수 있는 능력과 기술을 가지도록 지도하는 것을 원칙으로 정하고 있다(「영유아보육법 시행규칙」 제23조 관련[별표8]). 보육 현장에서 안전사고가 발생하지 않도록 예방하는 노력을 기울임으로써 안전하고 신뢰 있는 보육환경을 조성하는 것이 운영관리의 가장 중요한 부분이라고 할 수 있다.

1) 안전관리 원칙

어린이집 원장은 보육교직원은 업무를 수행함에 있어 영유아의 생명·안전 보호 및 위험방지를 위하여 주의의무를 다하여야 한다. 이를 위하여 부모와 함께 영유아의 안전사고 예방을 위하여 성실하게 노력하고 안전교육을 실시하여야 한다. 어린이집은 인근 소방서, 경찰서 및 가스, 유류 등의 안전상태를 점검하는 유관기관에 의해 정기점검을 실시하고 비상연락체계를 구축해야 하며, 자체적으로 정기적으로 시설 안전점검을 실시하고 기록·관리하여야 한다.

어린이집 내 CCTV 등 설치 운영과 관련된 사항은 어린이집 영상정보처리기기 설치 운영 가이드라인에 따른다.

표 7-4 어린이집 내 CCTV 설치 운영 지침

어린이집 내 'CCTV 등' 설치 운영 지침

(설치목적) 어린이집 내 IPTV를 포함한 CCTV 등 설치·운영은 어린이집 내 안전사고 예방, 아동학대 등 아동의 인권보호 목적으로 설치하되, 아동과 보육교직원 사생활의 비밀과 자유 등 인권침해를 최소화하는 범위 내에서 설치 가능

(준용규정) 이 지침에 정하지 않은 사항은 「개인정보보호법」, 「공공(민간)기관 영상정보처리기기 설치·운영관리 가이드라인」(행정자치부, 2015.1.), 「인터넷멀티미디어 방송사업법(일명 IPTV법)」, 「통신비밀보호법」 등의 관련 규정을 준용

(적용범위) 이 지침은 「영유아보호법」 제10조에 따른 모든 어린이집에 적용함이 원칙이나 국공립어린이집, 국가나 지방자치단체의 장이 소속 공무원을 위하여 설치·운영하는 어린이집, 기타 공공기관이 설치·운영하는 어린이집의 경우 이 지침과 그 외 관련 법령을 반드시 준수하여야 한다.

(사전의견수렴) CCTV 등을 설치하려는 어린이집의 장은 해당 시설을 이용하는 영유아의 보호자와 보육교직원(이하 관계인)의 사전동의서를 받아야 한다.

- 사정상 사전동의가 여의치 않을 경우 관계인 등의 대표로 구성되는 위원회의 심의를 거쳐 설치할 수 있다(어린이집 운영위원회로 대체 가능).
- 기존에 CCTV 등이 설치된 시설 중 상기 절차를 거치지 않은 경우에는 관계인의 추인이나 위원회의 승인을 받아야 하며, 신규 관계인의 경우에는 CCTV 등의 설치·운영 사실을 가정통신문 등을 통해 반드시 고지하여야 한다.

2) 안전교육

안전이란 인간의 행동수정에 의해 만들어진 조건이나 상태 또는 위험 가능성을 줄일 수 있도록 물리적 환경을 고안함으로써 사고를 감소시키는 것이라고 정의할 수 있다(Strasser, 1973). 따라서 영유아교육기관의 안전관리란 사고의 요인이 되는 물리적 환경을 정비하고 영유아의 위험한 행동을 조기에 발견하여 위험요소를 제거하거나, 영유아가 스스로 안전하게 행동하고 위험을 인식하는 능력을 길러 주는 안전교육을 실시하여 영유아가 재해를 당할 위험이 없는 상태로 만드는 것이다.

표 7-5 안전교육기준(「아동복지법」 제31조 및 같은 법 시행령 제28조)

구분	성폭력·아동학대 예방교육	실종·유괴의 예방·방지교육	감염병 및 약물의 오용·남용 예방 등 보건위생관리 교육	재난대비안전교육	교통안전교육
실시주기 (총시간)	6개월에 1회 이상 (연간 8시간 이상)	3개월에 1회 이상 (연간 10시간 이상)	3개월에 1회 이상 (연간 10시간 이상)	6개월에 1회 이상 (연간 6시간 이상)	2개월에 1회 이상 (연간 10시간 이상)
교육 내용	1. 내 몸의 소중함 2. 내 몸의 정확한 명칭 3. 좋은 느낌과 싫은 느낌 4. 성폭력 예방법과 대처법	1. 길을 잃을 수 있는 상황 이해하기 2. 미아 및 유괴 발생 시 대처방법 3. 유괴범에 대한 개념 4. 유인·유괴행동에 대한 이해 및 유괴 예방법	1. 감염병 예방을 위한 개인위생 실천 습관 2. 예방접종의 이해 3. 몸에 해로운 약물 위험성 알기 4. 생활 주변의 해로운 약물, 화학제품 그림으로 구별하기 5. 모르면 먼저 어른에게 물어보기 6. 가정용 화학제품 만지거나 먹지 않기 7. 어린이 약도 함부로 많이 먹지 않기	1. 화재의 원인과 예방법 2. 뜨거운 물건 이해하기 3. 옷에 불이 붙었을 때 대처법 4. 화재 시 대처법 5. 자연재난의 개념과 안전한 행동 알기	1. 차도, 보도 및 신호 등 의미알기 2. 안전한 도로횡단법 3. 안전한 통학버스 이용법 4. 날씨와 보행안전 5. 어른과 손잡고 걷기
교육 방법	1. 전문가 또는 담당자가 강의 2. 장소·상황별 역할극 실시 3. 시청각 교육 4. 사례 분석	1. 전문가 또는 담당자 강의 2. 장소·상황별 역할극 실시 3. 시청각 교육 4. 시례 분석	1. 전문가 또는 담당자 강의 2. 시청각 교육 3. 시례 분석	1. 전문가 또는 담당자 강의 2. 시청각 교육 3. 실습교육 또는 현장학습 4. 사례분석	1. 전문가 또는 담당자 강의 2. 시청각 교육 3. 실습교육 또는 현장학습 4. 일상생활을 통한 반복 지도 및 부모교육

(1) 영유아에 대한 안전교육

영유아 스스로가 자신의 안전을 보호할 수 있는 능력과 기술을 갖도록 교육해야 하며, 어린이집 원장은 비상대응계획을 작성하고 매월 소방대피, 지진대피, 폭설대피 훈련을 포함한 다양한 유형의 재난대비 훈련을 월 1회 실시한다. 아동복지법령의 안전교육기준에 따라 매년 안전교육계획을 수립하여 교육을 실시하고, 계획 및 교육실시 결과를 관할 시장·군수·구청장에게 매년 3월 31일까지 보고하여야 한다. 또한 인터넷중독 예방 및 해소 관련 교육을 연 1회 실시하고, 매년 4월 30일까지 전년도 교육의 실시 결과를 과학기술정보통신부장관에게 제출하여야 한다.

(2) 보육교직원에 대한 안전교육

보육교직원은 안전교육지침 등을 숙지하여야 하며, 각종 안전교육에 적극 참여하고, 화재 등 긴급사태에 대비한 계획 수립 및 정기적인 점검과 훈련을 실시하여야 한다.

아동학대·안전관리교육은 보수교육과 연계하여 실시할 수 있으며 보육교직원 보수교육 대상자가 육아종합지원센터와 어린이집 안전공제회가 주관하는 아동학대예방 및 안전관리교육을 수료한 경우, 동일 연도 내 보수교육 건강·안전 영역 중 해당 과목을 이수한 것으로 인정하여 면제받을 수 있다.

표 7-6 안전사고 예방, 아동학대·성폭력·실종 예방 및 사후처리 중 해당 과목 인정

분야	교과목	시간	인정교육
아동학대예방·안전교육	○ 안전사고 예방교육 - 어린이집 안전관리, 어린이집 안전사고 실태 및 대처법 등	3시간	안전사고 예방교육
	○ 아동학대 예방교육 - 아동학대, 성폭력, 실종 예방 및 사후관리 등	3시간	아동학대, 성폭력, 실종예방 및 사후관리

(3) 부모에 대한 안전교육

어린이집의 원장은 영유아의 건강·위생, 아동학대, 안전 CCTV 열람 등과 관련된 내용을 포함하여 부모와 충분히 협의·고지해야 하며 안전, 아동학대예방 등 관련 교육에 부모가 참여할 수 있도록 해야 한다.

(4) 안전사고 예방대책

어린이집 원장은 안전사고에 대응하기 위하여 인근 소방서, 경찰서 및 가스, 유류 등의 안전상태를 점검하는 유관기관 등과의 비상연락체계를 구축하고, 사고에 대비하여 부모의 비상연락망을 확보하고 응급처치동의서를 비치하여 한다. 또한 원장은 사고발생 24시간 이내에 사고보고서를 작성하여 보고하여야 하며, 중대 사고는 사고 발생 즉시 보고하여야 한다.

어린이집 원장은 자체 안전점검계획을 수립하여 매월 4일에 안전점검을 실시하고, 어린이집 안전점검표에 따라 매일, 매월 점검하여 화재·상해 등 위험 발생요인을 사전에 제거하여야 한다.

(5) 보험 가입

어린이집에서 영유아와 보육교직원들을 위해 어린이안전공제회에 의무적으로 가입해야 한다.

(6) 아동학대 예방 및 조치요령

가. 아동학대 정의

아동학대란 보호자를 포함한 성인에 의하여 아동의 건강과 복지를 해치거나 정상적인 발달을 저해할 수 있는 신체적·정신적·성적 폭력, 가혹행위 및 아동의 보호자에 의하여 이루어지는 유기와 방임을 말한다. 아동학대 중 보호자에 의한 아동학대를 아동학대 범죄로 규정함에 따라 영유아가 어린이집에서 보육을 받는 시간 동안 해당 영유아를 담당하는 보육교직원도 보호자에 해당된다.

나. 아동학대 신고

어린이집 보육교직원은 「아동학대 범죄의 처벌 등에 관한 특례법」 제10조의 규정에 의한 신고의무자로서 직무상 아동학대를 알게 된 경우 및 의심되는 경우 즉시 112(2014년 9월 29일부터 통합) 등에 신고하여야 한다. 신고의무를 이행하지 않을 경우 과태료 500만 원 이하를 부과하며, 신고인의 신분은 보호되며 그 의사에 반하여 신원이 노출되지 않으며 보육교사 자격취득과정이나 보수교육과정에 아동학대 예방 및 신고의무와 관련된 교육 내용을 1시간 이상 포함하도록 하여야 한다. 원장 또는 보육교사가 아동학대 금지행위

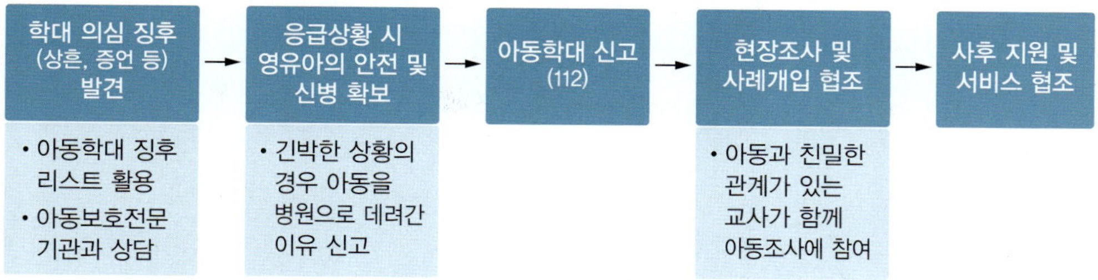

그림 7-1 **아동학대 신고의무자의 신고절차**

위반 시에는 자격을 취소할 수 있다.

다. 아동학대 등 금지행위가 발생한 시설에 대한 조치사항

어린이집 설치·운영자(보육교직원 등 설치·운영자의 관리·감독하에 있는 자 포함)가 아동학대 행위를 한 경우에는 법 제45조에 따라 1년 이내의 어린이집 운영 정지 또는 어린이집의 폐쇄를 명할 수 있다. 다만, 설치·운영자가 그 행위를 방지하기 위하여 상당한 주의와 감독을 게을리하지 아니한 경우 제외된다.

아동학대 사례 인지 시 수사기관(관할 경찰서 또는 112)에 신고 및 관할 아동보호전문기관에 통보하여 합동 조사하거나 피해아동에 필요한 조치를 취하고 관련 내용을 시·도 및 보건복지부에 즉시 보고하고 아동학대 신고자에 대해서는 별도의 규정에 따른 포상금 지급 가능하다.

라. 성범죄 등 신고 의무

「성폭력방지 및 피해자보호 등에 관한 법률」 제9조에 따라 어린이집의 보육교직원은 보호하는 사람이 성폭력 범죄의 피해자인 사실을 안 때에는 즉시 수사기관에 신고하여야 하며, 「아동·청소년의 성보호에 관한 법률」 제34조에 따라 어린이집의 보육교직원은 직무상 아동 대상 성범죄가 발생한 사실을 알게 된 때 즉시 그 사실을 수사기관에 신고하여야 하며, 신고를 하지 않거나 거짓을 신고한 경우 300만 원 이하의 과태료가 부과된다.

CHAPTER

08

가족 및 지역사회 협력

1. 가족의 협력
2. 부모상담
3. 부모참여
4. 지역사회 협력
5. 열린어린이집

08
가족 및 지역사회 협력

보육의 효과를 높이기 위해서 가족 및 지역사회의 협조가 중요하다. 어린이집은 다양한 방법으로 부모와 의사소통을 하며, 부모 간 교류나 부모교육 및 다양한 부모참여의 기회를 제공해야 한다. 또한 영유아가 자신이 살고 있는 지역사회에 대한 이해를 폭을 넓히고, 지역사회에 원만하게 적응하도록 돕기 위해서는 어린이집 주변의 환경과 자원을 적극 활용하는 등 지역사회와 긴밀한 협력이 필요하다.

1. 가족의 협력

1) 부모와의 교류

(1) 어린이집에 대한 정보 제공을 통한 부모와의 교류

가. 운영안내 책자 배포

어린이집에 대한 정보를 제공하는 운영안내 책자는 어린이집의 보육목표 및 철학, 보육프로그램, 학급 구성, 하루 일과, 보육환경, 부모 대상 활동과 주요 행사, 보육교직원 소개, 건강·영양·안전관리, 부모 및 지역사회와의 협력, 각종 동의서와 보육교직원의 윤리강령 등을 소개하는 내용으로 구성할 수 있다. 이러한 정보 활용은 기관을 선택한 부모의 어린이집 운영 전반에 대한 이해를 도울 수 있을 뿐만 아니라 재원 부모에게 기관 운영방침을 전달할 수 있는 기회가 될 수 있다.

나. 부모 오리엔테이션

신입 원아 부모 오리엔테이션은 부모들에게 어린이집 운영 전반에 관한 사항을 안내해 줌으로써 부모의 원에 대한 이해를 돕는 동시에 기관과 가정과의 협력을 통해 신입 원아의 초기 적응을 효과적으로 도울 수 있다. 또한 재원아 부모들의 경우 집단모임을 통해 새학기에 변화된 어린이집 운영안내에 대한 구체적인 정보를 제공받음으로써 부모의 이해 및 협조를 구하는 기회가 된다.

표 8-1 신입 원아 OT 및 부모 간담회 안내

신입 원아 OT 및 부모 간담회 안내

000어린이집은 신입 원아의 어린이집 적응을 위한 오리엔테이션 및 부모 간담회를 통해 부모님께 다양한 교류 기회를 제공하고자 하오니, 부디 참석하시어 활발한 교류의 장이 마련될 수 있도록 협조 바랍니다.

일시	20 년 월 일(요일) 시 분 • 부모 간담회는 신입 원아 오리엔테이션이 끝나고 이어집니다.
장소	신입 원아 OT : 강단, 유희실
	부모 간담회 : 각 반 교실
내용	• 신입 원아 오리엔테이션 • 반 특징 및 담임 소개 • 부모 소개 • 부모교육 안내 • 각 반 담임을 중심으로 간담회 실시

.... 절 취 선 ....

신입 원아 OT 및 부모 간담회 참가 신청서

_______________ 반 이름: _______________

참석	불참	불참 사유

* 참석 여부에 따라 해당하는 곳에 ○표 하여 000어린이집으로 일(요일)까지 보내 주시기 바랍니다.

출처 : 한국보육진흥원(2016). 2016 어린이집 평가인증 안내.

신입 원아 학부모 오리엔테이션을 준비하고 실시할 때는 다음과 같은 점을 유의한다.

- 오리엔테이션 실시 전에 안내문을 전달하고 실시목적과 일시를 알리며, 부모참여 여부를 파악한다.
- 어린이집의 운영안내 책자를 활용하되 신입 원아 적응프로그램, 보육시간, 안전사고 시 기관의 책임한계, 응급처치 시 처리절차, 기관 개방원칙, 등·하원 절차 등을 포함한다.
- 학기 중간에 들어오는 신입 원아에 대해서는 개별적으로 오리엔테이션을 진행한다.
- 오리엔테이션 실시 후 평가를 통해 잘된 점과 미비점 등을 다음 오리엔테이션에 반영한다.

(2) 다양한 방법을 통한 가정과의 연계방법

어린이집과 부모 간의 의사소통을 다양한 의사소통 경로를 통해 영유아에 대한 정보 교환과 교류가 활발하게 이루어져야 한다. 게시판, 가정통신문을 통한 전달만이 아니라 대화수첩, 등·하원 시 부모-교사 간 대화, 전화 통화기록, 수시면담, 개별·집단 면담, 홈페이지, 행사 참여 등 다양한 방법을 통해 연계교육이 이루어지는 것이 바람직하다.

가. 가정통신문

어린이집에서 지난 일주일간 실행된 보육활동 및 다음 한 주간 진행될 보육활동과 행사들을 부모에게 안내해 줌으로써 각 가정에서 자녀의 학습내용을 강화하고 학습할 수 있는 기회를 제공한다. 가정에서 부모와 자녀가 함께 할 수 있는 관련 활동을 소개하므로 긍정적인 상호작용을 도모할 수 있다.

나. 개별알림장

개별알림장은 영유아에 대한 정보를 교사와 부모가 매일 서로 교류하는 형식의 협력방안이다. 교사는 부모에게 영유아가 하루 동안 지낸 사항을 기록하여 전달하고, 부모는 교사에게 가정에서 있었던 일들을 기록하여 전달함으로써 영유아에게 대한 기본정보를 공유하며 더불어 가정과 어린이집의 연계를 통해 더욱 효과적인 보육이 이루어질 수 있도록 한다.

표 8-2 가정통신문

가정통신문

기간 : 3월 1주 〈3월 2일 ~ 3월 10일〉

주제		나는 슬기반이예요					
목표		슬기반 교실 환경에 적응하고 변화된 어린이집 환경을 살펴본다.					
요일		월	화	수	목	금	토
등원 및 맞이하기							
오전 오후 자유 놀이	영역						
	영역						
	영역						
	영역						
	영역						
	영역						
전이활동							
대·소집단 활동							
실외놀이							
기본생활 및 안전교육							

■ 알려드립니다 ■

1. 안녕하세요. 슬기반 담임교사 윤00, 이00입니다.
   우리 어린이집이 안정되고 바람직한 발달을 돕는 데 성심성의껏 노력을 다하겠습니다. 사랑과 정성으로 교육할 수 있도록 부모님들의 많은 격려와 협조 부탁드립니다.
   * 신학기 준비기간 동안 가정학습에 협조해 주신 부모님들께 감사드립니다.

2. 일일보고서 안내
   등원 시 현관에 비치된 일일보고서를 반드시 작성해 주시어 아이들의 하루 일과가 보다 교육적으로 진행될 수 있도록 도와주시고, 귀가 시에는 기재된 내용을 꼭 확인하시기 바랍니다.

3. 투약 안내
   약을 먹이는 어린이의 경우 일일보고서 작성 시 투약의뢰란에 투약시간과 분량을 정확히 기록해 주시기 바랍니다. 투약의뢰 관련 기록을 기초로 어린이에게 투약하게 되므로 투약내용을 기록하지 않으실 경우 투약하지 않는 것을 원칙으로 합니다.
   반드시 투약의뢰를 기재해 주시기 바랍니다.

○○어린이집

출처 : 한국보육진흥원(2016). 2016 어린이집 평가인증 안내.

표 8-3 알림장

<table>
<tr><th colspan="6">알림장</th></tr>
<tr><td colspan="6">20 년 월 일 요일</td></tr>
<tr><th colspan="3">가정에서</th><th colspan="3">어린이집에서</th></tr>
<tr><td rowspan="3">원아 상태</td><td>기분</td><td>좋음 보통 나쁨
(이유 :)</td><td rowspan="3">원아 상태</td><td>기분</td><td>좋음 보통 나쁨
(이유 :)</td></tr>
<tr><td>건강</td><td>좋음 보통 나쁨
(이유 :)</td><td>건강</td><td>좋음 보통 나쁨
(이유 :)</td></tr>
<tr><td>체온</td><td>열이 있음 많음 정상</td><td>체온</td><td>열이 있음 많음 정상</td></tr>
<tr><td rowspan="3">식사</td><td>저녁</td><td></td><td rowspan="3">식사</td><td>간식</td><td></td></tr>
<tr><td>간식</td><td></td><td>점심</td><td></td></tr>
<tr><td>아침</td><td></td><td>간식</td><td></td></tr>
<tr><td rowspan="2">배변</td><td>저녁</td><td>안했음 했음
(딱딱함 보통 설사)</td><td rowspan="2">배변</td><td>오전</td><td>안했음 했음
(딱딱함 보통 설사)</td></tr>
<tr><td>아침</td><td>안했음 했음
(딱딱함 보통 설사)</td><td>오후</td><td>안했음 했음
(딱딱함 보통 설사)</td></tr>
<tr><td colspan="2">수면</td><td>시 분부터 시 분 까지</td><td colspan="2">수면</td><td>시 분부터 시 분 까지
시 분부터 시 분 까지</td></tr>
<tr><td rowspan="4">투약*</td><td>약의 종류</td><td></td><td rowspan="4">투약*</td><td rowspan="2">증상</td><td rowspan="2"></td></tr>
<tr><td>약의 용량</td><td></td></tr>
<tr><td>투약 시간/ 횟수</td><td></td><td>약의 용량</td><td></td></tr>
<tr><td>의뢰자</td><td></td><td>투약 시간</td><td></td></tr>
<tr><td colspan="2">전달 내용</td><td></td><td colspan="2">전달 내용</td><td></td></tr>
</table>

다. 온라인 매체

홈페이지나 블로그 및 카페, 스마트 알림장, 문자메시지 등의 운영을 통한 의사소통이 활발하게 이루어지고 있다. 부모는 매체를 통해 전반적인 운영 변화 및 행사에 대해 알 수 있고, 게시판이나 방명록 등을 이용하여 자녀양육 및 궁금한 제반사항에 대해 질의하고 답변을 받을 수 있다. 더불어 정보를 정기적으로 갱신하고 활성화하는 노력이 필요하다.

2. 부모상담

가족의 구조가 변화되고, 맞벌이 가정이 증가하면서 양육의 방법 또한 변화되고 있는 요즘, 아주 어린 시기부터 다양한 형태의 어린이집에 보내면서 가정과 기관의 긴밀한 연계는 필수요소가 되었다.

1) 상담의 목적

교사와 부모가 서로 대면하여 영유아의 생활과 문제행동에 대해 의견을 교환함으로써 바람직한 영유아 지도방안을 모색하는 활동이다. 각 영유아의 발달을 위한 교육목표 및 내용에 대한 기관과 가정의 공유 및 자녀에 대한 가정의 적절한 관심을 이끌어내는 데 있다.

2) 부모상담의 유형

어린이집의 부모상담은 개별 또는 수시 및 집단 상담으로 이루어질 수 있다.

(1) 개별상담

어린이집에서는 모든 영유아의 적응상태나 생활내용, 발달 정도에 대하여 연간 2회 이상 부모와 개별상담을 실시해야 하며, 개별면담을 위한 자료로는 영유아 관찰기록, 영유아의 활동 결과물이나 작품들, 영유아의 신체발달 측정 결과 등을 준비하여 부모가 상담을 원하는 정보를 미리 수집하여 의견을 교환하며, 교사는 개별 영유아에 대한 평가결과를 토대로 영유아의 발달적 변화와 영유아를 위한 지원방안에 대해 부모와 상담을 실시한다.

(2) 수시면담

수시면담은 개별 영유아의 특성이나 가정의 배경을 고려한 비정기적 의사소통방법으로 영유아를 담당하고 있는 교사가 부모와 면담하는 것이 바람직하다.

(3) 집단상담

집단상담은 부모들의 관심과 요구 그리고 보육교사의 요구가 대다수 부모들에게 공통된 것일 때 활용할 수 있다. 일반적으로 부모참여 행사가 끝난 후에 반별로 집단상담을 실시한다. 어린이집의 전체 부모를 대상으로 또는 반별로, 또는 5~10명의 소집단을 대상으로 이루어진다.

집단상담의 주제는 각 가정에서의 영유아의 행동, 친구관계, 놀이, 습관, 문제점 등에 대해 이야기하고, 영유아에 대한 바람이나 기관에 대한 건의사항 등에 대해 이야기 나눈다. 또한 교사는 영유아의 발달 상황과 생활을 안내해 주고 기관의 보육방침, 지도방법 등을 이해시킬 수 있는 기회로 삼는다.

(4) 효율적인 부모상담을 위한 제언

효율적인 상담을 위해 고려해야 할 사항을 살펴보면 다음과 같다(정정옥, 2011).

① 상담자료를 정리하며, 상담을 위한 준비를 한다.

② 모든 문제를 긍정적으로 표현한다.

- 교사는 부모의 말 한마디에 민감할 수 있다.
- '공격적', '산만'과 같은 부정적인 용어보다는 '관심이 많다', '주의집중이 짧은 편이다' 등 긍정적인 용어로 표현한다.
- 영유아의 상담에 대한 이야기를 먼저 나누어 부모에게 심리적인 안정감을 준다. 그 다음에 영유아에게 노력이 필요한 부분을 조심스럽게 언급한다.

③ 부모가 상담시간을 정한다.

- 부모의 이야기를 많이 들어준다.
- 상담의 처음부터 끝까지 부모가 주도권을 가지는 것은 아니며, 중간중간 부모가 하는 이야기를 요약, 반문, 전환하여 상호 간 의사소통이 이루어지도록 한다.

④ 부모가 문제를 다양한 각도에서 볼 수 있도록 돕는다.

⑤ 교사는 고개를 끄덕이거나 감탄사 등을 사용하여 느낌을 표현해 준다.

⑥ 영유아의 중요한 결단은 부모 몫임을 명심한다.

⑦ 상담시간은 20~30분 정도가 적당하다.

- 부모가 특별한 사정(맞벌이, 질병 등)으로 상담에 참석하지 못하는 경우 다시 일정을 조정하여 개별상담을 할 수 있도록 배려한다.

3. 부모참여

1) 부모참여의 개념

부모참여는 부모가 어린이집의 다양한 활동에 직접 참여하는 것으로 학습활동, 부모회활동, 부모교육, 기금 마련, 자원봉사, 교사와의 정보교환, 기관운영 관련 활동 등 다양한 형태와 수준의 참여가 포함되는 것으로 부모가 기관의 동반자로서 협력관계를 유지하며 자녀교육에 대한 책임을 나누고 영유아의 발달을 위해 노력하는 모든 과정이라고 할 수 있다.

2) 부모참여의 유형

(1) 부모강연회

강연회는 많은 사람에게 정보를 동시에 전달할 수 있고 손쉽게 진행할 수 있는 장점이 있다.

(2) 부모자원봉사

어린이집에서 부모들에게 자원봉사활동의 기회를 제공하는 것은 부모로 하여금 자녀를 보다 잘 이해하도록 돕고, 자녀양육과 가정환경의 변화도 기대할 수 있다. 자원봉사활동은 현장견학, 소풍, 운동회, 어린이집으로 방문하여 동화 들려주기, 간식 및 식사 준비, 교구 제작, 놀잇감 세척, 도서 정리 등이 있다.

(3) 부모참여수업

어린이집은 아버지 참여수업, 어머니 참여수업 같이 부모들이 직접 참여할 수 있는 활동들이 있다. 이를 통해 부모들은 어린이집에서 준비한 활동을 자녀들과 함께, 자녀를 관찰하며, 어린이집의 일과를 경험하게 된다. 참여수업을 통해 부모들은 일상적인 일과뿐만 아니라 게임, 동작, 동극, 운동회, 소풍, 등반 등 특별한 활동까지 경험할 수 있다.

(4) 부모참여 활성화 방안

어린이집의 교직원들의 부모참여 프로그램에 대한 긍정적 인식이 요구된다. 아울러 영유아의 발달과 학습에 공동책임을 지고 있는 부모와 교사가 함께 영유아를 키우는 주체

표 8-4 자원봉사자 오리엔테이션

1. 자원봉사자의 자세

- 남은 시간을 소비하는 차원에서 벗어나 의미 있는 일을 한다는 책임 있는 자세가 필요하다.
- 주어진 일만 한다는 소극적 자세보다 능동적으로 임하는 자세가 필요하다.
- 영유아들과 함께 생활하는 중 어려운 상황이 발생했을 때는 반드시 교사의 자문을 구한다.

2. 보육시설의 소개 및 규칙

- 어린이집의 보육철학 및 운영방침 : 영유아는 자율적인 존재로서 인권을 준중하고 아동중심 교육철학에 따라 영유아 발달수준과 개인차를 고려하는 보육과 교육 프로그램으로 영유아의 능동적인 참여와 몸과 건강한 영유아 보육을 지향한다.

3. 봉사활동 내용

- 영유아와의 놀이
- 나들이 갈 때 안전 및 보호 활동
- 김장 담그기
- 이닦기 보조
- 장난감 씻기
- 간식 준비, 식사 시 보조
- 낮잠 후 이불 정돈
- 보육시설 청소
- 담임교사 보조

4. 봉사활동의 진행방법과 역할 분담

5. 활동 시 준수사항

- 안전사고에 대한 세심한 주의가 필요하다.
- 영유아의 행동 및 놀이를 관찰하여 놀이를 촉진할 수 있도록 돕는다.
- 보육시설의 규칙을 이해하고 문제 발생 시 대처방법에 관해 교사의 도움을 받는다.
- 영유아들과의 상호작용 시 언어사용에 세심한 주의를 한다.

6. 아동학대 교육

보호자를 포함한 성인이 아동의 건강 또는 복지를 해치거나 정상적 발달을 저해할 수 있는 신체적·정서적·성적 폭력이나 가혹행위를 하는 것과 아동의 보호자가 아동을 유기하거나 방임하는 것(「아동복지법」 제3조제7호)

구분	내용	
신체적 학대	보호자를 포함한 성인이 아동에게 우발적 사고가 아닌 상황에서 신체적 손상을 입히거나 또는 신체 손상을 입도록 허용한 모든 행위를 말함	•직접적으로 신체에 가해하는 행위 •도구를 사용하여 신체에 가해하는 행위 •유해한 물질로 신체에 가해하는행위 •완력을 사용하여 신체를 위협하는 행위
정서학대	보호자를 포함한 성인이 아동에게 행하는 언어적 모욕, 정서적 위협, 감금이나 억제, 정신적, 심리적 학대라고도 함	•언어적 폭력행위 •정서적 위협 •아동의 정서발달 및 연령상 감당하기 어려운 것을 강요하는 행위(감금, 약취 및 유인, 아동노동 착취) •형제나 친구 등과 비교·차별·편애·왕따시키는 행위
성학대	보호자를 포함한 성인이 자신의 성적 충족을 목적으로 18세 미만의 아동에게 행해지는 모든 성적 행위를 말함	•자신의 성적 만족을 위해 아동의 관찰/추행하거나 아동에게 성적 노출을 하는 행위 •아동에게 유사성행위/성교를 하는 행위 •성매매를 시키거나 성매매를 매개하는 행위
방임	아동의 보호자가 아동을 방임하거나 유기하는 행위	•물리적 방임 : 기본적인 의식주를 제공하지 않는 행위 •교육적 방임 : 특별한 사유 없이 의무교육에 보내지 않거나 아동의 무단 결석을 방치하는 행위 •의료적 방임 : 필요한 의료적 처치를 하지 않는 행위 •유기 : 아동을 버리는 행위

아동학대 신고의무자의 역할

어린이집 보육교직원은 「아동학대범죄의 처벌 등에 관한 특례법」 제10조에 의한 신고의무자로서 직무상 아동학대를 알게 된 경우 및 의심되는 경우 즉시 112에 신고하여야 한다.

출처 : 보건복지부, 한국보육진흥원(2014). 어린이집 문서 서식.

로서 관계를 맺고 협력할 때 보육과정을 더욱 효과적으로 만들 수 있다.

(5) 보조교사와 일일교사로서의 참여

어린이집에서 학부모들은 야외학습이나 현장학습의 보조자로서 참여하거나 매일의 일과운영에 보조교사로 참여하게 된다. 이를 통해 영유아를 지도하기보다는 영유아의 안전과 보호를 위해 도움을 주게 된다. 가정에서 부모가 하는 김장 담그기, 재활용품 분리수거하기 등에 대해 설명하며 질문에 답하기도 하고, 부모의 직업적인 영역에 관련하여 일일교사가 되기도 한다. 학부모의 전문성(의사, 소방관 등)을 이용한 가르침을 통해 일일교사의 역할을 수행할 수 있다.

(6) 어린이집 운영위원회 참여

어린이집의 운영위원회에 학부모 위원으로 참여하는 것이다. 기관의 의견 결정에 직접적인 목소리를 내며 참여하는 것이다. 크게는 기관 운영의 전반적인 철학과 교육과정에 대한 의견을 수렴하고 결정하는 학부모 대표자의 역할을 하게 된다. 작게는 급·간식 식재료에 대한 검수과정을 통해 안전한 식재료를 확인하게 된다. 어린이집의 경우 어린이집 원장, 보육교사 대표, 학부모와 지역사회 인사를 포함하여 5인 이상 10인 이내로 어린이집 운영위원회를 구성하도록 하고 있다(보건복지부, 2018). 이 경우 학부모 대표가 2분의 1 이상이 되도록 구성하여야 한다.

운영위원회 위원직을 수행하는 부모들은 전체 학부모의 의견을 대변하는 역할을 하게 되며, 원장, 학부모의 요구·의견을 적극적으로 수렴할 수 있는 통로로 삼게 된다. 어린이집과 학부모는 운영위원회를 통해 안정적인 협력관계를 만들어 기관이 발전하고, 영유아들이 건강하게 생활할 수 있는 기반을 만들 수 있게 된다.

4. 지역사회 협력

아프리카 속담에 "아이 하나 기르는 데 온 마을이 필요하다(It takes a village to raise a child.)"라는 말이 있다. 이 말은 영유아의 성장은 가정만의 문제가 아니라 그 가정이 속한 지역사회의 참여와 협력이 필요하다는 것을 전통사회에서도 인지하고 있었다는 것을 의미한다(고문숙 외, 2011).

영유아의 가정 및 어린이집 외에 지역사회 환경을 보다 친밀하게 이해할 수 있도록 지역사회 기관과의 협력관계를 유지하고, 지역사회의 자원을 이용한 프로그램과 활동 기회를 제공한다.

1) 지역사회 자원을 이용한 활동

① 지역사회에 있는 공원, 산책로 등을 활용한 일상생활 관련 활동 : 지역의 일반적 자원(도서관, 우체국, 노인센터, 마트, 병원 등)을 방문하는 등의 활동

② 지역에 있는 특별한 자원(해변, 생태습지, 박물관, 기념관, 유적지 등)을 방문하는 활동

③ 지역사회의 경찰관, 소방관, 보건소 직원 등이 어린이집을 방문하여 안전·건강에 대해 교육하는 활동 등

2) 지역사회 주민과 연계활동

지역사회 연계활동을 진행할 기관, 종사자, 부모 등에게 사전안내를 통해 활동이 효과적으로 진행될 수 있도록 한다. 사전안내할 내용에는 영유아의 연령, 영유아의 연령별 평균 발달수준, 주의집중시간, 바람직한 상호작용방법, 프로그램의 목적, 도움을 주실 분 방문할 일시 등을 포함한다.

(1) 지역사회 주민을 위한 기여활동

- 어린이집의 인근 노인정·마을회관에 방문하여 어르신들에게 해드릴 수 있는 미니 공연(노래 불러드리기, 음식 나누기 등)
- 아나바다 활동을 통해 얻은 수익금을 지역사회 주민이 이용하는 기관에 기부
- 영유아들이 만든 활동 결과물을 이용한 거리 아동안전 캠페인 실시 등

(2) 지역사회 주민이 어린이집을 방문하여 자원하는 활동의 예

- 어르신들이 어린이집을 방문하여 예절교육, 동화책 읽어주기, 연극 공연 등
- 노인정 어르신들이 주기적으로 어린이집을 방문하여 텃밭 가꾸기 지원 등

3) 유아와 가족을 돕기 위한 지역사회 전문가와의 협조

가정환경이나 발달특성에서 특별한 보호 및 지원을 필요로 하는 가족에게 정신적으로

건강하고 안정된 생활을 할 수 있도록 돕는다.

① 발달지연 유아 → 지역 전문가로부터 도움 요청

② 다문화가정의 언어적 어려움 → 지역기관에서 실시하는 한국어 프로그램 참여 안내

5. 열린어린이집

1) 열린어린이집이란

어린이집의 물리적 공간 개방성과 함께 보육프로그램, 어린이집 운영에 이르기까지 부모의 일상적 참여가 이루어지는 어린이집 운영 형태입니다. 열린어린이집은 부모, 어린이집, 지역사회가 더불어 건강한 양육환경을 조성하고 영유아와 그 가족의 행복을 증진하기 위함입니다.

2) 열린어린이집의 필요성

- 가정과 어린이집이 소통하고 참여함으로써 서로 신뢰하고 지지적인 관계로 발전하여 영유아의 건강한 성장과 발달을 도울 수 있습니다.
- 가정, 어린이집, 지역사회가 동반자적 관계를 구축함으로써 안정되고 개방된 양육환경을 제공 할 수 있습니다.
- 정보 공개를 통해 부모의 어린이집에 대한 이해를 높이고 다양한 육아정보를 공유할 수 있습니다.

3) 열린어린이집의 특성

- 개방성 : 부모의 어린이집 공간 접근성이 확보되며, 어린이집 운영 관련 정보가 공개되고, 부모와 어린이집의 활발한 소통이 이루어지는 곳
- 자발성과 참여성 : 어린이집 운영 및 보육과정 실행에 부모의 자발적 참여가 활발히 이루어지는 곳
- 지속가능성 : 어린이집과 가정의 신뢰 구축을 위해 일회성이 아닌 지속적 교류가 일어나는 곳

- 다양성 : 시설 유형 및 규모, 지역적 특성, 영유아 가족의 여건, 영유아의 연령 등을 반영하여 다양한 부모참여 활동이 계획되고 운영되는 곳

4) 열린어린이집의 활동

영유아의 부모가 부모교육, 부모상담, 부모행사, 봉사활동, 의사결정자/평가자로 참여할 수 있도록 운영한다.

CHAPTER

09

어린이집 평가제 운영체계

1. 평가제 추진 배경
2. 평가제 추진 목적
3. 평가제 주요 내용
4. 평가제 지표 및 평가 기준

09
어린이집 평가제 운영체계

1. 평가제 추진 배경

평가인증제도 도입 후 십수 년이 지난 지금, 저출산 및 양육 부담에 대한 사회적 책임 강화로 보육서비스에 투입되는 재정 규모가 크게 증가하였고, 영유아 시기의 중요성 및 아동의 권리에 대한 부모와 사회적인 인식이 높아졌다.

반면 평가인증제도는 어린이집의 자발적 신청에 따라 운영되어 미인증 어린이집으로 인한 질 관리 사각지대가 존재하였으며, 최근 아동권리 보호, 아동학대 예방 등 아동 인권 및 안전 관리 강화에 대한 사회적 요구 증가로 전체 어린이집의 평가 참여 필요성이 제기되어 왔다. 이에 '보육·양육에 대한 사회적 책임 강화' 실현과 영유아의 건강한 성장 및 발달을 위하여 2018년 12월 11일 영유아보육법 개정안이 공포됨에 따라 2019년 6월 12일부터 어린이집 평가제가 시행된다. 평가제 시행은 지금까지 평가인증을 신청한 어린이집에 한하여 추진되어 온 어린이집 질 관리가 전국 모든 어린이집에서 의무적으로 이루어지게 된다는 점에서 의미가 크다.

표 9-1 평가인증제도 시행 결과

구분		내용
도입	2003. 4.~12. 2004. 1.	보육시설 평가인증제도 실시모형 개발 관련 연구용역 실시 보육시설 평가인증제도 도입 근거 마련[영유아보육법 제30조]
시범 운영	2005.	보육시설 평가인증 시범운영 실시
1차 시행	2006~2009	제1차 어린이집 평가인증 시행
2차 시행	2010~2017. 10. 2013. 9. 2014. 11. 2016. 6.	제2차 어린이집 평가인증 시행 어린이집 평가인증 결과공표 시행 3차 시범지표 적용 유치원·어린이집 평가체계 통합방안 발표(국무조정실 영유아교육보육통합추진단)
3차 시행	2017. 11.~2019. 6	제3차 어린이집 평가인증 시행(통합지표 적용)

출처 : 한국보육진흥원(2019).

2. 평가제 추진 목적

어린이집 평가제 시행 목적은 다음과 같다.

① 상시적인 보육서비스 질 관리를 위해 주요 핵심지표를 중심으로 질 관리 표준을 제시하고 어린이집 스스로 질적 수준을 제고하도록 한다.

② 전체 어린이집에 대한 주기적 평가를 통하여 보육서비스 품질관리 사각지대를 해소하고 전반적인 보육서비스 수준을 지속적으로 관리하여 국가의 책무성을 강화하고자 한다.

③ 궁극적으로 평가제를 통해 보육서비스의 질 향상을 제고함으로써 영유아의 안전과 건강, 조화로운 성장과 발달을 도모하고자 한다. 이를 위해 영유아의 인권과 놀 권리를 보장하고 영유아가 건강하고 행복하게 성장할 수 있는 안심 보육환경을 조성하며, 보육교직원이 영유아보육에 집중할 수 있는 여건을 조성한다.

④ 국가는 전국 모든 어린이집에서 질 높은 보육서비스가 제공됨으로써 어린이집에 다니는 모든 영유아의 건강한 성장과 발달이 이루어질 수 있도록 지원할 수 있게 된다. 이는 또한 영유아를 키우는 성인 보호자들이 자신의 일과 가정생활, 자녀양육을 양립할 수 있도록 지원하는 것이기도 하다.

표 9-2 어린이집 평가제를 통한 보육의 비전 실현

영유아	어린이집	부모(보호자)	국가
•권리존중 보육 •안전 보육 •놀이중심 보육 •행복한 어린이집	•영유아 존중과 안전보호 •놀이중심 보육과정 운영 •보육교사의 전문성 제고 •평가제로 질 관리	•안심 보육 •참여 보육 •어린이집 신뢰 및 존중	•안전한 어린이집 구현 •영유아의 건강한 성장 발달 지원 •유자녀 성인의 일·가정 양립 지원

3. 평가제 주요 내용

1) 주요 특징

평가제는 전체 어린이집을 대상으로 평가가 원활하게 진행되고 결과 등급별로 질 관리가 지속되도록 설계되었다. 어린이집에는 평가의무가 부여되므로 「영유아보육법」 제44조 4의6호에 따라 평가를 거부, 방해 또는 기피하거나 거짓, 그 밖의 부정한 방법으로 평가를 받을 때 그에 따른 시정명령 및 행정처분을 받을 수 있다. 어린이집 평가제 특징을 평가인증제와 비교한 내용은 **표 9-3**과 같다.

2) 운영체계

어린이집 평가는 정해진 주기에 따라 대상을 선정하여 통보함으로써 시작된다. 대상 통보는 총 2회에 걸쳐 진행되는데, 선정 통보(1차)는 현장평가 6개월 이전에, 확정 통보(2차)는 현장평가 2개월 전에 통보된다. 확정 통보를 받은 어린이집에 대해서는 통보 익월부터 기본사항 확인 및 자체점검, 현장평가, 종합평가 등의 과정이 3개월간 진행된다.

각 어린이집의 평가시기는 평가주기와 연계하여 정해지는데, 정해진 평가주기 외 신규 개원, 대표자 변경, 행정처분 등의 사유 발생 시에는 별도로 정해진 평가시기에 맞춰 통보가 이루어진다. 또한 평가제 시행 이후에는 평가 참여수수료를 국가가 전액 부담한다.

3) 평가지표 내용

평가지표는 제3차 평가인증에서 적용하였던 통합지표를 기반으로 하되, 어린이집 고유한 특성을 반영하고 2020년 시행되는 개정 누리과정 및 개정 표준보육과정의 맥락을 같이 하도록 세부내용을 정하였다.

표 9-3 평가인증제 및 평가제 특징 비교

구분	평가인증제	평가제
평정 방식	• 평가인증 신청 어린이집	• 전체 어린이집
평가 절차	• 어린이집 신청 → 기본사항 확인 → 자체점검 → 현장평가 → 종합평가(총 4개월) 신청 ⇨ 기본사항 확인 ⇨ 자체점검 보고서 제출 ⇨ 현장평가 ⇨ 종합평가·결과통보 어린이집 / 지자체 / 어린이집 / 현장관찰자 / 종합평가위원회 • 참여수수료 어린이집 납부 • 기본사항: 필수항목 9개, 기본항목 - 필수항목 미준수는 참여 제외, 기본항목 미준수는 차하위 등급 부여 • 소위원회와 종합평가위원회에서 심의, 등급 결정 • 재참여, 재평가 과정 운영	• 평가대상 통보 → 기본사항 확인 및 자체점검 → 현장평가 → 종합평가(총 3개월) 대상통보 ⇨ 기본사항 확인, 자체점검 보고서 제출 ⇨ 현장평가 ⇨ 종합평가·결과통보 한국보육진흥원 / 지자체, 어린이집 / 현장관찰자 / 종합평가위원회 • 참여수수료 전액 국가 부담 • 기본사항: 사전점검사항 5개, 위반이력사항 - 사전점검사항 미준수는 D등급 부여, 위반 이력사항 발생 시 차하위 등급 부여 • 소위원회와 종합평가위원회에서 심의, 등급 결정 • 재참여, 재평가 및 요소 미충족 시 A등급 불가 • 재참여, 재평가 과정 폐지
평가 결과	• 4등급(A, B, C, D). D등급 불인증	• 4등급(A, B, C, D)
평가 주기	• (유효기간) 3년(A등급 1년 연장 가능)	• A, B등급 3년 / C, D등급 2년
결과 공표	• 평가 받은 어린이집의 결과 공시 - 평가인증 결과, 인증이력 등 공개	• 전체 어린이집의 결과 공시 - 평가결과, 평가이력 등 공개
사후 관리 및 등급 조정	• 인증 어린이집만 사후관리 - 연차별 자체점검보고서 제출 - 확인점검(무작위, 월 단위 시기 안내) - 확인방문(배우자 및 직계존비속 또는 1년 이상 재직교사로 대표자 변경, 주소 변경) - 인증유효기간 종료 • 법 위반 및 행정처분 발생 시 인증 취소	• 인증 어린이집만 사후관리 - 연차별 자체점검보고서 제출 - 사후방문지원(C, D등급 의무 실시) - 확인점검(평가 관련 민원발생, 법 위반 및 행정처분, 정보공시 부실어린이집 등에 대하여 불시점검) • 평가등급 조정 및 관리 - 법 위반 및 행정처분 발생 시 최하위 등급 조정
결과 활용	• 인증어린이집에 대한 행·재정적 지원	• 평가 등급별 행·재정적 지원 등 • 지도점검 연계(2회 연속 D등급 어린이집)

출처 : 한국보육진흥원(2019)

평가제 주요 평가지표 내용은 다음과 같다.

① 기존 지표 간 항목 수 차이로 나타났던 등급 산정의 불합리성을 해소하고자 지표를

21지표에서 18지표로, 79항목에서 59항목으로 축소하였고, 지표별 평가항목 수를 평균 3~4개로 균형 배치하였다.

② '영유아 안전권리 존중', '놀이' 가치 강조를 통해 영유아 안심 보육 환경을 조성하고자, 영유아 권리 존중(1-1) 지표를 필수지표로 지정하여 그 의미를 강조하고 놀이 중심의 보육과정 운영을 강화하였다. 또한 급·간식 위생 및 안전 항목 중 영유아의 등원부터 하원까지 안전하게 생활하는데 반드시 필요한 필수요소(8개)를 지정하여 필수지표 또는 필수요소 충족이 최상위 등급을 받을 수 있는 필수조건이 되도록 하였다.

③ 보육교직원의 근무여건 개선과 보육에 집중할 수 있는 보육환경 마련을 위하여 보육교직원의 처우, 스트레스 관리 지표를 강조하고 직무역량 제고를 위한 항목을 강화하였다.

4) 현장평가

상시 자체점검을 통해 개선이 필요한 항목은 지속적으로 개선·관리하여야 하며, 특히 문서의 기록 확인이 필요한 지표 항목의 경우, 현장평가월 이전 3개월부터 지속적으로 관리해야 한다. 다만, 1년 단위로 이루어지는 항목의 경우 전년도 문서를 확인할 수 있다.

[예] 신입원아 부모를 위한 오리엔테이션, 건강검진, 교사상담, 지역사회와의 협력 등 평가주간은 매월 24일~25일 어린이집 지원시스템 내 어린이집 평가에 사전 고지하며, 현장평가는 주간 중 사전 고지 없이 해당 주간(월~금)에 방문하게 된다.

(1) 현장평가 시 준비해야 할 서류

평가제는 실내·외 자유놀이 등 일과 전반에서 관찰로 평정되는 지표가 많으며, 관찰을 위한 시간 확보가 필요하다. 관찰 진행을 위해 다음과 같은 서류를 반드시 준비한다.

① 원아 명단은 현장관찰자가 원에 양해를 구하고 평가 당일, 보육통합정보시스템을 통해 출력할 수 있도록 협조한다.

② 어린이집 실내외 배치도는 실제 인가받은 공간과 동일하게 준비

③ 하루일과표 혹은 일일보육계획안(활동에 따른 시간 명시) 준비

④ 보육교직원(원장, 보육교사) 자격증 사본

⑤ 임면사항 관련 서류는 보육통합정보시스템에서 평가 당일 현장관찰자가 직접 출력

할 수 있도록 협조한다(출력물, 임면대장).

⑥ 보육교직원 경력 관련 서류(경력증명서, 직무 및 승급교육 수료증 등)

⑦ 평가관련문서

[예] 보육계획안(연간, 월간, 주간), 보육일지, 식단표 등

※ ①, ②, ③은 현장관찰에서 제출하며, 지표 평정에 필요한 경우 관련 증빙서류(재정관련 거 류 등)에 대한 확인을 요청할 수 있다.

(2) 현장평가 시 주의사항

① 공지된 주간에는 특별한 행사를 계획하지 않아야 하며, 영유아 현원은 정원의 1/4(단, 정원 15명 이하는 3명, 정원 16~20명은 4명) 이상, 현원의 2/3 이상 출석해야 한다. 방과 후 아동은 정원 및 현원 산정에서 제외된다. 평가 당일에 현원·출석기준이 충족되지 않아 관찰이 불가능한 경우 현장평가가 중단되며 추후 불인증 처리한다(종합평가 시 필수 확인 항목에 해당).

② 현장평가 당일 미임용 교직원이 있으면 안 된다.

③ 반 구성 및 영유아 재원사항은 보육통합정보시스템상의 정보와 동일하게 운영해야 하며, 임의로 보육통합정보시스템과 다를 때 '어린이집 운영기준 미준수' 사항에 해당된다.

④ 현장평가 당일 무작위로 2개반을 선정하여 어린이집의 실내외 전체에 대한 관찰이 진행된다. 단, 영유아 모두 재원 시(영아반 2반과 유아반 2반을 무작위 추첨 후 원장이 최종 선정) 영아반과 유아반 1반씩 진행한다.

⑤ 현장평가는 하루 일과 전반에 걸쳐 관찰, 문서 검토, 면담 등의 방법을 통해 진행되며, 어린이집에서는 평가인증지표와 관련하여 확인 대상이 될 수 있는 문서 등을 사전에 준비하여 당일 제시한다.

⑥ 모든 영역의 평가지표 평정을 위한 문서(기록)는 모든 반을 대상으로 확인한다.

⑦ 보육과정 및 상호작용 영역과 관련하여 실내·외 자유놀이 등 일과 전반에서 영유아의 놀이 및 활동, 교사의 상호작용에 대한 관찰이 충분히 이루어질 수 있도록 한다.

⑧ 평정은 가장 수준이 낮은 보육실의 내용과 대상을 기준으로 평정되므로, 모든 반의 보육의 질 관리가 잘 이루어질 수 있도록 준비한다.

⑨ 평가 당일 정원 초과, 보육교직원 허위 임용, 등원 거부, 교구 대여, 인가 공간 무단 도용 등의 허위 사실이 발견된 경우 '불인증'될 수 있으니 주의해야 한다.

⑩ '어린이집 운영기준 미준수' 사유가 발견될 경우 해당 내용을 확인하고, 평가일 이후 해당 지자체의 최종 확인을 거쳐 개선이 완료되어야만 인증결과 발표 대상이 된다.

(3) 현장평가 후 상호 확인

평가 종료 전 어린이집의 원장과 현장 관찰자는 평가에 영향을 미치는 항목에 대해 상호 확인한 후 '현장평가 상호확인서' 양식 하단에 서명하여 작성이 완료되면 복사본을 어린이집에 제공한다.

(4) 참여변동사항 발생 시 주의사항

① 평가인증 참여 중 '참여 확정 월' 이후 아래 참여변동사항 중 어느 하나 이상 발생한 어린이집은 발생 사실을 한국보육진흥원에 반드시 통보해야 한다.

참여변동사항

- 행정처분(영유아보육법 제40조 제2호 및 제3호, 제45조의2, 제46조, 제47조 및 제48조)을 받은 경우
- 평가인증 참여 전후에 어린이집에서 발생한 성폭력, 아동학대, 운영 부조리 등으로 인하여 대표자 및 보 육교직원이 고발 또는 고소되거나 수사, 재판 계류 중에 있는 경우
- 어린이집의 소재지가 변경된 경우
- 어린이집의 대표자가 변경된 경우
- 어린이집이 휴지 또는 폐지된 경우

② 위의 참여변동사항 중 어느 하나라도 발생할 경우 '종합평가 필수 확인 항목'에 해당되어 '불인증'으로 처리되니 어린이집에서는 사유가 발생하지 않도록 주의한다.

종합평가 필수 확인 항목

- 참여 어린이집 또는 시·군·구에서 통보한 '참여변동사항' 중 어느 하나라도 해당될 경우
- 평가인증 진행 일정을 준수하지 않은 경우
- 평가인증과 관련하여 허위 사실이 발견된 경우
- 평가 시 발견한 어린이집 운영기준 개선 필요사항이 종합평가 전일까지 개선되지 않은 경우
- 현장평가일의 현원·출석기준을 충족하지 못하여 현장평가가 진행되지 않은 경우
  * 현장평가 당일에는 영유아 정원의 1/4 이상이 현원으로 재원(다만, 정원 15명 이하는 3명, 정원 16명 ~20명은 4명)하고 현원의 2/3 이상의 출석
- 필수항목 미준수 사례가 발견된 경우

(5) 인증 유효기간 종료

① 어린이집의 대표자가 변경된 경우 : 대표자 변경 전까지 인증 유효

② 어린이집의 운영을 6개월 이상 중단하거나 폐지하는 경우 : 어린이집 휴지 신청 후 6개월이 되는 날 또는 폐지신고일 전일까지 인증 유효

(6) 사후방문지원(컨설팅)

① 평가 결과를 바탕으로 사후방문지원(컨설팅)을 실시하여 어린이집 운영 전반에 대한 질 향상을 지원한다.

② 대상 : 평가 결과 C, D등급을 받은 어린이집은 의무 참여이며, A, B등급 어린이집에서도 희망하는 경우는 신청이 가능하다.

③ 내용 : 평가 결과 개선이 필요한 지표, 보육과정 운영 등 어린이집 운영 전반에 대한 방문 지원, 교육 및 정보 제공 등을 지원한다.

④ 그 외에 민원, 행정처분, 연차별 자체 점검 미준수, 평가제 후 교사 80% 이상 교체된 곳, 정보공시 미준수, 3영역(건강, 안전) 보통 이하 판정받은 어린이집이 대상이다.

4. 평가제 지표 및 평가 기준

1) 평가지표 구성

평가지표는 어린이집의 유형과 규모에 상관없이 4개 영역에 18개 지표, 59개 평가항목으로 구성되어 있다. 또한 문서 검토와 관찰·면담이 이루어진다.

표 9-4 평가지표 영역 및 항목

<table>
<tr><th>구분</th><th colspan="5">평가제</th></tr>
<tr><th>영역</th><th>지표</th><th>항목</th><th>영역</th><th>지표</th><th>항목</th></tr>
<tr><td rowspan="6">1.
보육과정
및
상호작용
(18)</td><td>1-1. 영유아 권리 존중(필수)</td><td>2</td><td rowspan="6">3.
건강·안전
(15)</td><td>3-1. 실내 외 공간의 청결 및 안전</td><td>3</td></tr>
<tr><td>1-2. 보육계획 수립 및 실행</td><td>6</td><td>3-2. 급·간식</td><td>3</td></tr>
<tr><td>1-3. 놀이 및 활동 지원</td><td>3</td><td>3-3. 건강증진을 위한 교육 및 관리</td><td>3</td></tr>
<tr><td>1-4. 영유아 간 상호작용 지원</td><td>4</td><td>3-4. 등·하원의 안전</td><td>3</td></tr>
<tr><td>1-5. 보육과정 평가</td><td>3</td><td>3-5. 안전교육 및 사고예방</td><td>3</td></tr>
<tr><td>소계</td><td>18</td><td>소계</td><td>15</td></tr>
<tr><td rowspan="5">2.
보육환경
및
운영관리
(14)</td><td>2-1. 실내 공간 구성 및 운영</td><td>4</td><td rowspan="5">4.
교직원
(14)</td><td>4-1. 원장의 리더십</td><td></td></tr>
<tr><td>2-2. 실외공간 구성 및 운영</td><td>3</td><td>4-2. 교직원의 근무환경</td><td>3</td></tr>
<tr><td>2-3. 기관 운영</td><td>4</td><td>4-3. 교직원의 처우와 복지</td><td>3</td></tr>
<tr><td>2-4. 가정 및 지역사회와의 연계</td><td>3</td><td>4-4. 교직원의 전문성 제고</td><td>3</td></tr>
<tr><td>소계</td><td>14</td><td>소계</td><td>12</td></tr>
</table>

출처 : 한국보육진흥원(2019)

2) 영역별 세부 평가 항목

(1) 영역 1. 보육과정 및 상호작용

보육과정은 어떤 철학을 가지고 영유아에게 무엇을, 어떻게 경험하게 할 것인가와 이에 대한 평가에 관한 것이다. 어린이집에서는 영유아의 권리 존중을 필수적으로 실천하고, 표준보육과정을 기초로 보육과정 운영에 관한 기준을 세워야 한다. 교사는 보육과정을 운영할 때 영유아의 흥미나 개별적 차이를 파악하여 다양한 보육활동, 놀이, 일상생활 경험 등이 균형 있게 이루어지도록 하고, 영유아의 발달수준과 개인차를 고려하여 민감하고 적절하게 상호작용해야 한다. 영유아 권리 존중, 어린이집의 보육철학과 표준보육과정에 기초한 보육계획 수립 및 실행, 영유아의 놀이 및 활동에 대한 적절한 지원, 영유아 간 상호작용 지원, 보육과정 운영에 대한 평가 등 5개의 지표를 중심으로 평가한다.

평가지표 1-1. 영유아 권리 존중(필수)

	평가항목	Y	N
1	교사는 영유아를 존중한다.		
2	교사는 영유아를 차별 없이 대한다.		

지표 등급	우수	보통	개선 필요	총 2개(Y개수)
	2	1	0	

평가지표 1-2. 보육과정 수립 및 실행

	평가항목	Y	N
1	표준보육과정을 바탕으로 어린이집의 철학을 반영한 보육계획을 수립한다.		
2	영유아가 편안한 분위기에서 일상경험을 할 수 있도록 운영한다.		
3	하루 일과에서 영유아의 자유놀이가 충분히 이루어지도록 한다.		
4	바깥놀이 시간을 매일 충분히 배정하여 운영한다.		
5	특별활동 운영 지침에 따라 운영한다.		
6	(장애영유아)장애영유아를 위한 관련서비스(치료지원 포함)를 일과 중에 통합적으로 제공한다.		

지표 등급		우수	보통	개선 필요	총 6개(Y개수)
	일반	5	3~4	2	
	장애	6	3~5	2	

평가지표 1-3. 놀이 및 활동지원

	평가항목	Y	N
1	교사는 놀이와 활동이 영유아의 자발적 선택에 의해 주도적으로 이루어지도록 격려한다.		
2	교사는 영유아의 놀이 상황을 관찰하면서 놀이와 관련된 상호작용을 한다.		
3	영유아의 다양한 놀이와 활동에 필요한 자료를 제공하다.		

지표 등급	우수	보통	개선 필요	총 3개(Y개수)
	3	2	1	

평가지표 1-4. 교사-영유아 상호작용

	평가항목	Y	N
1	교사는 영유아의 감정에 공감하고 스스로의 감정을 다룰 수 있도록 돕는다.		
2	교사는 영유아가 일상에서 자신의 의견, 생각 등을 또래와 나눌 수 있도록 격려한다.		
3	교사는 영유아가 적절한 약속과 규칙을 지키도록 격려한다.		
4	교사는 영유아 간 다툼이나 문제가 발생할 경우 다양한 해결방식을 사용한다.		

지표 등급	우수	보통	개선 필요	총 4개(Y개수)
	4	2~3	1	

평가지표 1-5. 보육과정평가

	평가항목	Y	N
1	반별 보육과정일지에 하루일과 및 놀이실행에 대해 평가한 내용이 있고, 필요한 경우 평가 내용을 다음 보육계획에 반영한다.		
2	개별 영유아의 일상생활, 실내외놀이 및 활동에 대한 관찰 내용을 기록하고, 영유아의 발달특성과 변화를 평가한다.		
3	원장은 각 반별 보육 운영에 대한 평가를 통해 어린이집 전체 보육과정 운영을 파악하고 있다.		

지표 등급	우수	보통	개선 필요	총 3개(Y개수)
	3	2	1	

(2) 영역 2. 보육환경 및 운영관리

어린이집의 실내·외 놀이 공간, 시설 및 설비는 영유아의 연령 및 발달수준, 흥미와 요구에 적합하고, 영유아의 놀이 및 활동, 일상생활을 지원하도록 구성되어야 한다. 또한 각 어린이집에서 실시하고 있는 보육프로그램이 잘 운영될 수 있도록 구성하여야 한다. 어린이집은 운영계획 수립, 원아관리 등 정해진 규정이나 지침에 따라 체계적으로 운영되어야 하며, 가족 및 지역사회와 협력적인 관계를 맺음으로써 영유아가 자신을 둘러싼 환경을 긍정적으로 인식하고 생활할 수 있도록 지원하여야 한다. 실내 공간구성 및 운영, 기관 운영, 가정 및 지역사회와의 연계 등 총 4개의 지표를 중심으로 평가한다.

평가지표 2-1. 실내 공간 구성 및 운영

	평가항목	Y	N
1	보육실 내 흥미영역 또는 놀이영역은 영유아의 연령 및 발달 특성을 고려하여 충분한 영유아의 놀이와 연계하여 구성한다.		
2	실내 시설 및 설비가 영유아의 발달 수준에 적합하다.		
3	영유아의 요구를 충족하는 보육실 이외의 별도의 공간을 마련하고 있다.		
4	비품과 활동자료를 보관하는 별도의 공간이 있고 체계적으로 정리하고 있다.		

지표 등급	우수	보통	개선 필요	총 3개(Y개수)
	3	2	1	

평가지표 2-2. 실외 공간 구성 및 운영

	평가항목	Y	N
1	옥외놀이터 등을 구비하고 있다.		
2	영유아 발달을 지원하는 다양한 놀이 및 활동자료가 준비되어 있다.		
3	영유아의 발달에 적합한 다양한 바깥놀이 및 활동이 이루어진다.		

지표 등급	우수	보통	개선 필요	총 3개(Y개수)
	3	2	1	

평가지표 2-3. 기관 운영

	평가항목	Y	N
1	모든 반을 편성 규정에 맞게 운영하고 있다.		
2	어린이집 운영계획을 수립하여 부모에게 안내한다.		
3	신규 보육교직원에게 오리엔테이션을 실시하고 있다.		
4	신입 영유아 적응을 위한 지원을 하고 있다.		

지표 등급	우수	보통	개선 필요	총 4개(Y개수)
	4	2~3	1	

평가지표 2-4. 가정 및 지역사회와의 연계

	평가항목	Y	N
1	어린이집을 개방하여 다양한 부모참여와 교육이 이루어진다.		
2	평소 가정과 다양한 방법으로 소통하고 정기적인 개별면담을 통해 가족을 지원한다.		
3	지역사회와 연계한 다양한 활동을 실시하고 있다.		

지표 등급	우수	보통	개선 필요	총 3개(Y개수)
	3	2	1	

(3) 영역 3. 건강·안전

영유아가 어린이집에서 건강하고 안전하게 생활할 수 있도록 지원하는 것은 기본적인 권리와 삶을 보장하는 필수 요건이다. 영유아의 건강과 안전은 신체적 상해 없이 건강하게 보호되는 것을 말하지만, 궁극적으로는 방임, 학대 등과 같은 정서적 문제로부터도 안전하게 보호되는 것을 포함한다. 실내·외 공간의 청결 및 안전, 급·간식, 건강증진을 위한 교육 및 관리, 등·하원 안전, 안전교육과 사고예방 등 총 5개 지표를 중심으로 평가한다.

평가지표 3-1. 실내외 공간의 청결 및 안전

	평가항목	Y	N
1	교사는 영유아는 출석을 확인하며 인계규정에 따라 귀가지도를 한다.		
2	영유아는 등원부터 하원까지 성인의 보호 하에 있다.		
3	등·하원용 차량을 운행할 경우 안전요건을 갖추어 관리한다.		

지표 등급	우수	보통	개선 필요	총 3개(Y개수)
	3	2	1	

평가지표 3-2. 급·간식

	평가항목	Y	N
1	영양의 균형을 고려한 급·간식을 제공하고 있다.		
2	식자재의 구입·보관 및 조리공간을 위생적으로 관리하고 있다.		
3	조리 및 배식과정을 청결하고 위생적으로 관리하고 있다.		

지표 등급	우수	보통	개선 필요	총 3개(Y개수)
	3	2	1	

평가지표 3-3. 건강 증진을 위한 교육 및 관리

	평가항목	Y	N
1	손 닦기, 양치질 등 청결한 위생습관을 실천한다.		
2	교사는 영유아의 건강상태를 살펴보고 적절하게 지원한다.		
3	영유와 교육원의 건강 증진을 위한 예방관리와 교육을 실시한다.		

지표 등급	우수	보통	개선 필요	총 3개(Y개수)
	3	2	1	

평가지표 3-4. 등·하원의 안전					
평가항목				Y	N
1	교사는 영유아는 출석을 확인하며 인계규정에 따라 귀가지도를 한다.				
2	영유아는 등원부터 하원까지 성인의 보호하에 있다.				
3	등·하원용 차량을 운행할 경우 안전요건을 갖추어 관리한다.				
지표 등급	우수	보통	개선 필요	총 3개(Y개수)	
	3	2	1		

평가지표 3-5. 안전교육 및 사고 예방					
평가항목				Y	N
1	실내외 공간을 청결하고 쾌적하게 관리하고 있다.				
2	실내외 공간과 설비를 위험요인 없이 관리한다.				
3	실내외 공간의 놀잇감 및 활동자료와 위험한 물건을 안전하게 관리한다.				
지표 등급	우수	보통	개선 필요	총 3개(Y개수)	
	3	2	1		

(4) 영역 4. 교직원

교직원의 역량은 보육서비스 질에 큰 영향을 미치는 요인이므로 원장은 자신과 보육교사의 전문성을 향상하고, 보육교직원이 안전적으로 근무할 수 있는 환경을 미련해 주어야 한다. 보육교직원의 직무, 경력과 역량 등을 고려한 체계적인 교육, 성인용 공간 및 설비 마련, 스트레스 경감을 위한 기회 제공, 적절한 처우 및 복지 제공 등 보육교직원을 배려하는 근무환경 조성은 보다 우수한 수준의 보육서비스를 제공할 수 있도록 한다. 원장의 리더십, 보육교직원의 근무환경, 보육교직원의 처우와 복지, 보육교직원의 전문성 제고 등 총 4개 지표를 중심으로 평가한다.

평가지표 4-1. 원장의 리더십

	평가항목	Y	N
1	원장은 자신의 전문성 향상을 통해 어린이집 발전에 기여한다.		
2	원장은 보육교직원을 존중한다.		
3	원장은 건전한 조직문화 조성을 위해 노력한다.		

지표 등급	우수	보통	개선 필요	총 3개(Y개수)
	3	2	1	

평가지표 4-2. 교직원의 근무환경

	평가항목	Y	N
1	보육교사를 위한 별도 공간을 마련하고 있다.		
2	보육교사를 위한 개인사물함과 업무지원 설비를 마련하고 있다.		
3	성인용 화장실을 영유아용과 별도로 설치하여 사용하고 있다.		

지표 등급	우수	보통	개선 필요	총 3개(Y개수)
	3	2	1	

평가지표 4-3. 교직원의 처우와 복지

	평가항목	Y	N
1	보육교직원 복무와 보수에 관한 규정이 있으며, 이를 준수하고 있다.		
2	교사의 직무스트레스를 예방하고 관리할 수 있는 서비스를 안내 및 제공한다.		
3	보육교직원을 위한 복지제도를 운영하고 있다.		

지표 등급	우수	보통	개선 필요	총 3개(Y개수)
	3	2	1	

평가지표 4-4. 교직원의 전문성 제고

	평가항목	Y	N
1	보육교직원의 전문성 제고를 위한 다양한 교육 기회를 부여하고 있다.		
2	교사의 상호작용에 대한 관찰과 지원을 실시하고 있다.		
3	교사에 대한 근무평가를 실시하고 있다.		

지표 등급	우수	보통	개선 필요	총 3개(Y개수)
	3	2	1	

CHAPTER

10

평가제 평가지표 영역

1. 1영역 : 보육과정 및 상호작용
2. 2영역 : 보육환경 및 운영관리
3. 3영역 : 건강·안전
4. 4영역 : 교직원

10
평가제 평가지표 영역

1. 1영역 : 보육과정 및 상호작용

보육과정은 영유아 권리 존중, 어린이집의 보육철학과 표준보육과정에 기초한 보육계획 수립 및 실행, 영유아의 놀이 및 활동에 대한 적절한 지원, 영유아간 상호작용 지원, 보육과정 운영에 대한 평가 등 5개의 지표를 중심으로 평가한다.

*평가지표와 평가기준(수록된 서식은 CD 1영역 참고)

1-1 (필수) 영유아 권리 존중

영유아는 신체적, 정신적으로 발달하는 과정에 있기 때문에 영유아기의 발달적 특성을 고려하여 적절한 법적 보호를 비롯한 특별한 보호와 배려가 필요하다. 교사가 공감과 인정, 격려를 통해 개별 영유아를 하나의 인격체로 존중하는지, 영유아의 다양한 배경 및 조건을 차별 없이 대하는지를 평가한다.

지표	평가항목	평가방법	결과
1-1-1	교사는 영유아를 존중한다.	관찰	①-④충족-Y

① 교사는 영유아의 개별적 요구나 질문을 주의 깊게 듣고 적절하게 반응함

② 교사는 영유아가 이해할 수 있는 내용으로 마주보며 이야기함

③ 교사는 안정과 격려를 통해 영유아의 말과 행동, 생각 및 감정을 지지함

④ 교사는 위협, 비난, 조롱 등 부정적 언어를 사용하지 않음

Tip 위협, 비난, 조롱, 부정적인 평가 언어의 상호작용 (예)

	교사의 부정적 상호작용	영유아의 생각과 느낌
위협	•"그렇게 정리 안하면 선생님이 그 장난감 치워버릴거야!" •"수민이! 그렇게 자꾸 울면 애기니까 기저귀 차는 병아리 반으로 보낸다." •"자꾸 그렇게 떠드는 사람은 이 활동 못할 거에요!"	'선생님이 정말 날 00반으로 보낼 건가봐!' (두려움, 공포, 불안 등)
비난	•"그러니까 자기 물건은 스스로 챙겼어야지요. 니가 안 챙겨서 잃어버린 거잖아." •"너 김치 먹기 싫어서 이렇게 많이 흘린 거지?" •"니가 자꾸 그러니까 친구들이 너랑 놀기 싫어하는 거야."	'내가 일부러 그런 건 아닌데..../ 내가 이상해서 친구들이 싫어하는 건 가봐' (억울함, 자기비난, 위축 등)
조롱	•"다 커서 누가 이렇게 바지에 쉬를 싸니!" •"말로 못하고 울기만 하다니, 우리반에 동생반 친구가 왔나 보네." •"조리사님~ 이 친구는 밥 먹기 싫어서 계속 입에 물고 있대요."	'친구들이 나를 동생 같다고 생각하겠지' (창피함, 수치심 등)
부정적 평가	•"다 했다더니 이게 다 한 거야?" •"무슨 그림인지 도대체 못 알아보겠다." •"틀렸잖아. 아까 선생님이 다 설명해 줬는데."	'나는 뭐든지 잘 못하나 봐' (자신감 상실, 위축 등)

교사 - 영아 상호작용 체크 문항	평가	지도
4. 교사는 칭찬과 격려로 영아에게 자신감을 주고 영아에게 위협, 비난, 조롱 등 부정적 언어를 사용하지 않는다. • 교사는 영아의 요구나 질문에 대해 미소, 고개 끄덕이기 등의 따뜻하고 긍정적인 비언어적 상호작용을 한다. • 교사는 영아와의 언어적 상호작용 시에 격려, 인정, 수용 등의 긍정적인 표현을 한다. • 교사는 영아가 어려운 일을 시도할 때 구체적인 행동을 언급하여 격려한다. • 교사는 영아에게 위협, 비난, 조롱 등의 부정적인 언어를 사용하지 않는다. • 교사는 영아의 행동을 제지하거나 통제할 필요가 있을 때 상황을 객관적으로 설명하며 영아가 해야 할 구체적인 행동을 분명하게 설명한다.		

교사 - 유아 상호작용 체크 문항	평가	지도
4. 교사는 칭찬과 격려로 유아에게 자신감을 주고 유아에게 위협, 비난, 조롱 등 부정적 언어를 사용하지 않는다. • 교사는 유아의 요구나 질문에 대해 미소, 고개 끄덕이기 등의 따뜻하고 긍정적인 비언어적 상호작용을 한다. • 교사는 유아와의 언어적 상호작용 시에 격려, 인정, 수용 등의 긍정적인 표현을 한다. • 교사는 유아가 어려운 일을 시도할 때 구체적인 행동을 언급하여 격려한다. • 교사는 유아에게 위협, 비난, 조롱, 등의 부정적인 언어를 사용하지 않는다. • 교사는 유아의 행동을 제지하거나 통제할 필요가 있을 때 상황을 객관적으로 설명하며 유아가 해야 할 구체적인 행동을 분명하게 설명한다.		

CD 1-1-1

지표	평가항목	평가방법	결과
1-1-2	교사는 영유아를 차별 없이 대한다.	관찰	①-② 충족-Y

① 교사는 영유아의 사회·경제적 지위, 문화적 배경, 종교, 인종, 성별, 신체적 능력에 대해 차별적인 말과 행동을 하지 않음

② 교사는 영유아의 외모, 옷차림, 성격, 행동 등을 평가하지 않음

교사 - 영아 상호작용 체크 문항	평가	지도
1. 교사는 신체적 특성, 가족 및 민족 배경 등으로 인한 편견 없이 모든 영아를 존중한다. • 교사는 영아를 개별적으로 주의 깊게 관찰한다. • 교사는 영아의 사회경제적 배경, 종교, 인종, 성별, 신체적 능력, 생김새와 관계없이 평등하고 일관성 있는 말과 행동으로 유아를 대한다. • 교사는 영아의 성별에 따라 다르게 대하거나 놀잇감을 성별을 구분해서 제공하지 않는다. • 교사는 영아의 외모, 성격, 옷차림 등을 비난하거나 부정적으로 평가하지 않는다. • 교사는 영아의 다양성을 인정하고 차별하거나 무시하지 않는다.		
교사 - 유아 상호작용 체크 문항	**평가**	**지도**
1. 교사는 신체적 특성, 가족 및 민족 배경 등으로 인한 편견 없이 모든 유아를 존중한다. • 교사는 유아를 개별적으로 주의 깊게 관찰한다. • 교사는 유아의 사회경제적 배경, 종교, 인종, 성별, 신체적 능력, 생김새와 관계없이 평등하고 일관성 있는 말과 행동으로 유아를 대한다. • 교사는 유아의 성별에 따라 다르게 대하거나 놀잇감을 성별을 구분해서 제공하지 않는다. • 교사는 유아의 외모, 성격, 옷차림 등을 비난하거나 부정적으로 평가하지 않는다. • 교사는 유아의 다양성을 인정하고 차별하거나 무시하지 않는다.		

Tip

보육교사의 영유아 권리 존중 보육의 실행수준 체크리스트

⑤ 항상 그렇다. ④ 그런 편이다. ③ 보통이다. ② 그렇지 않은 편이다. ① 절대 그렇지 않다.

하위영역	번호	문항	⑤	④	③	②	①
등원	1	나는 영유아의 등원 시, 눈을 맞추고 반갑게 맞이한다.					
	2	나는 영유아와 즐겁게 대화하며 지도한다.					
정리	3	나는 영유아가 놀이나 활동을 중단하기 전에 예고 시간을 여러 번 꼭 알려준다.					
배변활동	4	나는 언제든 영유아가 자유롭게 화장실을 갈 수 있도록 한다.					

(계속)

하위영역	번호	문항	⑤	④	③	②	①
배변활동	5	나는 영유아가 물을 마시고 싶을 때 언제든지 마시도록 한다.					
소집단활동	6	나는 영유아 자신의 의견을 언제든지 말할 수 있도록 한다.					
	7	나는 영유아의 어떠한 이야기(엉뚱한 소리)에도 진지하게 듣는다.					
	8	나는 다수 및 소수 영유아의 이야기를 들어준다.					
자유놀이	9	나는 자유놀이 시간에 영유아가 자유롭게 이동할 수 있도록 한다.					
	10	나는 영유아의 개별적 욕구나 질문에 주의를 기울이고, 눈을 맞추면서 이야기 한다.					
	11	나는 또래 간 상호작용을 자주 격려한다.					
	12	나는 영유아의 놀이 상대로 참여한다.					
점심	13	나는 영유아가 원하는 식사량만큼 배식한다.					
	14	나는 영유아가 먹고 싶지 않은 음식은 강요하지 않는다.					
	15	나는 영유아에게 점심을 빨리, 다 먹으라고 재촉하지 않는다.					
낮잠	16	나는 정해진 낮잠시간에 맞추어 과도하게 재우고 깨우지 않는다.					
	17	나는 영유아가 쉬고 싶다고 할 때, 언제든지 쉴 수 있도록 지도한다.					
특별활동	18	나는 특별한 활동(현장학습, 운동회, 발표회 등)에서 영유아의 의견에 귀 기울인다.					
	19	나는 역할 및 순서를 정할 때 영유아들이 정하도록 안내 및 지원한다.					
자율성 존중	20	나는 교실의 규칙을 정할 때 영유아들과 이야기한다.					
	21	나는 영유아의 자리를 정해주지 않고 이야기나누기 시간, 간식 및 점심시간, 활동 시간에 자유롭게 앉고 싶은 자리에 앉도록 한다.					
	22	나는 영유아의 개별적인 의견을 들어준다.					
	23	나는 영유아가 하고 싶지 않은 활동은 하지 않도록 한다.(예: 놀이, 그림 그리기, 만들기 등)					
의사존중	24	나는 영유아에게 질문을 할 때 영유아가 충분히 생각할 수 있는 시간을 준다.					
	25	나는 영유아의 발달 상태에 맞게 상호작용을 한다.					
	26	나는 영유아가 원하는 재료를 사용하여 작품 활동을 할 수 있도록 한다.					
	27	나는 만들거나 그리기 활동 등을 영유아의 생각대로 자유롭게 하도록 한다.					
	28	나는 영유아의 몸짓이나 표현을 주의 깊게 살핀다.					
	29	나는 영유아의 요구와 질문에 적절하게 반응한다.					
개별성 존중	30	나는 영유아의 개별적인 실수와 평가를 다른 사람에게 이야기 하지 않는다.					

(계속)

하위영역	번호	문항	⑤	④	③	②	①
개별성 존중	31	나는 영유아에 관한 개인정보를 어떠한 이유로도 다른 사람에게 이야기하지 않는다.					
	32	나는 영유아의 잘못된 행동에 꾸지람을 주기 전에 영유아의 설명이나 이유를 물어본다.					
	33	나는 발표, 줄서기, 자리에 앉을 대 나름대로 기준이나 순서를 정해 영유아들을 호명하지 않는다. (예: 예쁘게 앉은 친구부터)					
	34	나는 영유아의 성별 및 발달특성에 따라 대하는 것이 다르지 않다.					
	35	나는 학부모의 사회적 지위나 배경에 따라 영유아를 대하는 것이 다르지 않다.					
	36	나는 영유아의 외모, 옷차림, 스타일에 따라 대하는 것이 다르지 않다.					
	37	나는 매일 하루 일과에 대해 영유아에게 알려준다.					

CD 1-1-2

1-2 보육계획 수립 및 실행

영유아가 어린이집에서 양질의 경험을 하기 위해서는 표준보육과정, 어린이집의 철학, 영유아의 흥미와 요구가 반영된 보육계획이 수립되어야 한다. 따라서 표준보육과정을 바탕으로 어린이집의 철학을 반영한 계획을 수립하였는지, 영유아가 편안한 분위기에서 일상 경험을 할 수 있도록 운영하는지, 하루일과에서 자유놀이 및 바깥놀이 시간을 매일 충분히 운영하는지, 특별활동은 지침에 따라 운영하고 있는지를 평가한다.

지표	평가항목	평가방법	결과
1-2-1	표준보육과정을 바탕으로 어린이집의 철학을 반영한 보육계획을 수립한다.	기록, 면담	충족-Y

① 표준보육과정과 어린이집의 철학을 반영하여 연간보육계획을 수립함

보육철학(목표)

보육과정 구성의 출발점 및 영유아를 바라보는 관점에서 영유아의 발달적 특성, 사회문화적 가치관 등을 토대로 어린이집에서 보육철학(목표)을 설정하여 보육의 방향을 구성하고 질 높은 보육과정을 실천하기 위한 기초가 된다. 또한 보육철학(목표)을 바탕으로 연간보육계획이 수립되어야 한다.

② 영유아의 흥미와 요구를 반영한 월간 또는 주간 또는 일일보육계획을 반별로 수립함

- '무엇을 가르칠까, 어떻게 놀이할까?'에 대한 내용으로 사전에 영유아의 흥미·관심·발달 수준, 사전 경험, 지역적 특성, 계절적 요인, 교수학습 방법, 물리적 환경구성, 가정과의 협력 등도 고려하여 월간 또는 주간, 일일보육계획안을 수립한다.

Tip 일일 보육일지 예

결제	담임	원장

○○ 반 일일 보육일지 (만 세)

일과			월	화	수	목	금	실행평가 월	화	수	목	금
주제								201 년 월 일 - 일				
소주제												
활동목표												
일과			활동계획					실행평가 (0.X.확장.심화.축소 대체.포기)				
등원 및 맞이하기 (: - :)			등원 길에 본 것 이야기하기									
간식 및 배변활동 (: - :)												
자유놀이	쌓기		새로 만든 골목길	-------->	우리 동네 건물을 설계하자	----------	-------->			확장		
자유놀이	역할		--->(지난 주 연계활동 명)	건강 도시락을 만들어요	-------->	손님들을 생각하는 음식점	-------->					
오전 :	언어		사진에 나오는 우리 동네를 전지에 그려요	-------->	우리 동네에서 본 건물을 찰흙으로 만들어요	-------->	하드보드지로 건축물을 꾸며요				확장	
오후 :	감각·탐색	미술	북적북적 우리 동네가 좋아 이야기를 녹음해서 들어요	-------->	우리 동네에서 가져온 것들로 책을 만들어요	간판 사진과 같은 짝 모두 나와라	-------->		확장			
	감각·탐색	탐색	--->(지난 주 활동명)	친구들아 인터넷에서 우리 동네가 다 보여	OHP기 기위에 블록으로 길을 구성해요	-------->	우리 동네 모여라 그래프					심화

(계속)

		음률동작	--->(지난주 활동명)	아주 다양한 '우리 동네' 노래 듣고 부르기	-------->	일하는 모습을 따라 해봐요	-------->			축소		
	안전교육											
	기본생활											
	사회관계 증진											
전이활동 정리정돈 및 배변활동 (: - :)												
실외활동(대체활동) (: - :)											대체	
손 씻기 점심 및 낮잠(휴식) (: - :)												
배변활동 및 간식 (: - :)												
귀가 및 가정과의 연계 (: - :)												

CD 1-2-1

지표	평가항목	평가방법	결과
1-2-2	영유아가 편안한 분위기에서 일상경험을 할 수 있도록 운영한다.	관찰	①-④충족-Y

① 등원 시 영유아를 반갑게 맞이하고, 하원 시 안정된 분위기에서 귀가하도록 지도함

- 교사는 영유아가 등원할 때 이름을 부르거나 미소로 반갑게 맞이하고, 부모와 급하게 헤어지지 않도록 기다려 주고 영유아의 마음을 공감해 주며, 일부 영유아가 귀가를 시작하더라도 교사는 남아 있는 영유아들이 편안하고 안정적인 분위기에서 시간을 보낼 수 있도록 자연스럽게 일과를 진행한다.

Tip

교사가 영아에게 긍정적 신호의 예

미소, 끄덕임, 부드러운 시선 주기, '○○를 좋아하는 구나', '○○를 해 보고 싶구나', '~를 해보고 싶었어?' 등의 언어적 표현하기

교사가 유아의 호기심과 동기유발이 지속되지 못하게 하는 상황(예)

유아가 파란색 물과 노란색 물을 섞어 색깔이 혼합되는 과정에 흥미를 보이며 반복하려 할 때, 유아의 호기심을 유지하기보다 '노랑하고 파랑이랑 섞으니 초록이 되었지?'와 같이 주입식으로 지식을 확인하거나, 현재 유아의 관심과 관계없이 '노랑과 파랑은 해봤으니까 이제 다른 색 할까?', '○○이는 해봤으니 이번에는 기다리는 친구에게 양보하자'라고 하는 등 활동을 교사 주도적으로 진행하거나 종료함

② 식사와 간식 시간에 서두르지 않고 편안히 먹을 수 있도록 지도함

- 개인 영유아의 연령, 식습관, 식사 속도, 식사량 등을 고려하고 편안하고 즐거운 분위기에서 먹을 수 있도록 지도하며, 칭찬과 격려로 긍정적인 방법으로 식사예절도 지도 한다.

유아

- 연령 및 발달수준에 따라 교사가 도와줄 것인지 스스로 먹도록 할 것인지 판단하여 지도한다.

영아

- 새로 접해 보는 음식이 있을 수 있으므로 적응할 시간을 충분히 주고, 먹는 속도를 고려하여 융통성 있게 반응한다.

Tip

일괄적으로 국에 밥을 말아 주지 않고 연령에 적합한 식사도구를 제공하여야 한다.

③ 영유아의 연령(월령)과 준비 정도, 개인차를 고려하여 배변 경험이 개별적으로 일관되게 이루어지도록 지도함

유아

- 화장실 사용 시 유아의 준비 정도를 고려하여 도움 제공하고, 청결습관 형성 및 올바른 화장실 사용방법을 유아의 속도에 맞추어 익힐 수 있도록 지도한다.

만 2세 영아

• 배변 훈련에 개인차가 있으므로 긍정적인 배변 경험이 되도록 가정과 연계하여 일관성 있게 지도한다.

만 0~1세 영아

• 기저귀를 갈 때 영아의 눈을 맞추고 대화를 시도하며 다리 주무르기 등 신체 자극을 주고, 배변 활동을 자연스러운 놀이처럼 진행하여 편안하고 즐거운 분위기를 조성한다.

④ 영유아의 개별적 특성에 맞게 편안하게 잠들 수 있는 환경과 분위기를 마련해 줌

• 만 3세 이하의 종일반 영유아는 일과 중 반드시 낮잠을 잘 수 있는 환경과 분위기를 조성하여 계획, 실행한다.

* 만 4세 이상 유아가 필요시 낮잠(또는 휴식)시간을 운영한다.

• 영유아의 개별적인 낮잠 습관을 수용하고, 잠을 못 이루는 영유아에게 조용한 활동을 할 수 있도록 지도하며 교사는 영유아가 낮잠을 자는 동안 자리를 비우지 않고, 안전한 낮잠 시간이 되도록 운영한다.

지표	평가항목	평가방법	결과
1-2-3	하루 일과에서 자유놀이가 충분히 이루어지도록 한다.	관찰, 기록	①-② 충족-Y

① 매일 실내 자유놀이 시간을 기준시간 이상으로 배정하여 운영함

• 영유아가 자신이 좋아하는 놀이나 활동을 자발적으로 선택하여 충분히 경험할 수 있도록 하루 중 오전, 오후를 합쳐 2시간 이상 자유놀이시간을 운영한다.

Tip

• 전이활동을 제외한 오전 1시간 이상은 연속적으로 운영하여야 한다.

• 자유놀이 시간에 대한 평정은 해당 반 영유아 현원의 50% 이상 등원한 시점부터 시작하여 기준시간 내에서 오전 1시간 이상은 연속적으로 운영되어야 함

• 프로그램의 특성상 바깥놀이 위주로 운영하는 어린이집의 경우, 실외 자유놀이를 오전, 오후를 합쳐 2시간 이상 운영한다.

Tip
- 이때 바깥놀이 시간은 별도로 산정함
- 바깥놀이 : 실외 자유놀이, 산책, 텃밭 가꾸기 등
- 실외 자유놀이란? 영유아가 자발적으로 선택하고 주도하는 놀이와 활동을 의미하며, 실외에서 이루어지는 교사 주도의 대집단 활동, 행사 등은 실외 자유놀이에 포함되지 않음

② 일과를 시간 단위로 분절하여 교과목 형태의 활동을 진행하지 않음

- 하루 일과가 교과목 형태로 분절되지 않고, 영유아의 흥미와 요구에 맞게 자유놀이 중심으로 이루어진다.

지표	평가항목	평가방법	결과
1-2-4	바깥놀이 시간을 매일 충분히 배정하여 운영한다.	관찰, 기록	충족-Y

- 바깥놀이에는 실외 자유놀이, 산책, 텃밭 가꾸기, 물·모래놀이 등이 포함된다.
  - 영아 : 만 0세는 주 3회, 30분 이상 / 만 1, 2세는 매일 30분 이상
  - 유아 : 매일 1시간 이상
  - 장애아전문 : 주 1회 이상(장애유형, 장애 정도, 발달수준에 따라 융통성 있게 운영)
- 날씨(한파, 폭염)와 기상현상(황사, 미세먼지 등)으로 인해 바깥놀이를 진행할 수 없을 경우 융통성 있게 실내 대체활동을 마련하여 운영한 내용을 보육일지 등에 기록되어 있다.
  - 실내 대체활동은 대근육 활동으로 진행하되, 일부 자유놀이로 진행한 경우도 인정한다.

계절 및 날씨 관련 놀이 활동 기준

1. 황사 및 미세먼지일 때 놀이 기준
   - 황사 및 미세먼지 경보에 주의를 기울인다.
   - 예측농도 약간 나쁨 : 81~120㎍/㎥ 장시간 실외활동 자제한다.
   - 예측농도 나쁨 : 121~200㎍/㎥ 무리한 실외활동을 자제하고 대체활동으로 한다.
   - 예측농도 매우 나쁨 : 201~300㎍/㎥ 실내놀이로 대체하여 활동한다.
   - 실외활동 시에는 보호안경, 마스크, 모자 등을 착용하고, 긴 소매의 옷을 입도록 한다.
   - 실외활동 후에는 손과 발을 씻도록 한다. 특히 미지근한 물로 눈을 헹구어 주고, 양치질 등으로 입 안도 깨끗이 해준다.

2. 오존예보 놀이 기준
- 봄, 여름철 햇빛이 강한 오후 2~3시에 가장 많이 발생하므로 오후 2~3시까지의 실외활동은 자제한다.
- 예측농도 보통 : -0.041~0.080ppm 실외활동 및 과격운동을 자제한다.
- 예측농도 나쁨 : -0.081~0.300ppm 장시간 실외활동 및 학습을 자제한다.
- 예측농도 매우 나쁨 : -0.301~0.500ppm 실내놀이로 대체하여 활동한다.

3. 폭염일 때 놀이 기준
- 영유아들이 최대한 햇빛 노출을 피하도록 한다.
- 오전 11시~오후 4시의 야외 활동은 자제한다.
- 실외(야외)활동이 '꼭' 필요하다면 오전 11시~오후 4시의 가장 더운 시간대를 피하고 가급적 30분을 넘지 않도록 한다.
- 실외활동(야외활동) 시 그늘막을 처서 놀이할 수 있도록 하고, 충분한 물을 준비하여 영유아들이 규칙적으로 물을 마실 수 있도록 한다.
- 햇볕이 강하고 더운 시간대에 영유아가 실외놀이나 물놀이를 장시간 할 경우 노출 부위는 선크림 등 자외선 차단제를 발라 피부를 보호한다.

4. 비가 올 때 놀이 기준
- 비가 많이 내리는 날씨에는 산책을 할 경우 영유아는 필요에 따라 우산, 비옷, 장화 등을 갖추도록 지도한다.
- 우산은 투명하여 넓은 시야를 확보 할 수 있는 것으로 한다.

5. 추운 겨울일 때 놀이 기준
- 실외놀이를 할 때 영유아는 따뜻한 겉옷과 장갑 등을 갖추도록 지도한다.
- 노출 부위를 따뜻하게 하고, 특히 머리 부분이 따뜻하도록 모자나 귀마개, 목도리 등을 착용한다.
- 무리한 놀이로 인해 피로가 누적되지 않도록 한다.

CD 1-2-4

Tip

일과	활동계획	월	화	수	목	금
실외 활동(대체 활동) (11:00~11:40)	바깥놀이: 바깥에서 안전하게 놀이해요. 대체활동: 한 발, 두 발로 높이 점프해요.	○	대체	○	○	○

지표	평가항목	평가방법	결과
1-2-5	특별활동은 운영 지침에 따라 운영한다.	관찰, 기록	미실시 Y ①-③ 충족-Y

① 특별활동은 24개월 이상 영유아를 대상으로 부모동의서를 받은 영유아에 한해서만 별도로 제공하고 있음

- 18개월 이상, 24개월 미만의 영유아가 24개월 이상의 영유아와 함께 보육을 받을 경우 부모 희망에 따라 운영위원회 심의 거쳐 예외적으로 실시할 수 있다.

- 기술연마(예 : 태권도, 수영, 축구, 발레 등)를 목적으로 하는 활동, 지식 습득 위주의 활동은 지역사회와 연계하여 진행하더라도 특별활동으로 평정한다.

② 특별활동에 참여하지 않는 영유아를 대상으로 표준보육과정에 기초한 자유놀이 등을 운영하고 있음

③ 특별활동은 오후에 운영됨

Tip

부모동의서 필수 기재사항 : 프로그램명, 영유아 이름, 부모 성명(서명)

특별활동프로그램 참여

영유아 기본 정보

영유아명	(□ 남 □ 여)	반명	
생년월일		혈액형	
주소			
보호자	성명	관계	연락처

특별활동프로그램						참여 여부
구분	내용	실시 횟수	요일	운영시간	비용(원)	
		주 회		~		□ 참여 □ 미참여
		주 회		~		□ 참여 □ 미참여

※ 특별활동에 참여하지 않는 영유아에 대해서는 대체 프로그램을 마련하여 진행함

20 년 월 부모: (인)

CD 1-2-5

Tip

특별활동 보육일지 기록 예

일과	활동계획	월	화	수	목	금
특별활동 14:30~15:00	놀이체육(화): 보드 위에서 중심잡기 오감활동(금): 무지개 애벌레		○			○

지표	평가항목	평가방법	결과
1-2-6	(장애영유아) 장애영유아를 위한 관련 서비스(치료지원 포함)를 일과 중에 통합적으로 제공한다.	기록	①-② 충족-Y

① 장애영유아를 위한 관련 서비스(치료지원 포함)를 계획, 제공하고 있음

- 장애영유아는 장애유형, 장애 정도, 발달수준에 따라 개별화 보육계획안이 마련되어 있고, 개별화 보육목표가 포함된 보육과정을 운영하되, 장애유형, 장애 정도, 발달수준을 고려하여 실행된 내용이 반별 보육일지 등에 기록되어 있다.

  *개별화 보육계획안은 장애영유아의 현행 수준, 장단기 보육목표, 평가계획 및 부모 동의 등으로 구성

② 장애영유아를 위한 관련 서비스(치료지원 포함)를 장애영유아가 속해 있는 반의 일과와 연계하거나 일과 내에서 제공하고 있음

- 장애영유아를 위한 관련 서비스(치료지원 포함)가 실제로 통합적으로 제공된다.
- 기록 확인자료 : 주간(또는 일일) 보육계획안, IEP(개별화 교육계획안), 보육일지 등

Tip 단, 특수교사 및 장애영유아를 위한 보육교사가 배치되어 있는 경우에 한하여 평가한다.

1-3 놀이 및 활동지원

모든 놀이와 활동은 영유아 스스로의 선택에 의해 이루어질 때 의미 있는 경험이 될 수 있으므로, 교사는 영유아의 자발성을 인정하여야 한다. 교사가 영유아의 놀이와 활동의 주체가 영유아임을 인식하고, 영유아가 주도적으로 자신의 놀이와 활동을 이끌어 나가도록 지원한다. 교사가 영유아의 놀이와 활동이 자발적 선택에 의해 주도적으로 이루어지도록 격려하는지, 교사가 영유아의 놀이 상황을 관찰하면서 놀이와 관련된 적절한 상호작용을 하는지, 영유아의 다양한 놀이와 활동에 필요한 자료를 제공하는지 평가한다.

지표	평가항목	평가방법	결과
1-3-1	교사는 영유아의 놀이와 활동이 영유아의 자발적 선택에 의해 주도적으로 이루어지도록 격려한다.	관찰	①-③ 충족-Y

① 교사는 실내 자유놀이 및 바깥놀이 시간에 영유아가 자유롭게 탐색하여 놀이나 활동을 자발적으로 할 수 있도록 지원함

- 교사는 놀이와 활동을 자유롭게 탐색할 수 있도록 충분한 시간을 제공하고 특정 활동을 하도록 지시하거나 영유아가 스스로 선택한 놀이를 하지 못하도록 제한하지 않는다.
- 영아가 선택한 놀이나 놀이자료에 대해 긍정적으로 반응함으로써 영아가 교사에게 수용, 인정받는 느낌을 가지고 자신 있게 놀이를 할 수 있도록 한다.

② 교사는 개별 영유아가 좋아하는 놀이와 활동을 주도적으로 진행하도록 격려함

- 교사가 영유아의 놀이를 주도하지 않고, 놀이의 시작, 진행, 마무리에 대한 결정의 주도권이 영유아에게 있다.

Tip
영유아 놀이와 활동을 격려하는 상호작용의 예

- 예 : 유아가 모래놀이터에서 물웅덩이를 만들고 싶어 하지만, 물이 자꾸 없어진다며 화를 내는 경우

유아 주도	‘ㅇㅇ이가 물웅덩이를 만들고 싶구나. 물이 왜 없어질까?’, ‘물은 어디로 가는 걸까?’, ‘물이 모래 속으로 들어가지 않게 할 수 있는 방법이나 또는 재료가 있을까?’
교사 주도	‘ㅇㅇ아, 물을 모래에 부으면 물이 모래에 흡수되어 없어지는 게 당연해.’, ‘자~ 선생님처럼 모래 위에 비닐을 깔고 물을 부어볼까?’

- 교사가 견본을 제시할 수는 있으나 똑같이 하도록 강요하지 않는다.

③ 놀이에 참여하지 못하고 배회하거나 방관하는 영유아가 있는 경우, 영유아가 놀이에 자발적인 흥미를 가질 수 있도록 지원함

- 또래가 하고 있는 놀이에 자연스럽게 참여할 수 있도록 필요한 역할을 권유

Tip
유아의 자발적 놀이 지원(예)

- ‘ㅇㅇ아, 밀가루 반죽이 아주 부드러운데 한번 만져볼까?’
  (손 인형을 이용하여) ‘ㅇㅇ아, 오늘 원숭이가 그려진 옷을 입고 왔구나, 우리반에 원숭이 인형이 어디 있는지 찾아볼까?’ 등
- 자동차 놀이를 하고 있는 유아들에게 ‘기름은 어디에서 넣어요?’라고 묻고, 놀이를 찾지 못하고 있는 유아에게 ‘친구들이 주유소를 찾고 있대. ㅇㅇ이가 주유소에서 기름을 넣어 줄 수 있겠니?’라고 권유

영아 흥미활동 지원(예)

- ‘(촉감놀이판) 이거 만져보니까 부드럽네, ㅇㅇ도 만져보고 싶니?’ 등

☆ 4개월-36개월 어린이집 놀이프로그램 및 관찰포인트 수록 CD 1-3-1

지표	평가항목	평가방법	결과
1-3-2	교사는 영유아의 놀이 상황을 관찰하면서 놀이와 관련된 상호작용을 한다.	관찰	①-③충족-Y

① 교사는 실내 자유놀이 및 바깥놀이 시간에 놀이와 활동이 이루어지는 장소 전체를 수시로 살펴 영유아의 놀이 진행과정을 파악함

- 교사는 항상 영유아가 한눈에 잘 보이는 위치에 있어 보육실 전체를 자주 살펴 놀이 진행과정을 수시로 확인한다.

  [예] 무엇을 경험하고 있는지, 어려워하는 점은 없는지, 또래와 즐겁게 노는지, 놀이 활동에 교사의 필요한 지원은 없는지 등

Tip

'○○야 ~ 하고 있어?'라고 질문하지 않고, 무슨 놀이를 하고 있는지 파악한 후 놀이에 대한 상호작용을 한다.

② 교사는 영유아의 놀이상황을 관찰하면서 놀이와 관련하여 적절한 수준의 지원을 함

- 교사는 영유아가 다양하게 생각할 수 있도록 개방적 질문과 스스로 새로운 질문을 찾아낼 수 있도록 촉진하는 발문을 하여 사고의 확장을 돕는다.

Tip

개방적 질문의 예 : 영아의 경우

- (놀이집에서 놀이하는 영아에게) 교사가 놀이집의 문을 두드리며 '똑똑똑! 집에 누가 있을까? 아무도 없나요?' 하면서 영아의 반응을 유도하며 눈을 맞춤. 영아가 들어오라고 손짓이나 몸짓, 발성, 말소리 등으로 표현하면 '여기 놀이집에 ○○이가 있구나! 또 누가 있나요?' 라고 반응해 줌
- '이것의 뚜껑은 어디에 있지? 잘 맞춰지지 않네. 어떻게 하면 잘 맞출 수 있을까? 등

개방적 질문의 예 : 유아의 경우

- '동화책 속의 주인공은 어떤 생각을 했니?', '왜 그렇게 생각했을까?', '○○이는 어떻게 생각하니?'
- '○○이 바람개비가 돌아가네! 무엇 때문일까?', '어떻게 하면 더 빨리 돌아갈 수 있을까?' 등

③ 교사는 영유아의 놀이와 활동에 즐겁게 참여함

- 교사는 영유아의 놀이를 통제, 감독하는 역할이 아닌 영유아의 놀이상대로 즐겁게 놀이한다.

Tip

교사의 놀이에 대한 다양한 아이디어	• 영유아가 놀이를 할 때 교사는 영유아의 경험이 확장되도록 놀이주제와 관련한 다양한 아이디어를 가지고 있어야 한다. 이미 충분한 시간, 적절한 공간, 풍부한 자료, 사전경험을 제공했다 하더라도 영유아의 놀이에 개입하여 놀이를 확장할 수 있는 다양한 전략을 가지고 있어야 한다. • 놀이주제와 관련된 역할들에는 무엇이 있는지, 어떠한 상황들이 있을 수 있는지, 또 다른 소품들은 무엇이 있을 수 있는지 등에 대한 풍부한 아이디어를 가지고 놀이를 지원할 수 있다.
역할의 확장	• 영유아가 같은 역할만 맡고 있을 때 관련된 주제 안에서 다른 역할을 제안할 수 있다. 유아가 백화점(마트) 견학에서 본 제품 판매원 역할만 맡고 있을 때 다른 종류의 직원 역할을 제안할 수 있다. • "여기에서 산 00물건을 바꾸러 왔는데 누가 바꿔주나요?", "이 매장에서 제가 찾는 물건이 보이지 않아요. 매장 담당하는 사람은 어디 계시나요?" • "여기서 아이를 잃어버렸어요. 안내방송 하는 사람도 있나요?"
소품의 확장	• 다른 영역의 자료와 소품을 놀이에 사용하는 것은 놀이 내용을 풍부하게 해주므로 되도록 자료 및 소품의 제한을 두지 않도록 한다. • 쌓기영역(백화점 계산대, 식당, 가판대, 소파 등), 미술과 언어영역(백화점 가격표시, 매장 이름, 안내 표시 등)
상황의 확장	• 놀이가 활발하게 이루어지고 역할 및 소품에 있어서 충분히 확장이 이루어졌다면 상황에 따라 변화를 줌으로써 놀이를 정교화시킬 수 있다. 시간과 사건의 변화를 통해 유아가 시간에 따라 인물과 역할이 달라지고 사건이 변하는 것으로 놀이의 흥미를 더 할 수 있다. • "벌써 밤이 되었나봐 백화점 문 닫을 시간이 되었네!", "아직 쇼핑하는 사람들에게 뭐라고 하지", "백화점 위 아래층을 너무 많이 돌아다녔더니 다리가 아프네!", "백화점에서 팔다가 못 판 음식은 어떻게 하죠?"

지표	평가항목	평가방법	결과
1-3-3	영유아의 다양한 놀이와 활동에 필요한 자료를 제공한다.	관찰, 면담	①-③충족-Y

① 교사는 영유아의 연령, 발달수준, 사전경험을 고려하여 놀이 및 활동자료를 준비함

- 영유아의 연령과 발달수준, 사전경험, 영유아의 수를 고려하여 자료를 충분히 준비한다.

가. 영아반 (만 0세~세) 놀이에 필요한 활동자료 (예)

연령	평가인증 지표
만 0세	신체영역, 언어영역, 감각·탐색영역
만 1세	신체영역, 언어영역, 감각·탐색영역, 역할 및 쌓기놀이 영역
만 2세	신체영역, 언어영역, 감각·탐색영역, 미술영역, 음률영역, 역할 및 쌓기놀이 영역

<table>
<tr><th colspan="2">연령
자료</th><th>만 0~1세</th><th>만 2세</th></tr>
<tr><td rowspan="4">언어
활동
자료</td><td>듣기·
말하기</td><td>그림자료, 사진자료, 전화기, 짧은 이야기와 노래 테이프 등</td><td>손 인형, 사진자료, 친숙한 일상생활 용품의 사진과 이름이 있는 그림카드, 전화기, 녹음된 목소리를 들어볼 수 있는 카세트, 짧은 이야기와 노래 테이프 등</td></tr>
<tr><td>읽기</td><td>입으로 물거나 던져도 좋을 만큼 안전하고 견고한 재질과 형태의 그림책(헝겊책, 촉감책, 비닐책, 스펀지책, 소리나는 책 등), 다양한 그림이나 사진자료(영아에게 친숙한 인물, 동·식물) 등</td><td>글자 수가 많지 않은 다양한 주제의 그림책을 포함하여 재질과 형태가 다양한 책(촉감책, 퍼즐책, 소리나는 책 등), 그림이나 사진자료(그림책의 주인공, 영아에게 친숙한 인물, 지역사회, 자연물) 등</td></tr>
<tr><td rowspan="2">쓰기
(끼적이기)</td><td>영아가 물거나 빨아도 안전한 종류로 짧고 굵은 크레용이나 부드럽게 써지는 색연필, 전지, 쓰기판 등</td><td>굵은 크레용, 굵은 색연필이나 연필, 자석 쓰기판, 종이 등</td></tr>
<tr><td colspan="2">쓰기(끼적이기) 활동자료는 영유아가 원할 때 언제든 자유롭게 사용할 수 있도록 영유아 손이 닿는 곳에 비치하여야 함</td></tr>
<tr><td colspan="2">자연탐구
(탐색)</td><td>소리 나는 상자, 누르면 튀어오르는 놀잇감, 고무나 플라스틱으로 된 고리 끼우기, 구슬을 조작하여 이동을 볼 수 있는 레일, 모양 찾아 맞추기, 색깔 맞추기 등</td><td>조작활동 자료(큰 조각 퍼즐, 모양 찾아 맞추기, 크기순으로 고리 끼우기, 색깔 맞추기 등)와 탐색활동 자료(돋보기, 식물, 동물, 주변에서 찾아낸 여러 모양의 돌이나 나무껍질, 조개껍데기 같은 여러 가지 자연물), 촉감상자, 소리상자, 큰 구슬 꿰기, 자석 등</td></tr>
<tr><td colspan="2">신체활동</td><td>영아용 침대에서 사용 가능한 놀이기구(손이나 발동작으로 효과를 나타낼 수 있는 것), 기어오를 수 있는 계단이나 경사로(부드러운 솜이나 스펀지를 넣은 것), 실내용 그네(등이나 양 옆, 앞면에 안전벨트가 있는 것), 운동기구(손이나 발동작으로 이동·비이동·조작운동을 할 수 있는 기구), 잡고 걸을 수 있도록 벽 따라 설치된 봉, 스펀지 블록, 큰 공(천이나 플라스틱), 밀고 당기는 놀잇감(단순하고 손에 쥘 수 있을 만한 크기) 등</td><td>미끄럼틀, 점핑 바운서, 조합놀이대, 볼풀 놀이대 등 고정식 놀이기구와 이동식 목마, 자동차, 끌차, 공, 후프 등</td></tr>
<tr><td colspan="2">미술활동</td><td>벽이나 바닥, 책상 위에 넓게 붙인 큰 도화지와 무독성 크레파스, 부드럽게 써지는 색연필, 밀가루 점토, 스티커, 여러 가지 모양 도장 등</td><td>다양한 재질과 색깔의 종이류, 색연필, 크레용, 크레파스 등 그리기 도구, 우유팩, 잡지책, 안전가위, 풀, 밀가루 점토, 스티커, 모양 도장 등</td></tr>
<tr><td colspan="2">음악 및 동작활동</td><td>소리 나는 물건을 흔들거나 두드리는 것을 좋아하므로 딸랑이나 안전한 방울, 마라카스, 녹음기, 음악테이프, 소리가 나는 활동 놀잇감, 주변에서 볼 수 있는 소리 나는 물건</td><td>북이나 흔들고 두드릴 수 있는 단순한 리듬 악기(리듬막대, 마라카스, 탬버린 등), 녹음기, 음악테이프, 동작표현을 돕는 소품(여러 가지 색 보자기, 스카프, 리본 막대, 부드러운 수건 등)</td></tr>
<tr><td colspan="2">쌓기놀이</td><td>우레탄 블록이나 스펀지블록, 종이벽돌블록, 헝겊으로 감싸져 있는 블록 등</td><td>나무블록, 종이벽돌블록, 우레탄블록, 스펀지블록, 재질이 부드럽고 구멍이 큰 끼우기형 블록 등</td></tr>
<tr><td colspan="2">역할놀이</td><td>세탁이 용이한 재료로 만들어진 다양한 크기와 촉감의 인형(가족인형, 소리 나는 인형, 동물인형), 자동차 류 등</td><td>일상생활에서 부모를 통해 경험한 단순한 역할 놀이용 자료(여러 가지 모양의 그릇 등의 소꿉놀잇감, 전화기, 인형) 등</td></tr>
</table>

나. 유아반 놀이에 필요한 활동자료 (예)

연령	흥미영역	비고
유아 (만 3~5세)	언어, 수·조작, 과학, 음률, 미술, 역할놀이, 쌓기놀이	• 쌓기놀이 영역에는 다양한 놀이 촉진을 위해 소품도 함께 비치 • 음률영역에는 동작활동자료도 함께 비치

자료 \ 연령		만 3~5세
언어	듣기·말하기	조작이 간단한 카세트 플레이어, 다양한 주제의 이야기 테이프, 헤드폰, 교사나 부모 등 친근한 사람의 목소리가 녹음된 테이프, CD 플레이어와 이야기 CD, 유아가 스스로 이야기를 꾸미거나 자신이 아는 이야기를 반복하도록 촉진시키는 소품(막대 인형이나 테이블 인형, 융판이나 자석 인형, 손인형, 손가락 인형, 인형극 틀 또는 언어 놀이를 할 수 있는 수수께끼 상자나 순서대로 사건을 연결하여 이야기해 보는 그림카드, 목소리를 녹음해 볼 수 있도록 녹음기, 마이크 등)
	읽기	다양한 주제의 각종 그림책(창작그림책, 전래동화, 글 없는 그림책, 과학동화, 생활동화 등), 사진첩, 유아들이 만든 그림책, 주제에 따른 화보모음 책, 동요·동시집, 어린이용 잡지나 카탈로그, 사전, 간판, 메뉴판, 광고나 포스터 등 실생활에서 볼 수 있는 환경 인쇄물, 각종 글자 모양과 글자 퍼즐 등
	쓰기	크기와 모양이 다양한 종이, 굵은 색연필이나 연필, 사인펜 등의 다양한 필기도구, 소형 화이트보드와 마커 펜, 글자 상자, 단어 카드, 자·모음카드, 독서 카드, 글자 도장, 타자기, 컴퓨터와 프린터 등 쓰기(끼적이기) 활동자료는 영유아가 원할 때 언제든 자유롭게 사용할 수 있도록 영유아 손이 닿는 곳에 비치하여야 함
미술		• 필기구류 : 크레파스, 색연필, 연필, 볼펜, 사인펜 등 • 물감류 : 수채화물감, 한국화물감, 먹물 등 • 종이류 : 도화지, 두꺼운 도화지, 색도화지, 신문지, 한지, 화선지, 색종이, 골판지, 박스종이, 포장지, 광고지, 이면지, 잡지류 등 • 만들기 도구류 : 풀, 가위, 펀치, 고무줄, 클립, 테이프 등 • 만들기 재료류 : 수수깡, 모루, 솜, 나무젓가락 등 • 점토류 : 찰흙, 지점토, 밀가루점토 등 • 폐품류 : 우유팩, 요구르트병, 상자, 천조각 등
자연 탐구 활동	수	• 일대일 대응, 분류, 비교, 순서 짓기, 부분과 전체, 측정, 공간과 도형, 규칙성 등의 개념 발달에 도움이 되는 생활주제와 연관된 수 관련 자료 • 1~10까지 셀 수 있는 구체물(작은 동물 모형, 조개류, 솔방울 등), 크기가 점차 커지는 10개의 컵, 숫자카드, 수 세기 자석판, 빨래집게 수 세기판, 양팔저울, 큰 글자의 시계, 달력 등 • 보육주제와 관련된 다양한 퍼즐(그림 맞추기, 숫자 퍼즐, 색 퍼즐, 도형 퍼즐 등) • 판 게임이나 게임자료(예: 주사위 게임, 가위바위보 게임, 윷놀이, 칠교놀이) 등
	과학	• 기본 자료 : 거울, 자석, 돋보기, 프리즘 등의 측정도구, 바퀴와 부속품 등 • 생물 관련 자료 : 꽃, 채소, 나뭇잎, 열매, 씨앗, 나뭇가지, 꽃잎, 솔방울 등 자연에서 수집한 자연물과 식물 관련 자료, 거북이, 금붕어, 달팽이 등 기르는 동물과 먹이 등 동물 관련자료 • 자연현상과 관련된 자료 : 자연현상 사진, 온도계, 습도계와 관찰용지, 필기도구 등 • 도구와 기계류 : 간단한 도구와 기계, 기계와 두구를 만들 수 있는 주변의 여러 가지 물건(적목, 상자) 등

자료 \ 연령	만 3~5세
음악 및 동작	• 여러 가지 리듬악기 : 리듬막대, 우드블록, 마라카스, 캐스터네츠, 탬버린, 트라이앵글, 소고, 작은북 등 • 전통 악기 : 장구, 소고, 북, 꽹과리, 가야금, 피리 등 우리나라 전통악기와 외국의 전통악기 • 음악감상자료 : 녹음기, 헤드폰, 다양한 카세트, CD 플레이어, 음악 테이프 등 • 기타자료 : 음악가 및 악기 사진이나 악기 연주 또는 노래 부르는 모습의 사진, 그림이 있는 노래가사, 그림 악보, 음악 포스터 등 • 동작활동자료 : 여러 가지 색 보자기, 스카프, 리본 테이프, 리본 막대, 한삼, 부드러운 수건, 각종 동물 가면이나 탈춤 소품, 거울 등
신체활동 (대근육)	조합놀이대, 놀이집, 그네, 미끄럼틀, 낮은 철봉, 시소 등 고정식 놀이기구, 차량 모형, 운전대, 타이어 오름대, 드럼통 터널, 안전 널빤지, 받침대, 사다리, 점핑 바운서, 평균대, 흔들목마, 구르기용 매트, 자전거, 손수레, 끌차, 이동식 농구대, 커다란 블록류(큰 플라스틱 공간 블록, 대형 나무 블록 등), 크기와 종류가 다양한 공류, 줄넘기, 훌라후프, 던지기용 고리 등
역할놀이	• 기본 가구류 : 유아 크기의 화장대, 식탁과 의자, 소품을 넣을 수 있는 장, 모형 씽크대 등 • 소꿉놀이류 : 질감이 다양한 인형류(아기 인형과 가족인형, 동물인형들), 유모차, 우윳병과 각종 소꿉놀이 그릇류(냄비, 프라이팬, 밥솥접시세트, 커피잔 세트, 주전자 등) 모형 • 주방 기구들 : 주방 기구(뒤집개, 국자, 주걱, 숟가락, 포크, 플라스틱 또는 나무로 된 작은 도마와 칼, 작은 밀대 등) 모형, 음식 모형 등 • 각종 역할놀이 소품 : 옷 입기 놀이를 위한 의상류(와이셔츠, 앞치마, 드레스류, 의사 가운 등 직업의상, 남녀 한복 등), 다양한 신발류, 장신구 및 소품(액세서리, 빗, 선글라스, 모자, 구두, 가방, 스카프, 넥타이 등) • 농장, 동물원, 음식점, 기차역, 인형집, 소방서 등 각종 모형
쌓기놀이	• 종이벽돌 블록, 유니트(단위) 블록, 우레탄 블록, 속이 빈 공간 블록, 스펀지 블록, 우유팩 블록 등 쌓기, 놀이형 블록과 자석 블록, 와플 블록, 띠 블록, 꽃 블록, 눈송이 블록 등 끼우기형 블록 등 • 인형류(모형 동물, 사람인형, 로봇, 공룡 등), 탈것류(작은 자동차나 배 같은 운송수단 등), 기타 보육주제와 관련된 소품들(동물 가면, 교통표지판, 신호등, 간판 표시물, 운전대, 경찰이나 오토바이용 모자, 소방관 모자, 모형 건물이나 집 등)

Tip
사전경험 활동의 예
유아와 그림책을 보며 "우리 바깥놀이 때 개미 봤었지? 그 개미구나, 그때 개미가 어떻게 움직였지?" 등 이야기를 나누거나, 쌓기 영역에서 '개미집 구성하기' 활동 진행 시 유아가 그린 개미집 그림, 바깥놀이 때 관찰했던 개미 사진을 쌓기 영역에 게시하는 등 사전경험을 적극적으로 활용하여 호기심을 지속적으로 유지하도록 지원함

② 현재 이루어지고 있는 놀이 및 활동에 필요한 자료를 제공함

• 계획안의 놀이 및 활동에 필요한 자료는 영유아의 흥미나 요구에 현재 이루어지고 있는 놀이나 활동에 필요한 자료를 준비

③ 놀잇감과 활동자료는 영유아가 수월하게 꺼내어 사용할 수 있도록 배치함

- 영유아가 자유놀이나 활동을 할 때 자유롭게 꺼내어 쓸 수 있도록 개방된 교구장 또는 바구니 등에 보관한다.

1-4. 영유아 간 상호작용 지원

영유아는 또래와의 긍정적인 상호작용을 통해 바람직한 사회기술을 터득하며 사회적 유능성을 기를 수 있을 뿐 아니라, 상호 간에 의견 등을 나누며 또래 간 학습이 이루어진다. 따라서 교사가 영유아의 감정에 공감하고 스스로의 감정을 다룰 수 있도록 돕는지, 교사는 영유아가 일상에서 자신의 의견, 생각 등을 또래와 나누고 약속과 규칙을 지키도록 격려하는지, 교사는 영유아 간 다툼이나 문제가 발생할 경우 긍정적으로 해결할 수 있는 다양한 방식을 사용하는지 평가한다.

지표	평가항목	평가방법	결과
1-4-1	교사는 영유아의 감정에 공감하고 스스로 감정을 다룰 수 있도록 돕는다.	관찰	①②충족-Y

① 영유아가 불안정하고 부정적인 정서를 표현할 때 그대로 수용하고 안정감을 느끼도록 반응함

- 교사는 영유아가 불안정하고 부정적 정서를 표현할 때 우선 따뜻한 말로 현재의 감정을 그대로 수용하고, 공감하는 표현을 함으로써 영유아가 안정감을 느끼도록 지원한다.

Tip
'울면 안돼', '화내지 않아요'와 같은 부정적인 언어를 사용하지 않고, '속상해서 우는구나', '화가 났구나' 등으로 영유아의 부정적 정서를 인정하는 반응을 함

② 영유아의 정서 상태나 기분을 파악하여 언어적, 비언어적으로 반응하며 수용함

- 교사는 영유아가 느끼는 기분이나 감정 등을 언어로 표현해 주고, 안정을 느낄 수 있도록 언어적, 비언어적(미소, 고개 끄덕이기, 토닥거림, 안아주기, 손 잡아주기 등)으로 반응한다.

Tip 상호작용의 유형과 예

	긍정적 상호작용의 예	부정적 상호작용의 예
언어적 상호작용	• 긍정적인 언어표현으로 반응하기 • 영유아에게 적절하게 질문하기 • 영유아에게 언어적 격려하기 • 활동에서 언어적으로 제안하기 • 답이 정해지지 않은 질문하기 • 영아의 행동을 기술해 주기	• 부정적인 언어표현으로 반응하기 • 따져 묻기 • 비난하거나 조롱하기 • 금지하거나 지시하기 • 짜증을 내거나 고함 지르기 • 일방적인 언어표현하기 • 지극히 단순히 반응하기 • 무응답하기(무시)
비언어적 상호작용	• 기분 좋은 신체 접촉 • 영유아와 눈 맞추기 • 미소 짓기 • 관심 있게 지켜보기 • 간접적인 도움 주기 • 끄덕이기 • 기다려주기	• 밀어내기 • 위협적인 표정 짓기 • 반응을 요구할 때 무반응하기 • 멍하니 바라보기 • 대신 해주기 • 영유아로부터 이탈하기 • 다그치기

출처 : 2015년 공공형어린이집 영유아일상생활에서의 상호작용

Tip 영유아에 대한 교사의 부정적 반응과 수용적 반영적 반응

영유아의 말	교사의 부정적인 반응	교사의 수용적 반영적 반응
"나 여기 올라간다."	"누가 그렇게 위험한 짓을 해."	"높은 곳에 올라가는 것은 위험해. 내려오자~"
"벽에다 그려야지."	"벽에다 그림을 그리면 어떻게 해."	"여기 종이가 있어. 여기다 그려볼까?"
"나는 이거 못해요."	"그런 말을 하면 안 되지. 넌 이제 막 시작했잖아."	"00는 하고 싶지 않구나."
"나도 하고 싶어요."	"아휴~ 넌 방금 했잖아. 이제 그만 좀 말해."	"00이도 만들기 하고 싶은데 더 못해서 속상하구나."
"내가 만든 것 좀 보세요."	"그래, 알았어. 니 자리로 가~"	"그래~2개를 연결해서 만들었구나. 멋지다!"
"나 이제 재랑 안 놀거에요."	"친구랑 같이 놀아야 착한 사람이지."	"00이가 저 친구에게 화가 많이 났구나."
"이거 더 하고 싶어요."	"안돼. 오늘은 그만. 빨리 정리하고 다음 활동하러 가야 돼."	"00이가 이게 너무 재미있어서 더 하고 싶구나."
"친구가 도와줬어요."	"고맙다고 했니?"	"친구가 도와줘서 수민이 기분이 좋구나~."
"이거 못 먹겠어요."	"안돼. 끝까지 다 먹어야지. 다른 친구들은 다 먹었잖아."	"그 반찬을 다 먹기가 힘든 것 같구나, 그럼 오늘은 하나만 맛볼까?"
"엄마 보고 싶어요."	"아직도 그러면 어떻게 해? 이제 수민이는 6살 형님이잖아."	"00이는 엄마가 보고 싶구나 잘 놀고 있으면 약속한 시간에 엄마가 오실 거야."

지표	평가항목	평가방법	결과
1-4-2	교사는 영유아가 일상에서 자신의 의견, 생각 등을 또래와 나눌 수 있도록 격려한다.	관찰	①②충족-Y

① 교사는 영유아가 자신의 감정이나 생각을 또래에게 말로 표현하도록 격려함

- 교사는 영유아 간 자신의 감정이나 생각을 말로 표현할 수 있는 기회를 자연스럽고 자유롭게 갖도록 격려하고 교사는 언어적 모델을 보여준다.

Tip

영아의 예

- ○○가 △△를 보고 웃고 있네. 서로 안녕하고 인사해 볼래?', '○○야, 안녕? 손을 흔들어 보자. 안녕?'
- (까꿍판을 가리키며 '엉~' 하고 소리를 내는 영아에게) '어, 누가 있을까?'라고 반응을 해주고 기다림. 영아가 '응응~' 하고 소리를 내면 '그래, 여기 멍멍 강아지가 있구나. 까꿍~' 하고 반응함
- (그림책 속의 코끼리를 보며 '이게 뭐야?' 하는 영아에게) '어, 이게 뭘까? 코가 아주 기네.'라고 하며 영아가 생각하고 표현해 볼 수 있도록 반응함

유아의 예

- '○○이가 그림을 다 완성했구나! 무슨 그림을 그렸는지 말해줄 수 있니?'
- '여기 감나무가 있네! 높은 감나무에 달려 있는 감은 어떻게 따지?'
- '우체국 놀이를 하려고 하는데 무엇이 필요할까?'
- '친구에게 어떤 도움을 줄 수 있을까?'

② 교사는 놀이나 활동 상황에서 또래 간 학습이 일어나도록 영유아 간의 상호작용을 격려함

- 교사는 영유아 간 다양한 상호작용이 일어날 수 있도록 언어나 행동, 표정, 놀이 진행과정 등을 관찰하여 긍정적 상호작용을 하도록 격려한다.

Tip

효과적인 격려와 칭찬

- 놀이나 활동상황에서 또래 간의 경험을 나눌 수 있도록 기회를 제공함
  - 무슨 놀이를 하고 있는지 친구들에게 말해줄 수 있니?
- 영유아를 평가하기보다는 과정을 인정해 주는 칭찬이 이루어져야 함
  - ○○이는 탑을 잘 만들었구나! ⇨ ○○는 블록을 높게 쌓아서 탑을 만들었네!
- 영유아에게 형식적이고 추상적인 칭찬보다는 구체적으로 이야기하도록 함
  - 잘했어, 멋지다!, 최고 ⇨ 물감을 섞어 쓰니까 다른 색이 나오는구나! 좋은 생각인데?
- 다른 영유아와 비교하기보다 영유아의 노력과 성취에 대해 칭찬하도록 함
  - ○○는 우리 반에서 그림을 제일 잘 그려! ⇨ 오늘은 혼자서 단추를 세 개나 끼웠네!
- 영유아의 행동을 외적 보상과 연결하기보다 정서적 즐거움, 만족과 연결하도록 함
  - 양치질을 깨끗이 했으니 칭찬스티커 하나 줄게요. ⇨ ○○는 세수를 해서 얼굴이 정말 깨끗하구나!, 기분이 참 좋아 보인다.

지표	평가항목	평가방법	결과
1-4-3	교사는 영유아가 적절한 약속과 규칙을 지키도록 격려한다.	관찰, 면담	①② 충족-Y

① 반별로 영유아의 연령과 발달수준에 적합한 최소한의 약속과 규칙이 있음

- 교사는 영유아가 어린이집에서 안전하고 즐겁게 생활하기 위해 필요한 최소한의 약속과 규칙을 영유아와 함께 정하고 이를 자율적으로 지키도록 지도한다.
- 반별 약속과 규칙은 해당 연령의 영유아가 지킬 수 있는 수준의 내용이어야 한다.

② 교사는 영유아가 약속과 규칙을 자율적으로 지켜가도록 일상에서 반복적이고 일관되게 격려함

- 교사는 영유아에게 약속과 규칙을 일방적으로 설명하고 지시하지 않으며, 영유아가 일상생활에서 최소한의 규칙과 약속을 지킬 수 있도록 일관성 있게 지도하고, 영유아가 약속과 규칙을 지킬 경우 격려한다.

Tip

약속과 규칙에 대한 연령별 상호작용의 예

유아(만 3~5세)

- 문제가 자주 발생하는 3~4가지 정도 상황을 정해서 몇 개월 동안 함께 지켜나가도록 반복하여 지도함
- 예) 쌓기놀이 영역의 경우 다른 친구가 만든 것을 부수지 않기, 다른 친구가 사용하고 있는 놀잇감은 그 친구에게 부탁을 한 후 기다렸다가 그 친구가 주면 고맙다고 말하고 사용하기, 블록 던지지 않기 등

영아(만 2세)

- 가장 최소한의 약속과 규칙을 반복적으로 이야기해주고 행동으로 보여줌
- 예) 친구를 때리지 않기, 다른 친구가 놀고 있는 놀잇감을 빼앗지 않기, 정리시간에 놀이했던 놀잇감 가져다 두기 등

영아(만 0~1세)

- 분명한 약속과 규칙을 정하기보다 반복적으로 알려주는 정도로 지도함
- 예) 교사는 친숙한 놀잇감, 개인물품 등을 사용 후에 정해진 자리(개인사물함에 영아의 사진을 붙여둠)가 있음을 알 수 있도록 영아와 함께 정리하거나 찾아봄

지표	평가항목	평가방법	결과
1-4-4	교사는 영유아 간 다툼이나 문제가 발생할 경우 다양한 해결방식을 사용한다.	관찰	①-③ 충족-Y

① 교사는 영유아 간 다툼이나 문제 상황이 발생하지 않도록 놀잇감과 공간을 충분히

확보함

- 교사는 여러 가지 상황을 고려하여 영유아가 사용할 놀잇감을 충분히 마련하여 다툼을 예방한다.
- 영유아의 수, 놀잇감의 선호, 모양, 색, 크기를 고려한다.
- 영유아의 수에 따라 놀이공간을 융통성 있게 조정하여 놀이나 활동을 위한 공간을 충분히 마련해 준다.

② 영유아 간 다툼이나 문제 상황이 발생했을 경우, 연령에 적합하게 개입함

- 영유아 간 다툼이나 문제가 발생할 경우, 교사가 결론을 바로 내리거나 일방적으로 정리하지 않고 상황을 상세히 살펴 적절히 개입한다.
  - 유아 : '○○이가 만약 △△라면 △△는 어떤 느낌일까?' 등
  - 영아 : '○○이가 △△의 놀잇감을 가져가서 화가 났구나, 다음번에는 △△야, 이거 가져도 돼?'라고 물어볼 수 있겠니? 그러면 △△이도 화가 나지 않고 같이 재미있게 놀이를 할 수 있을 것 같아' 등

Tip

교사-영아 상호작용 체크 문항	평가	지도
5. 교사는 영아의 어려움과 문제 상황을 긍정적인 방법으로 지도한다. • 영아가 부정적인 정서를 표현할 때 안정을 찾을 수 있도록 돕고 원인을 찾는다. • 영아가 부정적인 정서를 적절하게 표현할 수 있도록 돕는다. • 활동과 공간을 충분히 확보하여 영아 간 다툼이나 문제 상황이 최대한 발생하지 않도록 환경을 조성한다. • 영아 간 다툼과 문제 상황 시 상황을 파악하려고 노력한다. • 영아의 올바른 생활습관 형성을 위해 긍정적 훈육 방법으로 지도한다. • 영아의 행동에 대해 비평하거나 간섭 같은 부정적인 언어 사용을 피한다.		

교사-유아 상호작용 체크 문항	평가	지도
5. 교사는 유아의 어려움과 문제상황을 긍정적인 방법으로 지도한다. • 유아가 부정적인 정서를 표현할 때 안정을 찾을 수 있도록 돕고 원인을 찾는다. • 유아가 부정적인 정서를 적절하게 표현할 수 있도록 돕는다. • 활동과 공간을 충분히 확보하여 유아 간 다툼이나 문제 상황이 최대한 발생하지 않도록 환경을 조성한다. • 유아 간 다툼과 문제 상황 시 상황을 파악하려고 노력한다. • 유아 간 다툼과 문제 상황 시에 유아가 원인을 이해하고 해결하도록 지도한다. • 교사는 유아의 일상생활 지도를 위해 다양한 지도 방법을 사용한다.(역할 모델링, 바람직한 행동 지지·격려하기, 교정하기, 명백한 제한 설정하기 등) • 유아가 규칙을 이해할 수 있도록 실제 상황에서 구체적으로, 반복해서 설명해 준다.		

CD 1-4-4

③ 영유아가 다양한 긍정적 해결방안을 사용하도록 격려함(요청, 교환, 함께 쓰기, 번갈아 하기).

Tip 상호작용의 원리

요청하기	"내가 그거 가지고 놀아도 되니?"
교환하기	"내가 너한테 긴 블록 줄게. 세모 블록 나한테 줄래?" 등
함께하기	"우리 함께 가지고 놀자" 등
번갈아하기	"네가 다 놀고 나한테 줘~" 등

한 가지 방법이 또래에게 통하지 않을 경우 위 표와 같이 다른 대안을 생각하고 사용하도록 다양한 해결방안을 사용할 수 있도록 교사가 모델링한다.

1-5. 보육과정 평가

영유아와 보육과정에 대한 객관적이고 주기적인 평가는 영유아의 발달에 대한 이해를 가능하게 하고, 교사의 놀이지원 상호작용을 개선할 수 있다. 하루 일과 및 놀이실행에 대한 반별 평가를 실시하고, 필요한 경우 다음 보육계획에 반영하는지, 개별 영유아를 관찰하고 평가 하는지, 원장은 각 반별 보육과정 운영에 대한 평가를 통해 어린이집 전체 보육과정운영을 파악하고 있는지에 대해 평가하다.

지표	평가항목	평가방법	결과
1-5-1	반별 보육일지에 하루일과 및 놀이실행에 대해 평가한 내용이 있고, 필요한 경우 평가내용을 다음 보육계획에 반영한다.	기록	①② 충족-Y

① 반별 보육일지에 영유아의 하루일과와 놀이실행에 대한 평가기록이 있음

- 영유아가 어떻게 하루를 보냈는지, 어떤 놀이와 활동을 하였는지, 어떻게 놀이와 활동을 하였는지에 대한 내용이 보육일지(하루일과 시간 순으로)에 반별로 기록되어 있다.
- 놀이와 활동을 실행한 후 이에 대한 평가를 기록하는데, 영유아가 자발적인 놀이가 발생했다면 그 내용도 기록한다.

Tip **하루일과 시간 순의 예**

영아반 하루 일과의 예(만 2세)		유아반 하루 일과의 예(만 4세)	
시간	주요 일과	시간	주요 일과
07:30~09:30	등원 및 맞이하기	07:30~09:30	등원 및 맞이하기
09:30~10:00	손 씻기 및 기저귀 갈기/ 오전 간식	09:30~10:50	오전 자유놀이/ 오전 간식
10:00~11:00	오전 자유놀이	10:50~11:00	정리정돈 및 화장실가기
11:00~11:10	정리정돈 및 화장실가기	11:00~11:20	대·소집단 활동
11:10~11:50	실외놀이 및 손 씻기	11:20~12:20	실외활동 및 손 씻기
11:50~13:20	점심식사 및 이 닦기	12:20~13:20	점심식사 및 이 닦기
13:20~15:00	낮잠	13:20~14:00	조용한 활동, 정리정돈 및 낮잠 준비
15:00~15:30	화장실가기 및 오후 간식	14:00~15:30	낮잠 및 휴식
15:30~16:30	오후 자유놀이	15:30~16:00	오후간식
16:30~17:00	실외놀이 및 손 씻기	16:00~17:00	오후 자유놀이
17:00~19:30	통합보육 및 귀가	17:00~19:30	통합보육 및 귀가

② 보육일지에 평가한 내용을 필요한 경우 다음 보육계획에 반영하고 있음

• 보육일지에 기록한 놀이와 활동, 일상생활 등에 대한 평가에 기초하여 놀이지원계획 또는 보육계획을 수립한 기록이 있다.

Tip **4월 7일(화) 보육일지**

유아들이 쌓기 영역에서 봄 동산 만들기를 하다가 여러 가지 꽃을 만들어 보고 싶다고 함. 미술영역과 연계하여 여러 가지 꽃을 만드는 과정에서 다양한 질감의 종이에 대한 관심을 보임'이라고 평가 기록 후 그 다음날 보육계획에 반영함

4월 8일(수) 보육일지

자유놀이 시간에 다양한 질감의 종이를 제공하고 꽃을 만들어 놀이한 기록이 있음

지표	평가항목	평가방법	결과
1-5-2	개별 영유아의 일상생활, 실내외 놀이 및 활동에 대한 관찰 내용을 기록하고, 영유아의 발달특성과 변화를 평가한다.	기록	①-③ 충족-Y 장애영유아 ①-④ 충족-Y

① 일상생활, 놀이, 활동에서 개별 영유아의 반응과 행동을 관찰하여 기록함

- 영유아별로 놀이와 활동, 일상생활을 모두 포함하여 일과 전반에 걸쳐 나타나는 행동을 관찰하여 기록하고 관찰 내용은 특정 활동이나 영역에 치우치지 않는다.
- 영유아의 반응과 행동에 대한 관찰은 월 1회 이상 주기적으로 기록한다.

Tip

체계적 관찰을 위한 계획표

단계		내용	예시
1	Who	누구를 관찰할 것인가?	대/소집단, 개별 / 특정 영유아
2	What	어떤 행동을 관찰할 것인가?	특정행동 / 상호작용, 특정 상황에서의 반응
3	How	어떻게 관찰할 것인가?	특정행동에 적합한 관찰방법 : 서술식 / 시간표집
4	How	어떻게 기록할 것인가?	노트 기록 / 비디오테이프 / 특정 양식지
5	Where	어디서 관찰할 것인가?	교실 / 실외놀이터 / 전이장소
6	When	언제 얼마나 관찰한 것인가?	특정시간 / 관찰횟수 / 관찰 지속시간
7	Why	어떻게 사용할 것인가?	부모 / 전문가 연계 / 교육과정 반영

출처 : 보건복지부, 한국보육진흥원(2014).

관찰일지 예시

이름		000	성별	남. 여
생년월일(월령)		201 년 월 일	기록자	
표준보육과정 관련 내용	관찰내용			평가
기본생활	관찰 일시 및 장소	15일(금) 등원 / 현관		• 아침에 등원할 때 피곤해하는 모습이 보임 • 호랑이 머리띠를 하고 있는 교사에게 관심을 보이며 호랑이 흉내를 내며 인사를 하자 웃으며 좋아하였음 • 기본생활습관이 잘 형성되어 스스로 신발을 벗고 정리를 할 수 있음
	관찰 상황	엄마에게 업혀 등원한 00이와 반갑게 인사를 하며 "00아 안녕. 잘 자고 왔어요? 선생님이 호랑이 머리띠를 하고 있어요. 호랑이처럼 인사를 해 볼까요? 어흥~! 00이 반가워요" 하며 굵은 목소리로 인사를 다시 하자 싱긋 웃으며 관심을 보였음. 등원하여 신발 벗고 신발장에 정리를 하고 교실로 들어옴		

(계속)

신체운동	관찰 일시 및 장소	8일(금) 오전 자유활동 / 신체영역	• 토끼 가면을 착용하고 토끼 흉내내는 것을 즐거워함 • 깡충하며 높이, 멀리 뛰며 신체 활동을 자신있게 하는 모습을 볼 수 있었음 • 노래에 맞춰 율동을 하며 친구들과 함께 대근육 놀이에 호기심을 보이며 적극 참여를 시도하였음
	관찰 상황	토끼 가면을 착용하고 "토끼는 어떻게 생겼나요? 어떻게 움직일까요?" 하며 움직여 볼 수 있도록 유도하자, "토끼는 이렇게 움직여요. 깡충깡충." 소리를 내고 움직이며 신체 활동을 즐겁게 참여하였음. 산토끼 노래를 부르며 노래에 맞춰 몸을 움직이며 표현을 할 수 있도록 함께 해 보았음. 친구들과 어울려 토끼처럼 움직이는 활동을 즐겁게 참여하였음	

② 영유아 관찰 결과를 활용하여 영유아의 발달특성과 변화의 정도에 대한 총평을 연 2회 이상 기록함

- 영유아별로 발달특성과 변화의 정도에 대한 총평을 연 2회(상·하반기) 이상 기록한 내용이 있다. 단, 영역보다는 영유아를 중심으로 관찰하여 기록한다.
- 어린이집 입소 후 6개월 이상 경과한 영유아를 대상으로 평가한다.

Tip

(　　세) 영아 행동 평가내용

생년월일 :　　　　　　이름:　　　　　　관찰자:

		1학기	2학기
표준 보육 과정 영역	기본생활	손 씻기를 스스로 하는 것을 좋아하여 배변 후 비누로 손을 깨끗이 씻고 휴지로 손을 닦을 수도 있음. 놀이기구를 사용할 때 위험하다고 이야기를 하며 주변을 살핀 후 대처할 수 있음	손 씻기, 대소변 조절이 가능하며 손을 씻고 소변을 본 후 옷 올리기기 등을 스스로 하려고 하지만 옷을 바르게 입을 수 있게 도움은 주고 있음. 놀이기구나 놀잇감을 안전하게 사용할 수 있게 이야기를 해주면 미끄럼틀을 탈 때도 바르게 앉아 탈 수 있음
	신체운동	몸에 중심을 잡기 위해 양팔을 벌릴 수 있으며, 소근육 움직임이 원만해질 수 있게 가위질 등 간단한 도구를 사용할 수 있도록 도움을 주고 있음	신체를 움직여 탐색을 하고 동작을 인식하여 따라 하기를 시도를 하나 적극적인 참여를 하지 않아 적극적으로 참여할 수 있게 같이 손을 잡고 움직여 주며 도움을 주고 있음. 가위로 종이 자르기, 그림 그리기 등을 참여하고 시도하는 모습이 보임
	의사소통	상대방을 바라보며 자신이 생각하는 의견을 이야기할 수 있으며 같은 말을 반복해서 이야기하는 모습을 보임	의사소통에 있어 자신의 감정을 말로 표현할 수 있음. 다양한 말소리를 듣고 차이를 이해하고 말로 표현하기를 잘함. 상대방과 말을 주고받으며 대화순서를 인지하고 있으며, 동화듣기나 끼적이기를 할 수 있음
	사회관계	자신이 속한 보육실과 담임교사를 알며 담임교사에게 애정표현을 잘함	친구의 물건을 찾아 정리해 줄 수 있으며 자신의 물건에 애착을 많이 느낌. 자신의 욕구와 감정을 말과 몸짓으로 나타낼 수 있으며 타인이 나타내는 여러 가지 감정을 주의 깊게 살펴볼 수 있음. 자신의 물건 자리와 친구의 물건의 자리를 인지하고 있음

(계속)

		1학기	2학기
표준 보육 과정 영역	예술경험	노래를 듣고 흥얼거리며 따라 부르려 하지만 정확한 가사는 전달하지 못함. 악기를 흔들고 몸을 흔들며 노래를 부르며 리듬을 탈 수 있음	주변 환경의 아름다움에 대해 이야기하고 나뭇잎의 색깔 변화와 열매의 색을 살피며 자신이 좋아하는 색을 이야기 할 수 있음. 노래를 따라 부르며 몸동작도 함께 움직일 수 있음
	자연탐구	수에 대한 개념이 생겨서 한 개와 여러 개 많다 적다. 등을 구별 할 수 있으며 동물의 모양 소리에 대해 관심을 가지고 자연물에 대해 알아가려고 하는 모습이 보임	주변 사물의 모양과 색에 대해 관심을 많이 보이며 자신의 감정을 말로 표현을 매우 잘함
	기타		

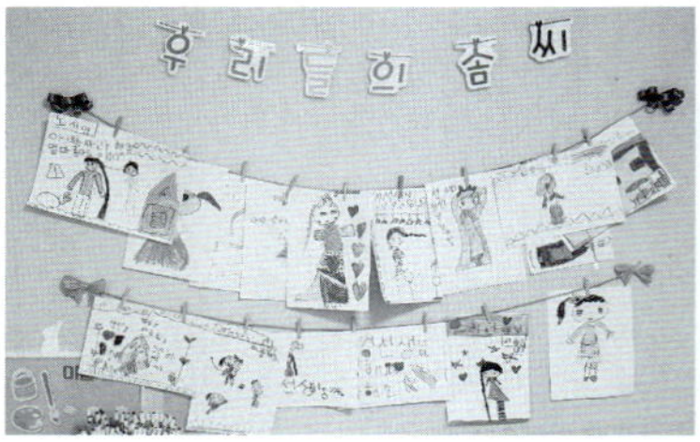

미술활동 결과물

다양한 활동의 주기적 수집

③ 영유아 평가 결과를 영유아의 놀이지원, 부모면담 등에 반영하고 있음

- 영유아의 놀이지원, 활동 선정, 환경구성, 상호작용 방법, 부모면담 중 하나 이상에 반영한 적이 있다.

④ (장애영유아) 개별 장애영유아의 교육진단과 발달평가를 위한 진단·평가 도구 및 참고자료를 구비하여 활용하고 있음

- 개별 장애영유아를 지원하기 위한 진단·평가 도구 및 참고자료가 구비되어 있다. 단, 특수교사 및 장애영유아를 위한 보육교사가 배치되어 있는 경우에 한하여 평정한다.

부모면담 일지

면담일시	년 월 일 오후 시 분~ 시 분	면담교사	
영유아 이름		생년월일	20 년 월 일(만 세)
면담 참여자		면담형태	방문( ) 전화( )
상담자료	일일관찰일지, 포트폴리오, 작품, 기타(체크리스트) 상담자료에 사용되었던 것 체크		
구분		교사 의견	부모 의견
현행 수준	기본생활	•숟가락을 사용하여 음식을 혼자 먹을 수 있으며 스스로 하려고 합니다. •음식을 고루 먹으며 국물류를 좋아합니다. 먹고 난 자리를 교사의 도움을 받아 정리하는 것이 가능합니다. •일과의 규칙과 약속을 이해하고 있으나 주변에 관심이 많아 지키는 데 어려움이 있습니다. •손가락을 빨고 잠이 듭니다.	•급·간식을 먹을 때, 손을 사용해 먹는 경우가 잦으며 급하게 음식을 먹습니다. 얼굴, 손 등에 음식을 많이 묻히며 조금은 지저분하게 먹습니다. 저녁 9시경 잠이 들고 자는 동안 깨지 않으나 오전 6시경에 깨어나 활동하여 낮시간에 피곤해할 것 같습니다. 배변훈련은 00이가 아직 표현하거나 불편해하지 않아 요구사항이 있을 때 시작하려고 합니다.
	신체운동	•신체 움직임이 많으며 활동 반경이 크나 쉽게 지치며 누워서 놀잇감을 가지고 놀이하는 모습을 보입니다. •소근육이 대근육보다 발달되어 있으며 뛰어가다가 넘어지는 경우가 종종 있습니다.	•건강 : 열에 민감하고 체격이 왜소한데 활동량은 많아 쉽게 피로해합니다. 체력적으로 받쳐줄 수 있도록 음식을 잘 먹이려고 하는데 잘 먹는 것에 비해 몸이 건강하지 않아 걱정입니다.
	의사소통	•싫은 것을 표현할 때 "에이~"라는 표현을 사용합니다. •요구사항을 표현할 때 단어보다는 칭얼거림으로 표현합니다. •그림책을 읽어주면 내용을 기억하여 장면으로 보고 이야기합니다.	•의사표현방법 : 원하는 것이 있을 때나 요구사항이 받아들여지지 않을 경우 징징거리며 심하게 떼를 씁니다.
	사회관계	•인형을 재우거나 식탁을 차려 음식을 먹이는 등의 일상 모방행동이 놀이에 나타납니다. •친구에 대해 인식하고 있으며 혼자 놀이하는 것보다 또래와 함께 놀이하는 것을 즐깁니다. 나누는 것이 가능하며 친구에게 호의적입니다. •이불, 수건 등의 애착물이 있습니다.	•주놀이대상, 부모님(양육자) 성향 : 주된 양육은 외할머니가 하고 계시며, 아빠는 엄하지만 재미있는 놀이상대로 여기고 있습니다. 형과 신체놀이를 즐기며 활동량이 많고 성격도 급해서 놀이 중에 잘 넘어지고 다칩니다.
	예술경험	•노래 부르기, 신체를 이용한 표현활동 등을 즐겨하고 그림으로 표현하는 것을 좋아합니다. •감정 표현이 얼굴 표정으로 두드러지게 나타납니다.	•노래를 부르는 것보다는 신체를 이용한 놀이를 좋아하고 아빠, 형과 함께 놀이하는 것을 매우 좋아합니다.
	자연탐구	•호기심이 많으며 새로운 것에 대해 적극적인 반응을 보입니다. •교사와 함께 수를 셀 때 손가락으로 가리키며 카운트가 가능합니다.	•호기심이 많고 궁금한 것도 많아 집안 여기저기 돌아다니며 놀이합니다.
종합의견		교사가 관찰하였던 모습과 가정에서의 모습이 일관되게 나타남을 알 수 있었습니다. 체력적으로 힘들어하는 영아를 위해 에너지를 보충할 수 있도록 간식, 점심 시간에 충분히 영양을 섭취하도록 하고, 오후 낮잠시간 외에 영아가 개별적으로 휴식을 취할 수 있도록 배려하며 건강관리에 집중해 보육해야겠습니다.	
건의사항			

지표	평가항목	평가방법	결과
1-5-3	원장은 각 반별 보육과정 운영에 대한 평가를 통해 어린이집 전체 보육과정운영을 파악하고 있다.	면담	①② 충족-Y

① 원장은 반별 보육과정 운영에 대한 평가를 실시하여 어린이집 전체의 보육과정 운영을 파악하고 있음

Tip

보육과정 운영

- 보육철학(목표), 보육계획(내용), 보육실행(교수·학습방법), 보육평가로 구성한다.
- 질적으로 우수한 보육이 실현되기 위해 각 반 교실에서 영유아 중심으로 보육과정이 일관성 있고 체계적으로 운영되어야 한다.

원장의 보육과정 운영 평가

- 어린이집 운영 철학(목표)대로 운영되고 있는가?
- 어린이집의 철학(목표)과 표준보육과정, 영유아의 발달수준 및 요구에 따라 보육계획이 수립, 실행되고 있는가?
- 각 반별 보육과정 평가는 잘 이루어지고 있는지 점검하는가?
- 필요한 경우 보육과정 운영을 수정·보완하였는가?

② 보육일지에 평가한 내용을 필요한 경우 다음 보육계획에 반영하고 있음

Tip

일일 보육일지 예

○○ 반 일일 보육일지 (만 세)

주제	느낄 수 있어요					201 년 월 일 - 일				
소주제	주변을 살펴 보며 느껴요									
활동목표	어린이집 실내·외 주변을 살펴보며 감각기관으로 느껴본다.									
일과	활동계획					실행평가 (0.X.확장.심화.축소 대체.포기)				
	월	화	수	목	금	월	화	수	목	금
등원 및 맞이하기 (- 9:30)	친구의 얼굴을 살펴보며 손뼉을 마주쳐요					○	○	○	○	○
간식 및 배변활동 (9:30- 9:50)	"더 주세요" 이야기하고 더 먹어요 서랍장에서 내 기저귀를 꺼내 봐요					○	○	○	○	○
실외활동(대체활동) (9:50~10:35)	바깥놀이: • 바깥에서 체조를 해요 • 바깥 풍경 살펴보며 놀이해요 대체활동: 손을 뻗어서 손수건을 잡아요					○	×	○	○	○

(계속)

구분												
전이활동 정리정돈 및 배변활동 (10:35~10:40)			놀잇감 정리 및 배변 활동 후 손을 씻는다.					○	×	○	○	○
자유 놀이 10:40~ 11:45 15:30~ 17:40	신체		우리 반에 붙어 있는 모양 스티커를 찾아요	-------〉	-------〉	스카프를 잡고 흔들며 몸을 움직여요	-------〉	○	×	○	심화	○
	쌓기		지난주 연계 친구 얼굴 사진 블록으로 도미노를 만들어요	블록으로 우리 반을 만들어요	-------〉	-------〉	기분이 좋아지는 방을 만들어요	○	×	○	○	확장
	역할		우리 반에서 친구와 함께 놀이해요	-------〉	기분이 좋아요	-------〉	-------〉	○	×	심화	○	○
	언어		어린이집 공간 사진 보며 이야기 나눠요	-------〉	바깥에서 찍은 사진 보며 이야기 나눠요	-------〉	-------〉	○	×	확장	○	○
	감각·탐색	미술	꼬불꼬불 면으로 머리를 꾸며요	-------〉	-------〉	화가 날 때 즐거울 때 그림을 표현해요	-------〉	○	×	○	심화	○
		탐색	바깥에 있는 것과 안에 있는 것을 탐색해요	-------〉	-------〉	-------〉	휴지로 놀이해요	○	×	○	○	심화
		음률동작	지난주연계 새노래, 머리 어깨 무릎 발	새 노래 '사과 같은 내 얼굴'	-------〉	거울을 보며 노래를 불러요.	-------〉	○	×	○	확장	○
	안전 교육		[교통안전] 자동차를 조심해요 [소방대피훈련] 비상구를 따라 대피해요					○	×	○	○	○
	기본 생활		[소통] 선생님을 안아줘요					○	×	○	○	○
	사회관계 증진		우리 반에서 친구와 함께 놀이해요					○		○	○	○
손 씻기 점심 및 낮잠(휴식) (11:45~15:00)			내 이불에서 뒹굴뒹굴하며 잠들어요					○	×	○	○	○
특별활동 (14:20-14:50)			월: 오감활동					○				

(계속)

간식 및 맞춤반 귀가 (15:00~15:30)	"더 주세요" 이야기하고 더 먹어요	○	×	○	○	○
귀가 및 가정과의 연계 (18:00~19:30)	• 일과 회상하며 평가 후 보호자와 함께 귀가한다. • 하원 전 영아에 대한 별도프로그램(자유놀이 등)을 진행한다.	○	×	○	○	○

총 평	
월	• 등원 간: 교사와 손뼉을 치며 인사를 한 영아가 교실로 가서 친구와도 손뼉을 치며 인사를 시도해 볼 수 있었음 • 신체: 다양한 종류의 모양에 대해 영아와 이야기를 하고 우리 반에 붙어있는 모양 스티커를 찾아보며 "00아 우리 교실에 무슨 모양의 스티커가 있는지 찾아볼까요?"라고 하자 영아가 주변을 돌아보며 "저기"하고 동그라미 모양을 찾아 손짓을 했다. 영아가 모양스티커를 찾아서 들고 와 교사에게 주고 또 다시 다른 모양도 찾으며 무릎을 구부리거나 엎드린 동작, 발을 올리는 동작을 하며 신체를 조절하고 균형을 잡는 모습을 보였음 • 역할: 우리 반에서 친구와 함께 놀이를 했던 즐거운 경험을 이야기 하며 "00이는 어떤 놀이가 재미있었니?"라고 하자 병원 놀잇감을 손으로 만지며 "어디가 아파" 하며 청진기를 들고 해요 친구의 몸에 갖다 대며 웃으며 놀이를 시도 할 수 있었음 • 미술: 영아가 얼굴그림에 관심을 보이고 얼굴을 꾸며 준 후 "00아 여기 머리카락이 업어 무엇으로 머리카락을 만들어 줄까요?"하고 이야기를 한 후 미리 준비해둔 라면 면발을 보여 주자 영아가 면을 손으로 만지고 탐색을 해 본 후 얼굴그림위에 올리며 "머리"하고 이야기를 했음 • 탐색: 바깥에 있는 것과 안에 있는 것을 탐색해요 영아가 그림을 보고 "00이 이 그림에 있는 미끄럼틀은 어디에 있을까?"라고 하자 영아가 "밖에"하며 밖을 손짓하며 이야기를 하고 다양한 그림을 보고 안과 밖을 표현할 수 있었음 • 기본생활습관: 교사가 팔을 벌리며 "00아 사랑해"하고 이야기를 하자 영아가 교사에게 달려와 안기며 "사랑해" 하고 말을 했음. 영아를 안아 주며 선생님에게 표현할 수 있는 방법으로 안아주는 포옹이 있다는 것을 이야기 나누어 볼 수 있었음
화	롯데월드 나들이: 영아의 손을 잡고 걸으며 "00이는 어떤 놀이기구가 타고 싶니?" 하고 물어보자 회전목마를 보고 "말 말"하고 이야기를 했다. 영아에게 "00이가 회전목마가 타고 싶구나. 선생님과 함께 타 볼까요?"라고 하자 영아가 "네"하고 이야기했음. 영아가 회전목마를 타며 "따가닥 따가닥"하며 말 타는 소리를 낼 수 있었으며 비행기, 기차, 배 등 다양한 놀이기구를 타 볼 수 있었음. 롯데월드 나들이에서 모두 개별 귀가함
수	• 역할심화: 영아가 기분을 표현하는 그림을 보고 상황에 맞는 상호작용을 해볼 수 있었다. 기분이 좋아 웃는 그림을 보고 "이 아이는 기분이 좋아요?"라고 해서 "왜 기분이 좋을까?" 하고 물어보니 "기분이 좋아?"라고 교사의 말을 따라 했다. "00이는 엄마가 안아 주면 기분이 좋니?" 하니 "네"라고 말함. 다양한 감정 중 기분이 좋을 때에 대해 이야기하며 기분이 좋은 상황을 회상해 볼 수 있었음 • 언어 확장: 영아가 놀이를 하며 찍은 사진을 보고 "00이는 무엇을 하고 있니?"라고 이야기를 하자 "놀이터" 하고 이야기를 했음. 영아가 바깥에서 찍은 사진 보며 이야기 나누며 놀이를 말해 볼 수 있었음 • 점심: 영아가 반찬을 손으로 잡으려 해서 숟가락을 이용해 먹어 볼 수 있게 "00아 손으로 반찬을 만지지 않고 숟가락과 포크로 먹어 볼까?"라고 하자 영아가 숟가락을 잡고 반찬을 먹었음. 영아의 행동을 격려하고 영아가 더 먹고 싶으면 이야기를 "더 주세요."하고 이야기를 해보자라고 상호작용을 할 수 있었음
목	• 신체 심화: 스카프를 잡고 흔들며 "흔들 흔들" 하고 이야기를 하자 영아가 교사의 행동을 모방하여 스카프를 들고 흔들었다. 영아와 스카프 흔들기를 반복하며 몸을 움직이고 까꿍놀이도 할 수 있었음 • 미술 심화: '화가 날 때 즐거울 때 그림을 표현해요' 그림 자료를 살펴보며 화가 날 때와 즐거울 때의 기분에 대해 이야기하며 자신의 이전 경험을 이야기 나눠볼 수 있었음. "00이는 언제 기분이 좋았니?"라고 하자 "엄마"라고 했음. "00이는 엄마랑 있으면 기분이 좋구나."라고 하며 영아의 다양한 기분에 대해 그림으로 표현해 볼 수도 있었음 • 음률 확장: 노래를 들으며 노랫말에 따라 신체를 움직여 보았음. 노랫말에서 머리를 가리키면 영아가 자신의 머리를 손으로 짚어 볼 수 있었고, 교사의 지시하는 행동을 주의 깊게 듣고 행동으로 옮겨보며 신체를 움직이는 활동에 즐겁게 참여해 볼 수 있었음. 거울을 보며 "00아 거울 앞에서 노래를 불러 볼까?"라고 하자 영아가 거울 앞으로 가서 노래를 부르고 다양한 악기를 흔들어 보면서 몸을 움직여 볼 수도 있었음

(계속)

금	• 쌓기 확장: 영아와 블록으로 집을 만들며 "00이가 집을 만들었네. 00이가 만든 집에 들어 가니 기분이 좋아 지네." 하고 이야기를 하자 영아가 방긋 웃으며 교사에게 안기며 자신의 기분을 표현했음. 영아가 만든 집에 친구들이 같이 들어가며 "00아 우리 기분 좋아 지는 집에서 웃어 볼까?"라고 하자 영아가 큰 소리를 내며 웃었음 • 탐색 심화: 휴지를 손으로 만져보고 티슈를 한 장씩 뽑아 보기도 하고 두루마리를 풀어도 보았음. 영아가 휴지를 뭉쳐 보고 스프레이로 물을 뿌리며 휴지의 변화도 살펴 볼 수 있었음. • 바깥놀이: 감자 캐기 및 모래놀이: 텃밭으로 가서 감자를 캐 보았다. 영아가 호미를 들고 땅을 파 보고 나오는 감자를 손으로 만져보고 바구니에 담아도 볼 수 있었으며 모래놀이를 하며 삽으로 모래를 떠서 통에 담아도 보며 흙을 손 위에도 뿌리고 다리에도 뿌리며 모래를 탐색 할 수 있었음
주간 평가	이번 주는 '주변을 살펴보며 느껴요' 소주제에 맞춰 다양한 활동을 계획하면서 나, 친구, 선생님에 이어서 어린이집 실내와 실외 주변 공간을 살펴보며 감각기관으로 느껴볼 수 있도록 도움을 줄 수 있었다. 영아가 자신의 기분을 표현하고 그림책이나 다양한 표정을 보고 감각기관을 알아가고, 사물과 공간에 대해 인지할 수 있는 기회가 될 수 있었다.
월간 평가	이번 달은 다양한 탐색을 시도하며 오감을 활용한 탐색놀이를 통해 자신과 타인의 모습에 관심을 가질 수 있었으며 친구, 선생님의 모습을 보고 모방도 하며 안정적 애착도 형성해 갈 수 있었다. 영아와 주변 환경도 살펴보고 영아가 자신의 경험을 한 번 더 생각하며 사고가 확장해 가는 모습을 볼 수 있어서 유익한 시간이 될 수 있었다.
비고	• 월: 오감체험 활동 – 소금놀이: 염전에 대해 알아보고 소금 덩어리를 이용해 삽으로 놀이를 해보고 끌대로 소금을 밀어보며 다양한 탐색을 할 수 있었음 • 화: 롯데월드 나들이: 부모참여현장학습으로 진행 • 목: 안전교육 – [교통안전] 자동차를 조심해요: 자동차가 다니는 길의 위험함을 이야기해 보고 차가 다니는 길에서 뛰어다니거나 놀이를 하지 않도록 조심하자고 약속을 해 볼 수 있었음 – [소방대피훈련] 비상구를 따라 대피해요: 현관에 불이 났을 때의 상황에 대해 이야기를 하고 현관에 불이 났을 때는 어떤 비상구로 대피를 해야 하는지에 대해 이야기를 나누고, 베란다에 있는 비상구로 영아가 대피를 하며 코와 입을 가린 후 교사의 도움을 받아 대피를 하고 집결지에 모여 인 원체크를 해 볼 수 있었음

2. 2영역 : 보육환경 및 운영관리

영유아는 환경과의 상호작용을 통해 성장한다. 어린이집 실내·외 놀이공간, 시설 및 설비를 영유아의 연령 및 발달수준, 흥미와 요구에 적합하고, 영유아의 놀이 및 활동, 일상생활을 지원하도록 구성되어야 한다. 또한 각 어린이집에서 실시하고 있는 보육프로그램이 잘 운영될 수 있도록 구성하여야 한다.

또한 어린이집은 운영계획 수립, 원아관리 등 정해진 규정이나 지침에 따라 체계적으로 운영되어야 하며, 가족 및 지역사회와 협력적인 관계를 맺음으로써 영유아가 자신을 둘러싼 환경을 긍정적으로 인식하고 생활화할 수 있도록 지원하여야 한다.

실내공간 구성 및 운영, 실외공간 구성 및 운영, 기관 운영, 가정 및 지역사회와의 연계 등 총 4개의 지표를 중심으로 평가한다.

2-1 실내 공간 구성 및 운영

어린이집의 실내 공간은 영유아가 자신의 움직임을 스스로 조절할 수 있고, 놀이나 활동에 집중할 수 있는 편안하고 쾌적한 공간이어야 한다. 또한 영유아의 놀고자 하는 요구와 쉬고자 하는 욕구를 모두 지원할 수 있는 공간이어야 한다. 따라서 보육실 내 흥미영역 또는 놀이영역이 영유아의 놀이와 연계되어 구성되어 있는지, 실내 시설 및 설비가 영유아의 발달 수준에 적합한지, 영유아의 요구를 충족하는 다양한 공간이 마련되어 있는지, 비품과 활동자료를 체계적으로 정리, 보관하고 있는지에 대해 평가한다.

지표	평가항목	평가방법	결과
2-1-1	보육실 내 흥미영역 또는 놀이영역은 영유아의 연령 및 발달특성을 고려하여 영유아의 놀이와 연계하여 구성한다.	관찰	①② 충족-Y

① 보육실은 영유아의 연령, 발달특성, 어린이집의 보육프로그램을 반영한 흥미영역 또는 놀이영역으로 구성되어 있음

- 보육실 공간은 흥미영역 또는 놀이영역으로 구성한다.
- 흥미영역 : 영유아의 놀이나 활동 특성에 따라 보육실 공간을 나누고 각 놀이특성에 따라 자료들을 모아서 영역별로 배치하는 것을 말한다.
- 놀이영역 : 어린이집 원장의 철학(목표)에 의한 구성으로 보육프로그램 특성, 영유아의 흥미와 요구에 맞게 구성된 놀이공간이다.

흥미영역의 구성의 예

- 만 0세 : 신체, 언어, 감각·탐색
- 만 1세 : 신체, 언어, 감각·탐색, 역할 및 쌓기놀이
- 만 2세 : 신체, 언어, 감각·탐색, 미술, 음률, 역할 및 쌓기놀이
- 만 3~5세 : 언어, 미술, 음률, 수·조작, 과학, 역할놀이, 쌓기놀이

- 소규모 어린이(정원 20인)의 경우, 어린이집 전체 공간에 흥미영역을 배치할 수 있으며, 배치된 흥미영역은 영유아들이 일과 중 자유롭게 이용할 수 있다.
- 놀이영역의 어린이집 보육프로그램으로는 몬테소리, 레지오에밀리아, 발도로프 프로그램, 프로젝트 접근법 등 해당 어린이집의 특성에 맞는 놀이영역으로 구성되어 있다.
- 바깥놀이 위주의 프로그램을 하는 어린이집의 경우, 보육실은 하나의 놀이영역으로 이루어질 수 있다.

② 흥미영역 또는 놀이영역은 영유아의 놀이가 방해받지 않을 정도의 크기로 구성되어 있음

- 흥미영역 또는 놀이영역은 해당 공간에서 놀이하는 영유아들 간에 다툼이 일어나지 않고 놀이가 안정적으로 이루어질 수 있을 정도의 크기로 구성되어 있다.
- 보육실에 활동자료장과 책상, 의자 등은 영유아의 수나 보육실 크기 등을 고려하여 필요한 만큼 구비한다.
- 활동자료장이나 책상 배치 시 영유아의 이동통로를 충분히 확보해야 한다.
- 특정 영역에 영유아의 관심이 집중되는 경우, 활동자료장이나 책상 등을 재배치하여 융통성 있게 운영한다.

영아 환경구성

유아 환경구성

지표	평가항목	평가방법	결과
2-1-2	실내시설 및 설비가 영유아의 발달수준에 적합하다.	관찰	① 충족-Y

① 실내 시설 및 설비가 연령 및 신체에 적합한 크기와 높이로 되어 있어 영유아 스스로 사용하기에 용이함

- 영유아용 책상, 의자, 활동 자료장, 설비 및 기구가 영유아의 신체 크기에 적합하고 스스로 사용 가능하다.
- 일상생활 설비 : 세면대, 변기(소규모 어린이집 정원 20인 이하)의 경우, 영유아가 성인용 변기 및 세면대 사용 시 반드시 안전발판, 보조변기 등을 활용한다.

소규모 어린이집(안전발판, 보조변기 예)

유아용 화장실

② (영아) 기저귀갈이대, 수유공간 등 영아를 위한 공간이 마련되어 있으며, 해당 공간에 수유와 기저귀갈이 시 필요한 물품을 비치하여 사용하고 있음

- 기저귀 갈이, 수유를 하는 영아가 있을 경우에 한해 평가한다.

기저귀갈이대

③ (장애아전문) 실내 시설 및 설비는 장애영유아의 특성에 적절하게 설치되어 있으며, 장애영유아를 위한 보조도구가 마련되어 있음

- 계단 외에 엘리베이터 또는 경사로 설치 : 이동이 불편한 영유아
- 점자 유도 블록, 핸드 레일 등 설치 : 시각장애 영유아
- 화장실에는 대·소변기 높이가 다양한 것이 바람직하며, 휠체어 사용이 가능한 공간을 확보한다.

- 피더시트, 기립보조 책상, 자세교정 의자, 앉아있는 채로 이동이 용이한 의자 등 장애 유형에 맞는 기구들과 설비들이 마련되어 있다.
  * 어린이집에 영아가 없거나 장애아전문이 아닐 경우 1개의 평가기준 ①을 충족해야 Y로 평정
  * 영아가 없고 장애아전문일 경우①, ③을 충족하면 Y로 평정

휠체어 사용 가능한 공간

경사로 설치

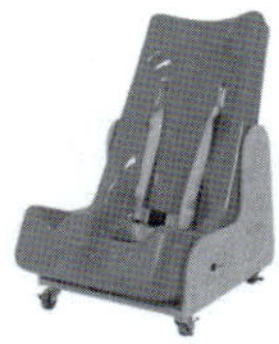
피더시트

기립보조 책상

지표	평가항목	평가방법	결과
2-1-3	영유아의 요구를 충족하는 보육실 이외의 별도의 공간을 마련하고 있다.	관찰	① 충족-Y

① 영유아의 요구를 충족하는 보육실 이외의 별도의 공간(유희실, 도서공간, 양호공간, 식당 등)이 어린이집 내에 두 군데 이상 마련되어 있다.

- 유희실 : 대근육 활동을 위한 놀이기구, 놀잇감 등
- 도서공간 : 책꽂이, 의자(소파)나 매트 등
- 양호공간 : 비상약품, 간이침대(매트) 등

※ 별도의 공간이 아니더라도 가능을 대신할 수 있는 공간은 인정

유희실

도서공간

양호공간

[예] 원장실 → 양호공간으로 사용(정원 20인 이하 소규모 어린이집), 거실 → 유희실로 사용

② 보육실 내 영유아의 휴식공간이 있음

- 모든 보육실마다 영유아의 휴식공간 마련(언어영역과 통합 가능)되어 있다.
- 정원 20인 이하 어린이집은 어린이집 내 휴식공간 배치 가능(영유아가 자유롭게 이용 가능해야 함)

영아 휴식공간(언어영역 포함)

유아 언어영역

③ 영유아의 개별 물품을 보관할 수 있는 공간이 마련되어 있음

- 영유아의 개별소지품을 정리하거나 영유아가 만든 작품을 보관할 수 있는 공간이 영유아의 수에 맞게 마련되어 있다.
- 개별 사물함은 영유아가 스스로 꺼내거나 보관해 둘 수 있으며 보육실 내 또는 인근에 마련되어야 한다(잠금장치 등이 없어 스스로 사용 가능).

지표	평가항목	평가방법	결과
2-1-4	비품과 활동자료를 보관하는 별도의 공간이 있고 체계적으로 정리하고 있다.	관찰	충족-Y

① 비품과 활동자료를 보관하는 별도의 공간이 있고, 체계적인 분류기준에 따라 명칭, 내용, 관련 영역 등을 표시하여 보관하고 있음

- 비품과 활동자료는 영유아 활동공간과 구분된 별도의 장소(창고, 자료실, 베란다 등)에

보관한다(영유아가 활동하는 공간이 아닌 곳(교사실이나 원장실, 상담실 등).

- 별도의 공간이 없거나 부족한 경우, 영유아의 활동공간이 아닌 곳(교사실, 원장실, 상담실 등)에 장소를 마련한다.
- 복도나 유희실 등을 불가피하게 이용할 경우, 상단에 자료장을 만들어 보관한다.
  ※ 정원 20인 이하 어린이집은 별도의 장소가 없어도 실내에 자료장을 마련하여 비품과 활동자료를 보관하면 인정
- 비품과 활동자료를 연령, 주제 또는 영역 등 체계적인 분류기준에 따라 내용을 표시하여 보관하고 있다.

자료실

2-2 실외 공간 구성 및 운영

영유아들에게 바깥놀이는 새로운 신체적 도전, 힘과 체력 발달, 대근육과 소근육 사용법, 다양한 실외환경 탐색 및 실험, 또래와 상호작용하기, 자연을 감상하고 탐색하기 등의 기초를 제공한다. 어린이집에 옥외놀이터 등을 구비하고 있는지, 바깥놀이에 영유아의 발달을 지원하는 다양한 바깥놀이 및 활동이 실제로 이루어지고 있는지를 평가한다.

지표	평가항목	평가방법	결과
2-2-1	옥외 놀이터 등을 구비하고 있다.	관찰	①② 중 1개 충족-Y

① 옥외놀이터가 구비되어 있음

- 놀이터에는 고정식 대근육활동 놀이기구 1종 이상을 포함하여 최소 3종 이상의 놀이기구가 설치되어 있다.
- 정원 50인 이상 어린이집은 옥외놀이터 설치가 원칙이나, 옥외놀이터 설치가 불가하여 대체놀이터로 인가받은 경우 대체놀이터 이용이 가능하다.

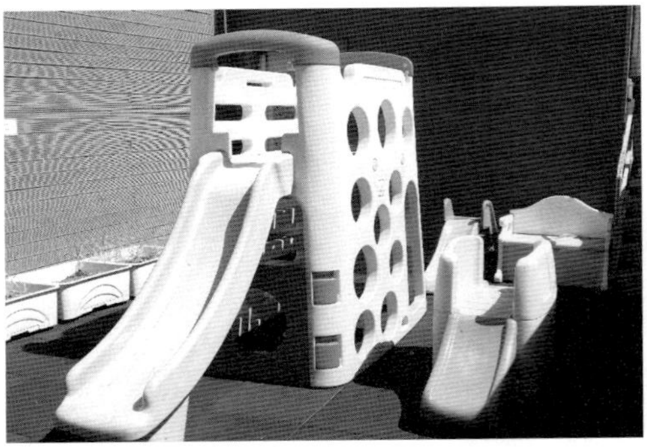

옥외 놀이터

대체놀이터

② 옥외놀이터가 구비되어 있지 않은 경우, 대체놀이터를 이용하고 있음

- 인근 놀이터의 사용승낙서 구비 여부는 확인하지 않는다.
- 정원 50인 미만 어린이집으로 인근에 놀이터가 전혀 없거나 실제 이용이 불가능한 위치에 설치되어 있는 경우, 어린이집 인가공간 내 유희실(대근육활동 공간)이 마련되어 있으면 실내놀이터의 기능을 충족하는 것으로 평정한다.

실외놀이터

인가 공간 내 (대근육활동 공간)

지표	평가항목	평가방법	결과
2-2-2	영유아의 발달을 지원하는 다양한 놀이 및 활동자료가 준비되어 있다.	관찰	충족-Y

① 영유아의 발달을 지원하는 다양한 놀이기구 또는 놀이 및 활동자료가 구비되어 있음

- 옥외놀이터 또는 대체놀이터에는 영유아의 발달수준 및 연령에 적합한 놀이기구 또는 놀이 및 활동자료가 구비되어 있다.
- 놀이기구 : 미끄럼틀, 흔들말, 그네, 놀이집 등
- 놀이 및 활동자료 : 모래놀이용 미니삽, 물뿌리개, 자전거, 물놀이자료, 바람개비, 비눗방울, 훌라후프 등

② 놀이기구 또는 놀이 및 활동자료는 영유아의 발달에 적합한 크기와 기능을 가지고 있음

③ 자연을 경험할 수 있는 바깥놀이 환경이 마련되어 있음(관찰, 면담)

- 햇빛, 바람, 나무, 꽃, 흙, 모래, 물 등과 같은 자연을 경험할 수 있는 실외환경이 작은 면적이라도 마련되어 있다.
- 모래놀이터, 물놀이 공간, 동물 관찰 영역, 자연체험 영역(텃밭, 화단) 등

대체놀이터

모래놀이터

실외 자연체험공간

지표	평가항목	평가방법	결과
2-2-3	영유아의 발달에 적합한 다양한 바깥놀이 및 활동이 이루어짐	관찰, 면담	충족-Y

① 바깥놀이 시 영유아의 발달에 적합한 다양한 놀이와 활동이 이루어짐

- 영유아는 자신의 요구와 흥미에 따라 바깥놀이를 주도하고 지속한다.
  - 땅에 나뭇가지로 그림그리기, 흙 위에 물로 그림그리기, 등과 같은 특별한 자료가 필요하지 않는 활동부터 미끄럼틀 타고 오르내리기, 그네 타기 등 놀이기구를 활용한 놀이까지 영유아 스스로 즐겁게 하는 놀이와 활동이 모두 포함된다.
  - 교사가 놀이나 활동을 제안할 수 있지만, 특정 놀이나 활동을 강요하지 않는다.

② 바깥놀이 시 자연과 친숙해지는 경험이 이루어짐

- 영유아가 햇빛, 바람, 나무, 꽃, 흙, 모래, 물 등과 같은 자연을 직접 경험하는 활동을 함
- 바깥에서 바람 느껴보기, 꽃잎 관찰하기, 흙 밟아보기, 구름 관찰하기 등과 같은 일상적인 활동도 포함
- 교사는 영유아가 자연물을 만지고, 냄새 맡고 보고 듣는 경험을 마음껏 할 수 있도록 함

2-3 기관운영

교사 대 영유아의 비율과 집단의 크기는 공간의 크기와 더불어 영유아 보육의 질을 나타내는 세 가지 구조적 특성이다. 교사 대 영유아 비율 등 반 편성 기준을 준수하는지, 어린이집 운영계획을 수립하고 이를 부모에게 안내하는지, 신규 보육 교직원에게 업무 오리엔테이션 실시하는지, 신입 영유아 적응과정을 체계적으로 운영하는지 등을 평가한다.

지표	평가항목	평가방법	결과
2-3-1	모든 반을 편성 규정에 맞게 운영하고 있다.	관찰, 기록	충족-Y

① 모든 반이 반편성 기준을 준수하고 있음

- 모든 반에서 연령별 교사 대 영유아 법정비율을 지키고 있다.

• 혼합연령반을 운영하는 경우, 낮은 연령의 교사 대 영유아 비율을 준수하고 있다.

Tip

교사 대 영유아 법정비율

연령	만 0세	만 1세	만 2세	만 3세	4세 이상	장애영유아
교사 대 영유아 비율	1 : 3	1 : 5	1 : 7	1 : 15	1 : 20	1 : 3

혼합반 운영(낮은 연령 기준)

구분	만 0세와 만 1세	만 1세와 만 2세	만 0세와 만 2세	만 2세 이하와 만 3세 이상	만 3세와 만 4세 이상
가능 여부	가능	가능	불가능	불가능	가능
교사 대 영유아 비율	1 : 3	1 : 5	-	-	1 : 15

단, 정부 인건비 미지원 어린이집은 지역 내 수급상황(인근지역 여유정원이 없는 경우 등), 학부모의 요구(형제 등 동반 입소) 등 불가피한 사유가 있는 경우에는 시군구 사전 승인 후 예외적으로 만 2세와 만 3세 아동의 혼합반 운영이 가능하며, 이 중 가정어린이집은 만 2세아의 유아(방과후 포함)의 혼합반 운영이 가능함

② 연령별 반 규모는 만 0세의 경우 3배, 만 1세 이상의 경우 2배를 초과하지 않음

• 여러 반의 영유아가 한 보육실에서 보육되는 경우, 함께 생활하는 영유아의 수는 제시된 기준을 초과하지 않는다.

Tip

정원기준

구분	만0세	만1세	만2세	만3세	만4세 이상
기준	3배	2배	2배	2배	2배
인원	9명	10명	14명	30명	40명

* 장애아전문 : 한 보육실에서 생활하는 장애영유아의 수가 최대 9명을 초과하지 않음

지표	평가항목	평가방법	결과
2-3-2	어린이집 운영계획을 수립하여 부모에게 안내한다.	관찰, 기록	충족-Y

① 수요조사를 통해 어린이집 운영시간과 방법 등의 운영계획을 수립함

- 어린이집 운영계획을 수립 : 운영시간(07:30~19:30) 및 등·하원 시간에 대한 수요조사(서면) 실시

어린이집 운영계획 수립을 위한 수요조사

안녕하십니까?

000어린이집에서는 20 년 어린이집 운영계획 수립을 위한 수요조사를 실시합니다.

이를 바탕으로 우리 어린이집 운영계획을 수립하여 어린이집 운영에 부모님들의 의사를 최대한 반영하고자 합니다.

아래 내용을 읽어 보시고 기록하셔서 어린이집으로 보내 주시기 바랍니다.

조사결과에 따라 종일반은 더욱 효율적으로 운영될 수 있도록 하고, 맞춤반은 부모님이 가장 많이 희망하는 시간대를 중심으로 운영시간을 결정하여 알려드리겠습니다.

반 명	원아 이름		부모 확인
(만 세반)			(서명)
보육료 자격	종일반 □	맞춤반 □	유아반 □
희망 보육시간대	등원시간		하원시간
	※ 종일반과 영유아반은 07 : 30~19 : 30 내에서, 맞춤반은 08:00-16:00 내에서 희망하는 보육시간을 적어 주세요(맞춤반은 최대 6시간).		
등·하원방법	개별 등·하원 □		어린이집 차량 이용 □

위와 같이 어린이집 운영계획 수립을 위한 수요조사서를 제출합니다.

보호자 (인)

20 년 월 일

○○○어린이집

CD 2-3-2

응급처치 및 귀가동의서

○○어린이집에서는 영유아보육법 및 시행규칙, 사업지침 등에 따라 아래의 내용을 대하여 보호자의 동의를 받아 진행 여부를 결정하고자 합니다. 구체적인 내용을 확인하시고 해당내용에 동의 여부를 빠짐없이 체크해주시기 바랍니다.

영유아 기본 정보

성명	(남/여)	반이름	
주소		생년월일	
보호자	성명	영유아와의 관계	연락처

1. 응급처치 및 귀가동의

구분	처리내용
응급처치	• 응급상황 발생 시 위의 보호자에게 연락하여 주십시오. • 필요 시 119구조대에 연락하여 □기관지정 의료기관(　　)이나 □보호자지정 의료기관(　　)으로 수송해 주십시오.
귀가동의	• 위 영유아의 귀가 시 위의 보호자에게 인도하여 주십시오. • 정해진 보호자 외 다른 사람에게 인계할 경우 사전에 반드시 연락을 취하겠습니다. ※ 우리 어린이집에서는 영유아를 성인 보호자(부모님이 부탁하더라도) 없이 혼자 귀가시키지 않습니다. • 등·하원방법 : □보호자 동행　□차량(어린이집) • 차량 이용 시 등하원 시간 : 등원(　　시　　분), 하원(　　시　　분) (필요 시 기재) • 부모외 인계보호자 : (필요시 기재)

CD 1-2-5

② 어린이집 운영계획이 부모에게 안내됨

- 운영계획에는 어린이집운영시간, 시간대별 교사 배치, 보육프로그램, 차량운행시간, 긴급보육바우처 사용절차와 방법 등이 포함되어 있다.

어린이집운영시간 예

구분	보육시간		차량 운행	
	평일	토요일	오전	오후
종일반	07:30 ~ 19:30	07:30 ~ 15:30	9:00~	17:00~
맞춤반	09:00 ~ 15:00		9:00~	15:00~

*맞춤반: 9:00~15:00 / 등원시간 설정 6시간 후 하원 시간 자동설정(월단위-협의 가능). 긴급바우처 월(15시간) 지원, 추가이용 시 1시간에 4,000원 부모부담금

하루일과 표 예

<table>
<tr><th rowspan="2">시간</th><th colspan="2">보육시간표</th><th rowspan="2">교사근무시간</th><th rowspan="2">등하원 시간</th></tr>
<tr><th>종일반</th><th>맞춤반</th></tr>
<tr><td>07:30-09:30</td><td colspan="2">종일반 등원 및 맞이하기</td><td>당직교사(000) 근무
(종일반 등원 지원)</td><td rowspan="2">종일반 등원 시작</td></tr>
<tr><td>9:00-</td><td colspan="2">맞춤반 등원</td><td rowspan="12">담임교사 등
보육교사 전원 근무
(영유아 활동 지원,
기본생활습관지도, 식사/휴식지원,
맞춤반 등·하원 지원,
오후활동지원 등.</td></tr>
<tr><td>09:30-10:00</td><td colspan="2">오전 간식</td><td>맞춤반 등원 시작</td></tr>
<tr><td>10:00-11:00</td><td colspan="2">오전 자유 놀이</td><td rowspan="6">-</td></tr>
<tr><td>11:00-11:10</td><td colspan="2">정리정돈 및 배변활동</td></tr>
<tr><td>11:10-11:45</td><td colspan="2">실외활동</td></tr>
<tr><td>11:45-13:00</td><td colspan="2">점심 식사 및 양치하기</td></tr>
<tr><td>13:00-13:20</td><td colspan="2">유아반 이야기 나누기</td></tr>
<tr><td>13:20-15:00</td><td colspan="2">낮잠 및 휴식</td></tr>
<tr><td>15:00-15:30</td><td colspan="2">종일반 간식 및 맞춤반 간식 및 하원
*긴급바우처 사용 원아 오후활동 참여</td><td rowspan="4">맞춤반 하원

긴급바우처 사용 원아 및 종일반 하원 시작</td></tr>
<tr><td>15:00~15:30</td><td colspan="2">오후 간식</td></tr>
<tr><td>15:30-17:40</td><td colspan="2">오후 자유 놀이</td></tr>
<tr><td>17:40-19:30</td><td colspan="2">통합보육 및 귀가</td><td>당직교사 근무</td></tr>
</table>

③ 17시 이후 보육되는 영유아에 대해 자유놀이 등이 운영되고 있음

- 담당교사가 배치되어 있고 자유놀이 등이 이루어진다.

지표	평가항목	평가방법	결과
2-3-3	신규 보육교직원에게 오리엔테이션을 실시하고 있다.	기록	충족-Y

① 모든 신규 보육교직원에게 업무 관련 오리엔테에션을 실시함

- 모든 신규 보육교직원의 오리엔테이션 자료가 마련되어 있고 실시 기록이 있다.
- 대상 : 신입교사, 대체교사, 기타 보육교직원(영양사, 조리사, 간호사, 운전사 등), 보육 실습생, 자원봉사자 등

Tip 서류

대상	내용
신입보육교사 (대체교사, 기타 보육교직원 포함)	어린이집의 운영철학 및 보육 목표, 보육과정의 내용, 프로그램 특성, 직무에 관한 설명, 고용과 관련된 조건과 용어들에 대한 설명, 영유아의 건강과 안전에 관련된 지침, 비상사태 발생 시 대처방법, 아동학대 예방 등
보육실습생	어린이집의 운영철학 및 보육목표, 보육과정의 내용, 프로그램 특성, 보육실습생의 역할 등
자원봉사자	어린이집의 보육철학, 근무 내용 등

CD 2-3-3

지표	평가항목	평가방법	결과
2-3-4	신입 영유아 적응을 위한 지원을 하고 있다	기록, 면담	충족-Y

① 신입 영유아 적응 지원 안내문과 적응 과정에 대한 관찰가록이 있음

- 기록 확인방법 : 신입 영유아 적응절차 안내문(실시기간, 방법), 관찰기록
- 대상 : 신입 영유아(학기 초, 중간입소 모두 포함)
- 기간 : 최소한 5일 이상(토·일 제외)
- 방법 : 단계적으로 단축보육을 실시하는 등 개별 영유아의 상황에 따른 체계적으로 진행

Tip 실시 기록 : 보육일지 또는 운영일지에 기록

신입 원아 적응프로그램 예

영유아는 처음 오는 어린이집의 새로운 환경, 낯선 양육자, 익숙하지 않은 또래들과의 만남, 친양육자와의 분리 등으로 불안을 느끼기 쉽습니다. 부모와 가족 역시 영유아를 새로운 어린이집에 보내는 데 심리적 어려움이 있을 수 있습니다. 이에 본 어린이집에서는 신입 원아와 부모가 새로운 상황에 잘 적응할 수 있도록 다음과 같이 '신입 원아 적응 프로그램'을 실시하고 있습니다.

◎ **목적**

영유아가 보호자와 헤어지는 것을 두려워하지 않고 어린이집을 안전하고 편안한 장소로 느끼며, 새로 교사와 친구에 대해 친밀감을 느끼고. 적응기간을 통해 어린이집 생활에 잘 적응한다.

◎ **진행원칙**

영유아와 보호자가 함께 프로그램에 참여한다.

- 적응 프로그램은 1~2주 정도를 기본으로 하되, 영아의 개인차를 고려하여 융통성 있게 진행된다.
- 영아의 연령, 기질, 발달, 애착, 적응상태, 어린이집 상황, 가정의 상황 등에 따라 기간과 방법을 달리할 수 있다.
- 단기간에 적응시키는 것이 중요한 것이 아니라 영유아의 적응상태를 고려하여 차근차근 진행한다.
- 적응이 늦는다는 것은 문제가 있다는 것이 아니라 주변 상황이나 사물, 사람 등에 대해 민감할 수 있음을 뜻하며, 민감함은 때론 낯선 상황에 대한 판단과 지각능력이 예민하다는 것을 의미할 수도 있음을 이해해야 한다.

◎ **진행단계 :** 최소 1주일 이상의 예

기간	내용	귀가
등원 첫날	짧게 방문하기 엄마와 함께 놀이해 보기 오전간식 먹기	등원 9:30~11:00 하원
둘째 날	어린이집 교실을 둘러봐요	등원 9:30~11:00 하원
셋째 날	선생님과 놀이해요 점심을 먹어요	등원 9:30~12:00 하원
넷째 날	오전 자유선택놀이에 참여해요	등원 9:30~12:00 하원
다섯째 날	친구들과 함께 놀이하기 편안한 마음으로 낮잠 자기	등원 9:30~3시 20분 하원
여섯째 날	하루 종일 지내기	등원 9:30~3시 20분 하원 보호자와 상담 후 귀가시간 조정

*영유아의 적응 정도에 따라 귀가 시간을 달리 조정할 수 있다.

CD 2-3-4

② 신입 영유아의 부모를 위한 오리엔테에션을 실시함

- 기록 확인방법 : 신입 영유아 부모를 위한 오리엔테이션 자료(보육철학, 운영안내), 실시 기록
- 대상 : 학기 초 신입원아 부모, 중간입소 원아 부모
- 방법 : 집단 또는 개별 오리엔테이션 실시

어린이집 운영일지

담당	원장

<table>
<tr><td rowspan="4">20 년 월 일( )</td><td rowspan="3">(초)미세
먼지
예보</td><td>오전 9시</td><td>□ 좋음 □ 보통 □ 나쁨 □ 매우 나쁨</td></tr>
<tr><td>오후 12시</td><td>□ 좋음 □ 보통 □ 나쁨 □ 매우 나쁨</td></tr>
<tr><td>익일 예보 17시</td><td>□ 좋음 □ 보통 □ 나쁨 □ 매우 나쁨</td></tr>
<tr><td>기타</td><td colspan="2">□ 지진 □ 폭염 □ 태풍 □ 폭우 □ 기타( )</td></tr>
</table>

<table>
<tr><td rowspan="2">영유아 입·퇴소</td><td colspan="4">입소 영아 성명(반명)</td><td colspan="4">퇴소 영아 성명(반명)</td></tr>
<tr><td colspan="4"></td><td colspan="4"></td></tr>
<tr><td>인원 / 연령</td><td colspan="2">계</td><td>만 0세</td><td>만 1세</td><td>만 2세</td><td>만 3세</td><td>만 4세</td><td>만 5세</td></tr>
<tr><td>반명</td><td colspan="2"></td><td></td><td></td><td></td><td></td><td></td><td></td></tr>
<tr><td>현원</td><td colspan="2">명</td><td>명</td><td>명</td><td>명</td><td>명</td><td>명</td><td>명</td></tr>
<tr><td>결석</td><td colspan="2">명</td><td>명</td><td>명</td><td>명</td><td>명</td><td>명</td><td>명</td></tr>
<tr><td>보육교직원 출석</td><td></td><td></td><td></td><td></td><td></td><td></td><td></td><td></td></tr>
<tr><td>확인</td><td></td><td></td><td></td><td></td><td></td><td></td><td></td><td></td></tr>
</table>

<table>
<tr><td rowspan="7">보육
교직원
관리</td><td>근무 현황</td><td>□ 연차휴가( )</td><td>□ 기타( )</td></tr>
<tr><td>교직원회의</td><td colspan="2">□ 시간: □ 장소:
□ 참석:
□ 회의내용:</td></tr>
<tr><td>교직원교육</td><td colspan="2">□ 구분(□ 보수교육 □ 필수교육 □ 기타 재교육)
□ 내용:
□ 참석: □ 주관:</td></tr>
<tr><td>교직원 면담</td><td>□ 대상:</td><td>□ 시간:</td></tr>
<tr><td>각종 O.T</td><td>□ 대상:
□ 진행: 원장</td><td>□ 내용: 신규 교직원 오리엔테이션 자료 참조</td></tr>
<tr><td>기타</td><td colspan="2"></td></tr>
</table>

CD 2-3-4

2-4 가정 및 지역사회와의 연계

부모와 어린이집 간에 영유아와 관련된 의사소통이 활발하게 이루어지면 어린이집에서는 영유아의 상태를 고려하여 이들의 활동과 참여를 보고 적절하게 지원해 줄 수 있고, 부모는 어린이집의 경험을 연계하여 영유아가 가정에서 편안하고 즐겁게 생활할 수 있도록 양육할 수 있다. 어린이집을 개방하고 다양한 부모참여와 교육이 이루어지는지, 가정과의 의사소통과 개별면담이 이루어지는지, 지역사회와 연계한 다양한 활동이 이루어지는지에 대해 평가한다.

지표	평가항목	평가방법	결과
2-4-1	어린이집을 개방하여 다양한 부모참여와 교육이 이루어진다.	기록, 면담	충족-Y

① 부모가 보육실 활동을 참관할 수 있는 구체적인 절차와 방법을 안내하고 있음

- 부모가 보육실 참관에 관한 구체적인 절차와 방법을 안내한 자료(운영계획 등)가 있다.

② 부모가 자원봉사, 현장학습 동반, 급식 지원 등의 방법으로 어린이집 운영지원에 참여하고 있음

③ 부모교육을 두 가지 이상의 방법으로 실시하고 있음. 부모교육은 대면교육(집합교육)과 비대면 교육(지면, 온라인매체 등)을 실시하는 것이 바람직함

- 지면 : 가정통신문, 양육정보지, 양육 안내 편지, 리플릿, 소책자 등
- 온라인 매체 : 홈페이지, 카페, 블로그 등
- 집단모임 : 소모임, 부모 강연회, 워크숍 등

보육시설 개방 및 참관 안내문

000어린이집 **개방 및 참관** 관련하여 안내 드립니다.

저희 000어린이집에서는 부모님께 보육프로그램, 어린이집 운영에 이르기까지 보육일과를 지켜보거나 활동의 일부를 자녀와 함께 참여할 수 있도록 항상 어린이집을 개방하고 있습니다. 자녀와 함께하는 보육경험은 서로 신뢰하고 지지적인 관계로 발전하여 자녀의 건강한 성장과 발달을 도울 수 있으며 자녀의 행동 및 어린이집을 이해하는데 도움이 될 것입니다. 또한 어린이집은 부모, 어린이집, 지역사회가 더불어 건강한 양육환경을 조성하고 영아와 행복한 가정을 증진하기 위함입니다.

영유아보육에 지장을 초래하지 않는 범위 내에서 모두에게 유익한 기회가 되도록 다음 사항에 협조해 주시기 바랍니다.

– 보육실 개방 안내 –

1. 반별 보육실 개방시간과 관련하여서는 담임선생님과 협의하여 주시기 바랍니다.
2. 부모님의 보육실 입실과정에서 영유아들의 안정된 생활과 선생님들의 보육활동이 원활히 진행될 수 있도록 협조 부탁드립니다.
3. 특히 영아반 부모님께서는 보육실 입실 시 어린이집 원아들의 건강과 청결한 위생을 위해 손을 깨끗이 씻고 입실하여 주시기 바랍니다.
4. 감기, 감염성 질환 등이 있는 경우에는 보육시설 입실이 제한되오니 양해 바랍니다.

– 보호자의 참관 안내 –

- 참관 자격 : 000어린이집에 재원 중인 영유아 보호자
- 참관 시기 및 방법 : 보호자가 참관을 요구하는 경우 보육실에 지장이 없는 시간대를 선택하여 참관할 수 있습니다.

000어린이집 원장

자원봉사자 모집 안내

00어린이집에서는 영유아의 특성화 활동과 지역사회연계 프로그램으로 부모님의 '자원봉사' 제도를 운영하고 있습니다.

부모님의 다양한 봉사를 통해 00영유아들이 즐겁고 유익한 시간을 될 수 있도록 관심 가져 주시고 많은 신청(중복 가능) ☑ 바랍니다.

자원봉사 활동 내용 (예)

☐요리 ☐인형극 ☐만들기 ☐동화구연 ☐마술 ☐예절교육 ☐급식도우미
☐직업체험(사업장 방문도 가능)미용사, 소방서, 경찰서, 병원, 은행 등 ☐텃밭 가꾸기 ☐ 숲 체험활동
☐기타( )

위와 같이 자원봉사를 신청합니다.
20 년 월 일

( )반 원아명( )
보호자 : (서명)

CD 2-4-1

지표	평가항목	평가방법	결과
2-4-2	평소 가정과 다양한 방법으로 소통하고 정기적인 개별면담을 통해 가족을 지원한다.	기록, 면담	충족-Y

① 평소 두 가지 이상의 방법으로 가정과 소통하고 있음

- 지면 : 가정통신문, 알림장, 소책자, 게시판 등
- 온라인 매체 : 문자메시지, SNS, 스마트알림장, 홈페이지, 카페 블로그 등
- 수시면담 : 영유아의 특성이나 가정의 배경을 고려한 비정기적인 의사소통 등
- 집단모임 : 소모임, 행사 등
- 부모만족도조사 : 어린이집의 서비스 전반 및 운영에 대한 만족도조사

  * 현장평가월 기준 1년 이내 실시기록 확인

Tip 부모만족도 조사

CD 2-4-2

② 모든 영유아의 부모와 연 2회 이상(학기당 1회 이상) 개별면담하고 주요 면담내용을 기록, 관리함

- 개별면담 실시 기록은 일시, 대상 및 면담자, 면담 내용이 있다.
- 부모 개별면담 진행 당시 재원 영유아를 기준으로 평정한다.

  (신규 개원 6개월 이내 : 1회 이상).

③ 영유아나 가족의 문제를 파악하고 이해하고자 노력하고 있음

- 영유아의 적응 문제나 가족이 당면한 문제를 영유아 관찰, 개별면담, 가정통신문 등을 통해 파악하고 있다.
- 보호자가 요청할 경우, 지역사회 전문기관에 대한 정보를 제공한다.

수시 부모 개별면담
(적응, 문제행동, 발달 관련)

날짜	원아명	부모의견	교사의견	상담자 확인

부모면담 일지

<table>
<tr><td colspan="2">면담일시</td><td>년 월 일
오후 시 분~ 시 분</td><td>면담교사</td><td></td></tr>
<tr><td colspan="2">영유아 이름</td><td></td><td>생년월일</td><td>20 년 월 일(만 세)</td></tr>
<tr><td colspan="2">면담 참여자</td><td></td><td>면담형태</td><td>방문 ( ) 전화 ( )</td></tr>
<tr><td colspan="2">상담자료</td><td colspan="3">일일관찰일지, 포트폴리오, 작품, 기타(체크리스트) 상담자료에 사용되었던 것 체크</td></tr>
<tr><td colspan="2">구분</td><td>교사 의견</td><td colspan="2">부모 의견</td></tr>
<tr><td rowspan="6">현행 수준</td><td>기본생활</td><td>• 숟가락을 사용하여 음식을 혼자 먹을 수 있으며 스스로 하려고 합니다.
• 음식을 고루 먹으며 국물류를 좋아합니다. 먹고 난 자리를 교사의 도움을 받아 정리하는 것이 가능합니다.
• 일과의 규칙과 약속을 이해하고 있으나 주변에 관심이 많아 지키는 데 어려움이 있습니다.
• 손가락을 빨고 잠이 듭니다.</td><td colspan="2">• 급·간식을 먹을 때, 손을 사용해 먹는 경우가 잦으며 급하게 음식을 먹습니다. 얼굴, 손 등에 음식을 많이 묻히며 조금은 지저분하게 먹습니다. 저녁 9시경 잠이 들고 자는 동안 깨지 않으나 오전 6시경에 깨어나 활동하여 낮시간에 피곤해할 것 같습니다. 배변훈련은 00이가 아직 표현하거나 불편해하지 않아 요구사항이 있을 때 시작하려고 합니다.</td></tr>
<tr><td>신체운동</td><td>• 신체 움직임이 많으며 활동 반경이 크나 쉽게 지치며 누워서 놀잇감을 가지고 놀이하는 모습을 보입니다.
• 소근육이 대근육보다 발달되어 있으며 뛰어가다가 넘어지는 경우가 종종 있습니다.</td><td colspan="2">• 건강 : 열에 민감하고 체격이 왜소한데 활동량은 많아 쉽게 피로해합니다. 체력적으로 받쳐줄 수 있도록 음식을 잘 먹이려고 하는데 잘 먹는 것에 비해 몸이 건강하지 않아 걱정입니다.</td></tr>
<tr><td>의사소통</td><td>• 싫은 것을 표현할 때 "에이~"라는 표현을 사용합니다.
• 요구사항을 표현할 때 단어보다는 칭얼거림으로 표현합니다.
• 그림책을 읽어주면 내용을 기억하여 장면으로 보고 이야기합니다.</td><td colspan="2">• 의사표현방법 : 원하는 것이 있을 때나 요구사항이 받아들여지지 않을 경우 징징거리며 심하게 떼를 씁니다.</td></tr>
<tr><td>사회관계</td><td>• 인형을 재우거나 식탁을 차려 음식을 먹이는 등의 일상 모방행동이 놀이에 나타납니다.
• 친구에 대해 인식하고 있으며 혼자 놀이하는 것보다 또래와 함께 놀이하는 것을 즐깁니다. 나누는 것이 가능하며 친구에게 호의적입니다.
• 이불, 수건 등의 애착물이 있습니다.</td><td colspan="2">• 주놀이대상, 부모님(양육자) 성향 : 주된 양육은 외할머니가 하고 계시며, 아빠는 엄하지만 재미있는 놀이상대로 여기고 있습니다. 형과 신체놀이를 즐기며 활동량이 많고 성격도 급해서 놀이 중에 잘 넘어지고 다칩니다.</td></tr>
<tr><td>예술경험</td><td>• 노래 부르기, 신체를 이용한 표현활동 등을 즐겨하고 그림으로 표현하는 것을 좋아합니다.
• 감정 표현이 얼굴 표정으로 두드러지게 나타납니다.</td><td colspan="2">• 노래를 부르는 것보다는 신체를 이용한 놀이를 좋아하고 아빠, 형과 함께 놀이하는 것을 매우 좋아합니다.</td></tr>
<tr><td>자연탐구</td><td>• 호기심이 많으며 새로운 것에 대해 적극적인 반응을 보입니다.
• 교사와 함께 수를 셀 때 손가락으로 가리키며 카운트가 가능합니다.</td><td colspan="2">• 호기심이 많고 궁금한 것도 많아 집안 여기저기 돌아다니며 놀이합니다.</td></tr>
<tr><td colspan="2">종합의견</td><td colspan="3">교사가 관찰하였던 모습과 가정에서의 모습이 일관되게 나타남을 알 수 있었습니다. 체력적으로 힘들어하는 영아를 위해 에너지를 보충할 수 있도록 간식, 점심 시간에 충분히 영양을 섭취하도록 하고, 오후 낮잠 시간 외에 영아가 개별적으로 휴식을 취할 수 있도록 배려하며 건강관리에 집중해 보육해야겠습니다.</td></tr>
</table>

지역사회 전문기관의 예

가족 간의 문제와 영유아의 발달적 특성과 고민을 상담할 기관이 필요하신가요?
가족과 관련한 상담을 할 수 있는 가정상담센터가 지역에 위치하고 있음을 말씀드립니다.
여성 긴급전화 1366센터를 통해 가정상담센터에 대한 정보를 안내 받으실 수 있습니다.
* 여성 긴급전화 1366센터 : 국번 없이 1366, (휴대전화 사용시에는 지역번호+1366)

구분	연락처	참고
000건강가정지원센터		• 약화된 가족 기능의 회복과 가족문제 예방 • 가족의 역량 강화를 지원.
000아동돌봄지원사업		• 영유아 및 방과 후 아동, 심야, 주말일시보육
다문화가족지원센터		• 다문화가족, 결혼이민자의 안정적인 한국생활 정착에 필요한 생활정보 및 정책정보를 제공
000아동발달센터		• 발달검사 및 언어·놀이치료
선천성 대사질환협회		• 선천성 대사 질환에 대한 소개 및 상담
000육아지원센터		• 아동상담·지원 및 부모교육 • 영유아 육아에 대한 제반 정보 및 편의 제공 • 어린이집과의 연계체계를 구축함으로써 어린이집 운영의 효율성을 높임.
000동사무소		• 양육수당 및 보육료 지원
00병원		• 주치의 지정협력병원
000 보건소		• 생애주기별 건강증진사업 • 감염병예방사업 • 방문보건사업 등 보건의료서비스 제공
000시·군·구 보육과		• 보육담당
000 구조대		• 지역 소방서
아동학대	112	• 전국아동학대 보호전문기관

CD 2-4-2

지표	평가항목	평가방법	결과
2-4-3	지역사회와 연계한 다양한 활동을 실시하고 있다.	기록	충족-Y

① 지역사회자원을 이용한 활동을 월 1회 이상(영아의 경우 2개월에 1회 이상) 실시한 기록이 있음

- 지역사회 자원을 이용한 활동 : 공원, 산책로 등을 활용한 일상생활 관련 활동
- 도서관, 우체국, 초등학교, 노인센터, 마트, 해변, 생태습지, 박물관, 유적지 등 방문활동
- 경찰관, 소방관, 보건소 직원 등이 어린이집을 방문하여 안전·건강에 대한 교육하는 활동 등
- 지역사회 어르신들이 어린이집을 방문하는 예절교육, 동화책 읽어주기 등을 지원

• 인근 노인정·마을회관에 방문하여 즐겁게 해드릴 수 있는 미니공연, 아동안전에 대한 미니 캠페인 등

3. 3영역 : 건강 안전

영유아의 건강과 안전은 신체적 상해 없이 건강하게 보호되는 것을 말하지만, 궁극적으로는 방임, 학대 등과 같은 정서적 문제로부터도 안전하게 보호되는 것을 포함한다. 실내외 공간의 청결 및 안전, 급·간식, 건강증진을 위한 교육 및 관리, 등·하원 안전, 안전교육과 사고예방 등 총 5개 지표를 중심으로 평가한다.

평가지표 3-4. 등·하원의 안전

	평가항목	Y	N
1	교사는 영유아는 출석을 확인하며 인계규정에 따라 귀가지도를 한다.		
2	영유아는 등원부터 하원까지 성인의 보호하에 있다.		
3	등·하원용 차량을 운행할 경우 안전요건을 갖추어 관리한다.		

지표 등급	우수	보 통	개선필요	총 3개(Y개수)
	3	2	1	

3-1 실내외 공간의 청결 및 안전

영유아는 성인에 비해 면역력이 약해 질병 등에 취약하므로 보건위생 측면에서의 청결과 안전이 중요하다. 어린이집의 환경이 쾌적하고 안전하여 질병이나 사고의 위험이 없는 상태로 조성되는 것은 영유아의 신체적 건강은 물론 전인적 발달을 지원하기 위한 기본 조건이다. 따라서 어린이집의 실내외 공간이 청결하고 쾌적하게 관리되는지, 실내외 공간과 설비가 위험요인 없이 안전하게 관리되는지, 실내외 놀잇감과 위험한 물건 등이 안정하게 관리되는지를 평가한다.

지표	평가항목	평가방법	결과
3-1-1	실내외 공간이 청결하고 쾌적하게 관리한다.	관찰, 면담	①-④ 3개충족-Y

① 실내외 공간을 청결하게 유지함.

- 보육실 및 실내공간 : 현관과 복도, 유희실, 교사실, 자료실, 식단, 계단 등
- 실외 공간 : 옥외놀이터, 어린이집 출입구, 고정식 놀이터 등
  - 찌든 때, 먼지, 해충 등이 없이 청결함
  - 비치된 설비와 비품 청결 유지 : 가구, 가전제품, 매트, 청소도구와 보관함, 휴지통
  - 화장실과 세면대 수건 청결 유지 관리 : 바닥, 변기, 휴지통 등

영아

- 기저귀는 반드시 지정된 공간에서 갈기(기저귀갈이대, 화장실)
- 기저귀갈이대 갈기 전·후 닦아 청결한 생태 유지
- 기저귀갈이대 위에 별도의 깔게 사용 시 갈 때마다 교체
- 이동식 변기는 사용 후 빠른 시간 내(1시간 이내) 처리

② 실내외 놀잇감을 청결하게 유지함.

- 놀이기구, 놀잇감, 및 활동자료, 보관함이나 바구니 등이 청결한 상태이다.

영아

입에 넣고 빨기 쉬운 놀잇감은 놀이가 끝난 후 별도 바구니에 분리하고 매일 세척

③ 개별 침구를 청결하게 유지함

- 모든 영유아는 개별 침구를 사용한다(이불, 요, 베개).
- 모든 개별 침구와 여분의 침구가 청결하다.
- 침구를 보관하는 장소가 청결하다.
- 동일한 모양과 색깔일 경우 개별 구분의 표시를 하고, 놀이매트는 침구로 사용 안 한다.

④ 실내의 공기 질, 온도, 습도, 채광, 조명을 적정하게 유지함

- 실내 공간의 창문을 자주 열고 환기시킨다.
- 공기청정기를 구비하여 작동하고 필터 등을 청결하게 관리한다.
- 보육실 및 실내공간은 자연채광이 충분하며, 조명시설이 갖추어져 제대로 작동한다.
- 창문의 2/3 이상이 불투명 선팅지(한지), 가구 등으로 가려져 있거나 하루 종일 커튼

(블라인드)을 치는 경우에는 자연채광이 충분하지 않은 것으로 평정

- 계절이나 날씨를 고려하여 실내 온도와 습도를 쾌적하게 유지하고 있다.

계절 및 날씨 관련 놀이활동 기준

1. 황사 및 미세먼지일 때 놀이 기준

- 황사 및 미세먼지 경보에 주의를 기울인다.
- 예측농도 약간 나쁨(81~120$\mu g/m^3$) : 장시간 실외활동 자제한다.
- 예측농도 나쁨(121~200$\mu g/m^3$) : 무리한 실외활동을 자제하고 대체활동을 한다.
- 예측농도 매우 나쁨(201~300$\mu g/m^3$) : 실내놀이로 대체하여 활동한다.
- 실외활동 시에는 보호안경, 마스크, 모자 등을 착용하고, 긴 소매의 옷을 입도록 한다.
- 실외활동 후에는 손과 발을 씻도록 한다. 특히 미지근한 물로 눈을 헹구어 주고, 양치질 등으로 입 안도 깨끗이 해준다.

2. 오존예보 놀이 기준

- 봄, 여름철 햇빛이 강한 오후 2~3시에 가장 많이 발생하므로 오후 2~3시까지의 실외활동은 자제한다.
- 예측농도 보통(0.041~0.080ppm) : 실외활동 및 과격운동을 자제한다.
- 예측농도 나쁨(0.081~0.300ppm) : 장시간 실외활동 및 학습을 자제한다.
- 예측농도 매우 나쁨(0.301~0.500ppm) : 실내놀이로 대체하여 활동한다.

3. 폭염일 때 놀이 기준

- 영유아들이 최대한 햇빛 노출을 피하도록 한다.
- 오전 11시~오후 4시까지의 야외 활동은 자제한다.
- 실외(야외)활동이 '꼭' 필요하다면 오전 11시~오후 4시의 가장 더운 시간대를 피하고, 가급적 30분을 넘지 않도록 한다.
- 실외활동(야외활동) 시 그늘막을 쳐서 놀이할 수 있도록 하고, 충분한 물을 준비하여 영유아들이 규칙적으로 물을 마실 수 있도록 한다.
- 햇볕이 강하고 더운 시간대에 영유아가 실외놀이나 물놀이를 장시간 할 경우 노출 부위는 선크림 등 자외선 차단제를 발라 피부를 보호한다.

4. 비가 올 때 놀이 기준

- 비가 많이 내리는 날씨에는 산책을 할 경우 영유아는 필요에 따라 우산, 비옷, 장화 등을 갖추도록 지도한다.
- 우산은 투명하여 넓은 시야를 확보할 수 있는 것으로 한다.

5. 추운 겨울일 때 놀이 기준

- 실외놀이를 할 때 영유아는 따뜻한 겉옷과 장갑 등을 갖추도록 지도한다.
- 노출 부위를 따뜻하게 하고 특히 머리 부분이 따뜻하도록 모자나 귀마개, 목도리 등 을 착용한다.
- 무리한 놀이로 인해 피로가 누적되지 않도록 한다.

기저귀갈이공간

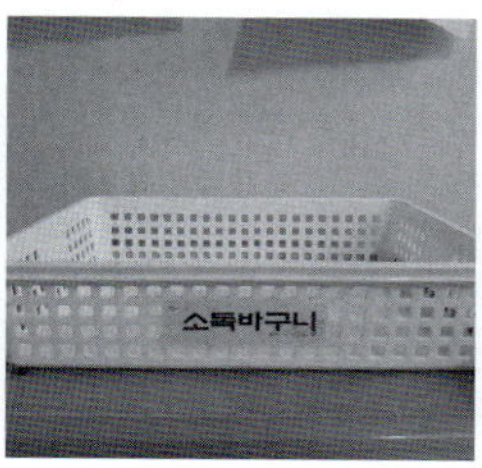

소독바구니

화장실 청결

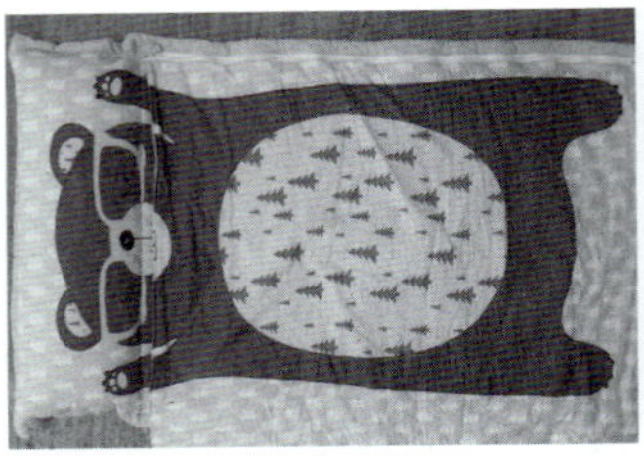

000

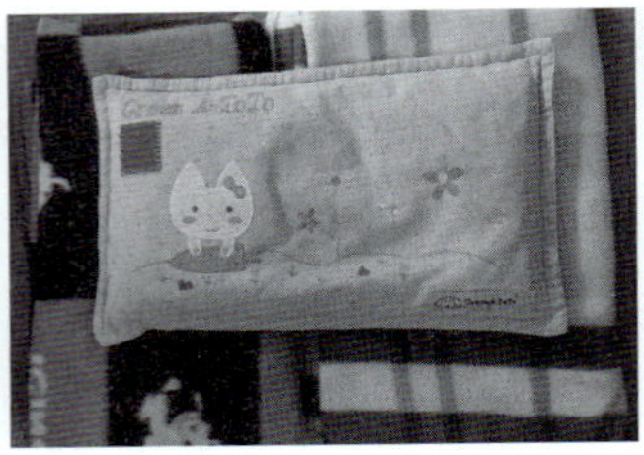

예비

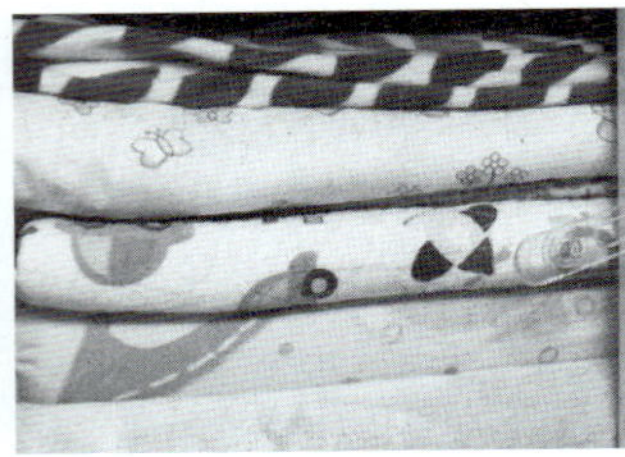

정리

이불관리

- 기록 확인 : 실내공기질 측정 결과 기록이 있음(연 1회 이상, 측정 결과 '양호')

※「실내공기질관리법」에 따른 실내공기질 측정 결과 기록 확인(단 연면적 430m² 미만 은 관찰로만 평정)

지표	평가항목	평가방법	결과
3-1-2	실내외 공간과 설비를 위험요인 없이 안전하게 관리한다.	관찰	①-④ 3개충족-Y

① 현관문, 출입문, 창문, 천장, 바닥, 벽면을 위험요인 없이 안전하게 관리함

- 현관문 : 개폐장치 설치
- 출입문(보육실, 화장실, 현관 중문) : 손낌 방지 장치, 문턱 마감처리 등
- 창문보호대 설치 : 창문 하단의 높이가 바닥으로부터 120cm 이하(2층 이상)
- 천장, 바다, 벽면 : 균열, 돌출 등 위험요인이 없음
- 계단, 화장실, 세면대 : 미끄럼 방지를 위한 안전조치

추락 방지

손끼임 방지

현관문 개폐장치

화장실 미끄럼 방지

② 실내외 공간의 고정식 및 이동식 시설·설비, 전기설비 등을 위험요인 없이 안전하게 관리함

- 보육실 및 실내공간 : 벽면 게시판, 선반, 선풍기, 온 열기, 돌출형 라디에이터, 화기시설, 가스밸브, 블라이드 줄, 샤워기 줄, 덤웨이터, 고정식 놀이기구, 책상, 의자, 활동자료장, 가전제품 등
- 실외 공간 : 바닥, 고정식 놀이기구, 에어컨 실외기, LPG 가스통, 사고 유발 위험이 있는 적재물 등
- 전기콘센트, 전선줄 : 안전덮개, 잡아당기거나 거려 넘어지지 않도록 관리

전기 콘센트 마감

블라인드 줄

주방 출입 안전문

안전문

③ 세면대, 정수기의 온수 사용을 위험요인 없이 안전하게 관리함

- 온도 조절을 위한 안전조치가 마련되어 있다.

정수기 관리

사물함 손끼임 방지

온수 조절

샤워줄 안전

④ 영유아가 성인이 주로 사용하는 실내외 공간에 출입하지 않도록 관리함

- 원장실, 교사실 : 성인의 보호 없이 영유아가 출입하지 않음
- 조리실, 보일러실, 자료실 등 : 영유아가 출입하지 못하도록 관리

※ 조리실과 영유아의 활동공간이 분리되어 있는 않을 경우 안전장치 설치

지표	평가항목	평가방법	결과
3-1-3	실내외 공간의 놀잇감 및 활동자료와 위험한 물건을 안전하게 관리한다.	관찰	①-④ 3개충족-Y

① 보육실 내 놀잇감 및 활동자료를 안전하게 관리함

- 보육실 내 놀잇감, 활동자료, 보관함, 바구니 등은 파손된 부분이 없이 안전하게 관리되며, 실물자료는 안전한 방식으로 제공한다.

② 실내외 공간에 비치된 놀잇감 및 활동자료를 안전하게 관리함

- 실내외 공간의 모든 놀잇감, 활동자료, 보관함, 바구니 자전거, 탈것(이동식 놀이기구) 등 파손된 부분이 없이 안전하게 관리되고 있다.

③ 보육실 내의 위험한 물건을 안전하게 보관·관리함

- 위험한 물건은 영유아의 손에 닿지 않는 곳에 별도로 보관 또는 잠금장치를 이용한다.

④ 실내외 공간의 위험한 물건을 안전하게 보관·관리함

- 보육실 내 모든 위험한 물건을 영유아의 손이 닿지 않는 곳에 별도로 보관한다.

영아

직경 3.5cm 이하 작은 크기의 물건이나 놀잇감이나 활동자료가 없다.

위험한 물건의 예

- 칼, 성인용 가위, 송곳, 스테이플러, 커터기
- 접착제, 본드, 글루건, 살충제, 방향제, 어항 수질개선제, 침핀, 건전지, 놀잇감 제시된 화장품 내용물이 들어 있는 용기 등
- 비상약품, 영유아가 투약을 위해 가져온 약 등
- 영아(만 0~1세)가 삼킬 수 있는 놀잇감이나 활동자료
  - 직경 3.5cm 이하 작은 크기의 물건이나 놀잇감(블럭이나 구슬, 솜공, 콩, 은행, 도토리 등)

3-2 급·간식

영유아기는 신체적으로 급속한 성장과 발달이 이루어지는 시기로 어린이집에서는 양질의 급·간식을 통해 영유아의 성장을 지원해야 한다. 양질의 식사와 간식은 영유아의 건강과 신체발달에 절대적인 요소로, 영유아는 청결하게 조리된 질 좋은 먹거리를 섭취하여 신체의 건강과 발달을 이루고, 면역력을 키워 질병을 예방할 수 있다. 따라서 영양

의 균형을 고려한 안전한 급·간식이 제공되는지. 식자재의 구입·보관 및 조리 공간이 위생적으로 관리되는지, 조리 및 배식과정이 청결하고 위생적인지 등을 평가한다.

지표	평가항목	평가방법	결과
3-2-1	영양의 균형을 고려한 급·간식을 제공하고 있다.	기록, 관찰, 면담	①-④ 3개충족-Y

① 영양사가 작성한 식단에 따라 급·간식을 제공함

- 영양사(임용된 영양사 또는 어린이집급식관리지원센터, 육아종합지원센터 등)가 작성한 식단표를 사용한다.
- 영아의 월령, 발달을 고려 : 영아용 식단(이유식) 체계적으로 수립한다.
- 토요일 운영 시 토요일 식단을 포함한다.
  - 계획된 식단표와 실제 제공된 식단이 일치하여야 한다.

② 영유아의 연령 특성을 고려한 급·간식(양, 크기, 맛, 조리형태)을 제공함

- 연령, 개별요구를 맞추어 충분한 양의 급·간식을 제공(추가배식)한다.
- 제공된 음식물은 뜨겁거나, 차갑거나, 맵고 짜지 않게 조리한다.
- 영아의 월령이나 발달단계에 따른 이유식의 조리형태(유동식, 반고형식, 고형식)가 달라진다.

③ 인스턴트식품보다 자연식품 위주로 급·간식을 제공함

- 조리 절차가 간단하고 식품 첨가물이 함유된 인스턴트식품(라면, 자장면 등)이나 냉동식품, 탄산음료, 과자류가 50%이상 포함되지 않는다.

④ 식품 알레르기 질환에 대한 지침을 마련하여 실행함

- 오리엔테이션, 운영방침, 가정통신문 등을 통하여 식품 알레르기 질환에 대한 지침을 마련하여 보호자에게 안내한다.
- 안내자료 필수 기재사항 : 알레르기 질환 관련 내용, 실질적인 대처방법(대체음식 제공 등)
- 기록 확인사항 : 알레르기 질환 조사 기록, 알레르기 질환 영유아가 있는 경우 조리 및 배식이 이루어진 기록이 있어야 함(보육일지나 운영일지)

000어린이집 7월 식단

(만 3~5세 죽형)

강동구 어린이급식관리지원센터
Center for Children's Foodservice Management
영양사 : 000

*알레르기 유발식품 안내 (각 번호의 품목을 확인하고 알레르기 반응을 보이는 영유아에게는 해당 식품을 제한)
①난류 ②우유 ③메밀 ④땅콩 ⑤대두 ⑥밀 ⑦고등어 ⑧게 ⑨새우 ⑩돼지고기 ⑪복숭아 ⑫토마토 ⑬아황산류 ⑭호두 ⑮닭고기 ⑯쇠고기 ⑰오징어 ⑱조개류(굴, 전복, 홍합 포함) ⑲잣

*된장, 간장 등 장류에는 ⑥밀이 포함되어 있어 알레르기 유발 식품에 해당되므로 제품의 식품표시사항을 확인하시기 바랍니다.

일자/요일	1(월)	2(화)	3(수)	4(목)	5(금)	6(토)
오전간식	표고장죽⑤⑥, 파프리카스틱	단호박죽	쇠고기채소죽⑯	두부감자죽⑤	새우살죽⑨	누룽지죽
점심	쌀밥 달걀파국① 돈사태찜⑤⑩ 상추무침 깍두기⑨	현미밥 유부된장국⑤⑥ 간장닭갈비⑤⑮ 콩나물무침⑤ 배추김치⑨	쌀밥 돈육짜장⑤⑥⑩ 견과류잔멸치볶음⑤⑭ 배추김치⑨	수수밥 들깨미역국 삼치무조림⑤ 오이무침 배추김치⑨	기장밥 북엇국 채소달걀찜① 시금치나물 깍두기⑨	우동⑥ 깍두기⑨ 바나나
오후간식	짜장떡볶이⑤⑥	소보로빵①② ⑥, 우유②	삶은달걀①, 수박	토마토스파게티 ⑥⑩⑫, 오렌지	약밥(고로케①⑤ ⑥), 우유②	치즈②
열량(kcal)/ 단백질(g)	548/22	721/27	534/25	665/24	675/28	352/10
일자/요일	8(월)	9(화)	10(수)	11(목)	12(금)초복	13(토)
오전간식	참치채소죽	브로콜리수프②, 방울토마토⑫	달걀김죽①	치즈감자죽②	들깨버섯죽, 수박	견과류죽④⑭
점심	차조밥 감자된장국⑤⑥ 돈불고기⑤⑩ 애호박볶음⑤ 배추김치⑨	쌀밥 다시마무채국 쇠고기메추리알장조림 ①⑤⑯ 느타리버섯나물 배추김치⑨	채소볶음밥⑤ 안매운짬뽕국 ⑤⑨⑰⑱ 콩자반⑤ 깍두기⑨	쌀밥 순두부국⑤ 임연수살구이⑤⑥ 근대나물 배추김치⑨	찹쌀밥 삼계탕⑮ 청포묵김가루무침 깍두기⑨	자장밥⑤⑥ 달걀국① 배추김치⑨
오후간식	우엉주먹밥⑤, 둥굴레차	식빵&과일잼② ⑥, 우유②	찐고구마, 우유②	비빔국수⑤⑥ (잔치국수⑤⑥)	설기떡(카스텔라 ①②⑥), 우유②	오렌지

구분	변경 가능한 대체 식품	
밥	콩밥, 옥수수밥, 차조밥, 기장밥, 흑미밥, 현미밥, 녹두밥, 율무밥, 발아현미밥, 혼합잡곡밥 등 * 밥은 잡곡종류로 시설에서 구매가능 한 어느 잡곡이나 사용하셔도 됩니다.	
국	채소국	호박국, 근대국, 감자양파국, 시금치된장국, 미역국, 콩나물국 등
	고깃국	쇠고기무국, 육개장, 닭개장, 북어채무국, 황태채무국, 어묵국, 오징어무국 등
주반찬	육 류	제육볶음, 불고기, 돈(쇠고기)장조림, 닭볶음탕(조림), 훈제오리 등
	어 류	고등어, 꽁치, 임연수, 코다리, 병어, 삼치, 장어(조림,구이), 오징어볶음 등
	알류 및 콩류	달걀말이, 달걀장조림, 달걀찜, 메추리알조림, 두부조림(구이), 콩자반 등
부반찬	청경채, 고사리, 양파, 근대, 부추, 감자, 양상추, 가지, 피망, 애호박, 시금치, 양배추 등을 이용한 볶음이나 무침으로 대체 가능	

(계속)

구분	변경 가능한 대체 식품
김치	오이소박이, 백김치, 배추김치, 깍두기, 동치미 등
과일	사과, 배, 딸기, 키위, 파인애플, 바나나, 토마토, 귤, 블루베리 등
떡	송편, 꿀떡, 바람떡, 영양떡, 증편, 꿀백설기, 백설기, 무지개떡, 보리떡, 호박설기, 쑥설기, 절편, 경단 등
빵	크로와상, 모닝빵, 토스트, 샌드위치, 페이스트리, 핫케이크, 머핀, 호빵, 단팥빵, 마들렌 등
차	보리차, 둥글레차, 옥수수차, 매실차, 유자차, 모과차, 대추차, 메밀차, 현미차 등

식품 알레르기 조사

어린이집 급·간식 제공 시 식품알레르기가 있을 경우, 영유아의 건강에 심각한 문제가 발생할 수 있습니다. 식품에 대한 알레르기 반응이 있을 경우, 해당식품과 대체 가능 식품을 알려주시기 바랍니다.

식품 알레르기 여부	알레르기 유발 식품	알레르기 증상	대체가능 식품	병원진단 유무
ㅁ 있음 ㅁ 없음				

※ 알레르기를 유발하는 대표적인 식품(예): 난류, 우유, 메밀, 땅콩, 대두, 밀, 고등어, 게, 새우, 돼지고기, 복숭아, 토마토, 아황산염 등

※ 현재 식품알레르기 증상이 없으나 이후 증상이 발생 할 경우, 반드시 어린이집으로 관련 내용을 알려주시기 바랍니다.

CD 3-2-1

지표	평가항목	평가방법	결과
3-2-2	식자재의 구입·보관 및 조리공간은 위생적으로 관리하고 있다.	관찰, 면담	①-④(필수포함) 3개충족-Y

① **필수** 식재료는 신선한 것을 구입하고 이를 위생적으로 보관함

② **필수** 유통기한 경과 식품(식자재 등)이 없음

- 평정대상 : 어린이집 내의 모든 공간에 있는 유통기한이 표기된 모든 식품(수입식품 포함)

  ※ 영유아가 섭취할 수 없는 건강기능식품(식품의약품안전처 인증 식품에 한함), 커피는 제외

③ 조리실 공간(바닥, 벽, 천장 등)과 조리실 내 시설·설비(개수대, 조리대, 식기수납장, 가스렌지, 후드, 환풍기, 주방가전 등)를 청결하게 유지함

④ 식기류(컵 등)와 조리실 비품(조리도구, 행주 등)을 위생적으로 관리됨

- 식기류, 조리실 비품(조리도구, 행주 등)은 사용 후 세척, 소독하여 위생적으로 관리한다.
- 도마 칼은 교차오염 방지를 위해 육류용, 어패류용, 기타채소류용 등으로 구분하여 사용

- 식수대에 청결한 상태의 컵을 비치하여 사용 전·후로 구분하여 사용한다.
- 개인 컵을 반복 사용하는 경우 수시로 청결상태를 확인, 관리한다.

영아

수유용 젖병과 젖꼭지는 1회 사용 후 소독하여 관리한다.

지표	평가항목	평가방법	결과
3-2-3	조리 및 배식과정을 청결하고 위생적으로 관리하고 있다.	관찰, 면담	①-④(필수포함) 3개충족-Y

① 조리가 위생적으로 이루어짐

- 조리를 하는 교직원(조리원, 조리업무를 하는 원장 등)은 조리 시 위생적인 복장을 갖추고, 전용 앞치마(또는 위생복), 전용 머릿수건(또는 위생모), 조리실 전용 신발(또는 위생화)이나 덧신을 착용한다.
- 조리 전 손을 씻고, 식재료 준비 작업은 조리대에서 하며, 식재료의 전 처리 작업이 청결하게 이루어진다.
- 조리 중(전 처리 작업 포함)이거나 조리된 식품은 맨손으로 취급하지 않으며, 맛보기는 별도 숟가락을 사용한다.

② 배식기과정이 위생적으로 이루어짐

- 청결한 행주로 식탁(책상)을 닦고, 개별 배식도구(집게, 가위)와 개인별 시기를 사용한다.

③ **필수** 1회 조리된 음식은 당일 소모하고 재배식하지 않음

- 당일 조리된 음식은 당일 소모를 원칙으로 하고 1회 조리된 음식은 배식 완료 후 남았을 경우 이를 전량 폐기한다.

④ 마실 물, 우유 등은 위생적으로 관리함

- 마실 물은 끓여서 식힌 물이나 생수를 제공한다(정수기 꼭지와 필터 관리).
- 모유와 우유는 냉장보관하며, 먹다 남은 모유나 우유는 즉시 폐기한다.
- 영유아가 쉽게 마실 수 있도록 보육실 또는 층별로 마실 물과 물 컵을 비치한다.

조리원 복장

조리실 위생

먹는 물 관리

용도	칼·도마
육류	빨간색
생선	파란색
채소, 과일	연두색
김치	주황색

칼, 도마 용도

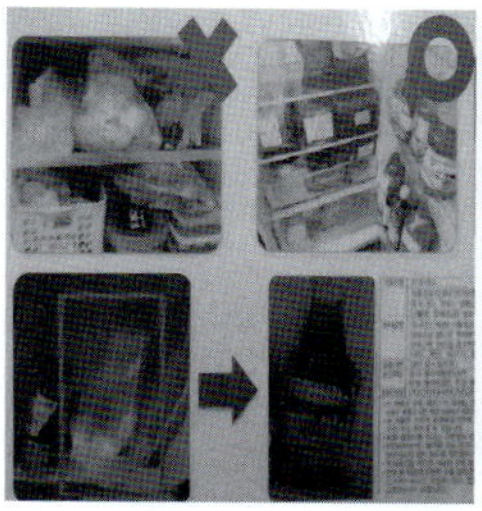

식자재 보관 방법

식자재 입고 날짜 기록

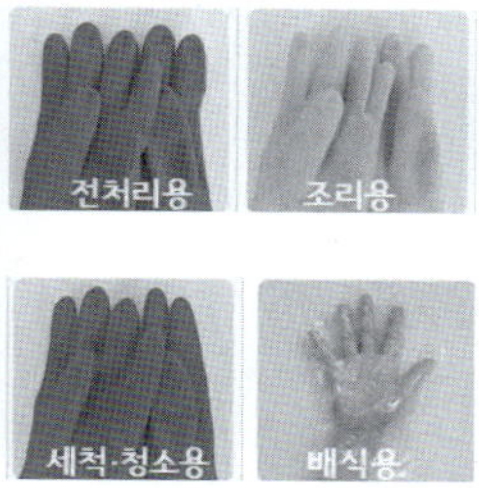

장갑 구분 사용

맛보기 숟가락

3-3 건강증진을 위한 교육 및 관리

영유아는 위생습관을 실천함으로써 면역력을 증진시키고, 질병에 감염될 가능성을 낮출 수 있다. 또한 영유아는 발달수준에 적합한 건강·영양교육을 통해 스스로 자신의 신체 및 정신 건강에 관하여 인식하고 관리할 수 있는 기초를 형성하게 된다. 영유아와 교직원이 손 씻기 등 개인위생을 실천하는지, 교사가 영유아의 건강상태를 살펴보고 적절히 지원하는지, 영유아와 교직원의 건강증진을 위한 예방관리 및 교육이 이루어지는지 등을 평가한다.

지표	평가항목	평가방법	결과
3-3-1	손 씻기, 양치질 등 청결한 위생습관을 실천한다.	관찰	①-④ 3개 충족-Y

① 교사는 손을 씻어야 하는 상황에서 반드시 손을 씻음

- 음식을 먹이거나 다루기 전, 바깥놀이 후, 변기 사용 후, 기저귀를 갈아주거나 변기 사용을 도와준 후 등

- 기저귀 갈이를 연속으로 하는 경우, 중간 시점마다 손 소독제를 사용할 수 있으나 마지막에는 반드시 손을 씻는다.

② 영유아는 손을 씻어야 하는 상황에서 반드시 손을 씻음

- 음식을 먹기 전, 바깥놀이 후, 대·소변 후 등
- 교사는 영유아가 도움이 필요로 하는 경우 손 씻기를 지원한다.

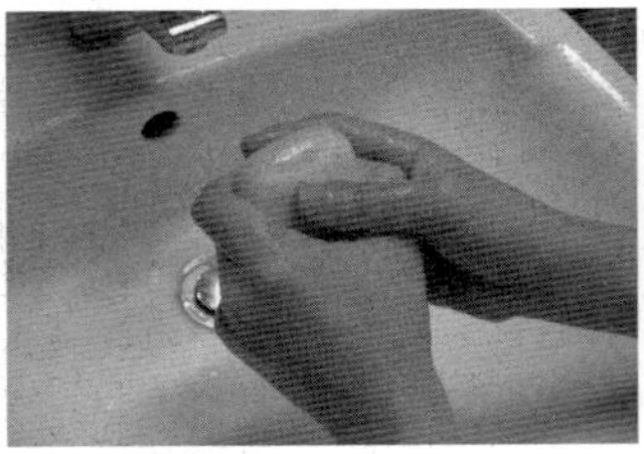

① 손에 물을 묻히고 비누칠을 해요

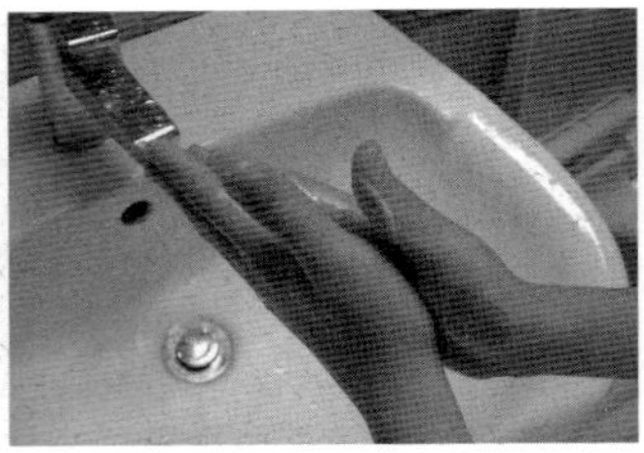

② 손바닥을 마주 대고 문질러요

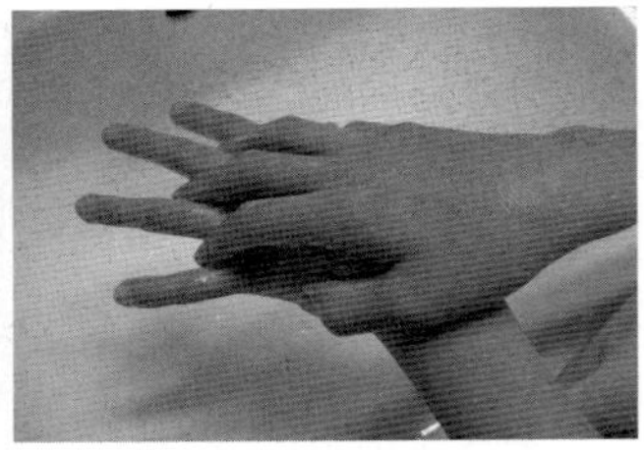

③ 한 손으로 다른 손등을 문질러요

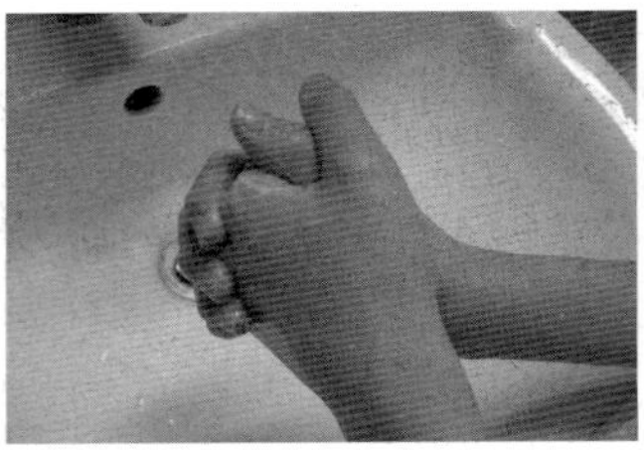

④ 두 손을 깍지 끼고 문질러요

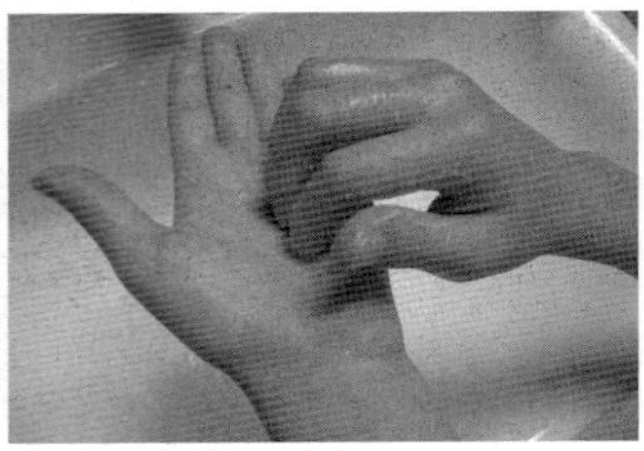

⑤ 손톱과 손끝을 동그랗게 문질러요

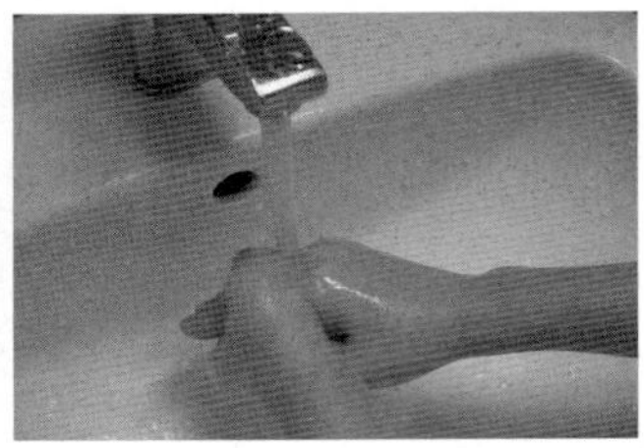

⑥ 물에 깨끗이 헹궈요

③ 식사 후 연령에 적합한 방법으로 이를 닦고 칫솔과 양치컵을 위생적으로 관리함

- 점심식사 후 연령에 적합한 방법으로 이를 닦고 도움이 필요한 경우 이 닦기를 지원한다.
- 칫솔과 양치컵은 영유아별로 구비하여 사용 후 겹쳐지지 않도록 하여 건조한다.

④ 교사는 영유아의 배변 후 뒤처리를 위생적으로 함

올바른 양치질 방법과 순서

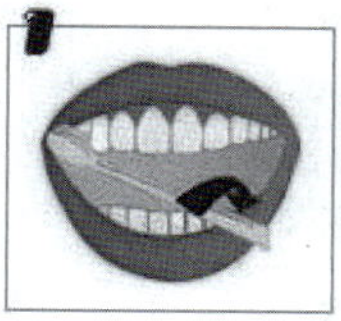

어금니 바깥쪽
위에서 아래로 칫솔을 회전시키며 닦는다 (잇몸에서 치아방향으로)

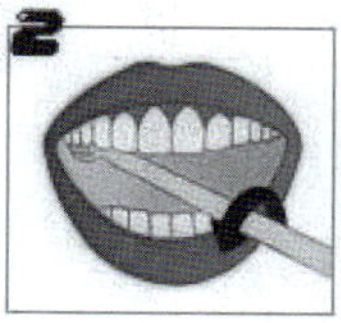

어금니 안쪽
위에서 아래로 칫솔을 회전시키며 닦는다 (잇몸에서 치아방향으로)

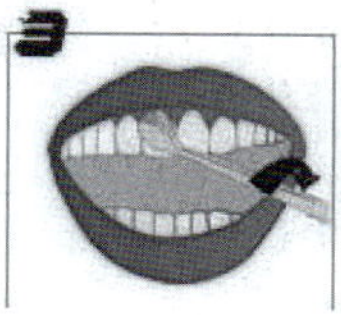

앞니 바깥쪽
위에서 아래로 칫솔을 회전시키며 닦는다 (잇몸에서 치아방향으로)

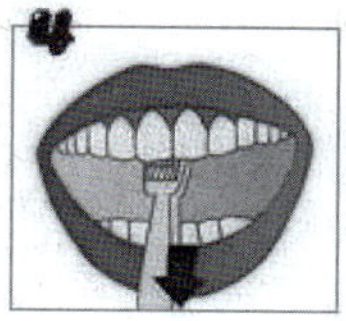

앞니 안쪽
위에서 아래로 칫솔을 회전시키며 닦는다 (잇몸에서 치아방향으로)

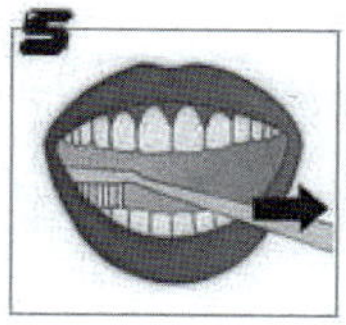

어금니 씹는 면
잇면에 직각으로 세워 앞뒤로 닦는다

혀 닦기
뺨 쪽과 혀도 닦아 준다

선생님과 영유아가 함께 손을 씻어요!

- 일상생활에서 손 씻기가 생활화 되도록 일상적 상황마다 손 씻기를 상기 시킵니다.
- '손 씻고 와서 먹자!', '실외 놀이 후 손 씻자', '손을 깨끗이 씻었구나!' 등 언어적 표현을 자주한다.
- 선생님들도 영유아와 함께 손을 자주 씻어 청결한 생활습관을 보이며 지도합니다.

영유아가 손을 씻어야 하는 경우	보육교사가 손을 씻어야 하는 경우
• 간식 및 식사 전 • 화장실 이용 이후 • 미술활동 탐구활동을 한 이후 • 요리활동을 하기 전·후 • 실외놀이 후 • 코를 풀거나 상처부위를 만진 후 • 애완동물을 만지거나 먹이를 준 후	• 음식을 다루거나 먹기 전·후 • 영유아에게 음식을 먹이기 전·후 • 수유 전·후 • 기저귀 갈기 전·후 • 상처를 만지거나 처치하기 전·후 • 투약 전·후 • 요리활동 전·후 • 실외활동 후 • 영유아의 화장실 사용을 도와 준 후 • 애완동물을 만진 후 • 일회용 장갑이나 고무장갑을 벗은 후

취사원이 손 씻기를 해야 하는 경우	
• 화장실 사용 후 • 잔반 및 쓰레기 처리 후 • 흡연, 식사, 음료 섭취 후 • 머리카락, 몸을 만진 후 • 청결하지 않은 표면 만진 후	• 코를 풀거나 재채기 후 • 원재료의 식품 취급 후 • 유니폼, 앞치마 만진 후 • 화학물질 사용 후 • 조리시작 전

CD 3-3-1

지표	평가항목	평가방법	결과
3-3-2	교사는 영유아의 건강상태를 살펴보고 적절하게 지원한다.	기록, 관찰, 면담	①-④ 3개 충족-Y

① 아프거나 다친 영유아에 대한 지침을 구비함

- 필수 기재사항 : 질병, 사고(상해유형에 따른 응급처치 내용이 최소 3가지 이상 포함), 교직원 업무분장

상황별 응급조치 예

상황	응급조치
기도가 막힌 경우	• 기침을 유도하여 이물질 제거함
머리를 다친 경우	• 몸을 고정하고, 특히 목을 움직이지 않도록 함
골절된 경우	• 출혈부위를 압박하여 심한 출혈을 막아야 함 • 고정해야 할 경우 부상 부위의 위, 아래 관절을 포함해 가능하면 길게 대는 방식으로 고정함
화상의 경우	• 가벼운 화상의 경우 흐르는 물로 15분 정도 식힘 • 화학약품에 의한 화상의 경우 바로 병원으로 가며, 젖은 옷은 벗기되 억지로 벗기면 손상될 수 있으니 주의함
코피가 나는 경우	• 앉은 자세 유지하여 혈압을 낮춘 후 머리를 약간 숙이게 함 • 코뼈 바로 밑 코부분을 두 손가락으로 5~10분 눌러야 함
이가 부러진 경우	• 부러진 치아는 식염수에 담가 상태를 보존해야 함
출혈의 경우	• 소독거즈를 덮고 압박붕대로 감아줌 • 사지에서 출혈이 있는 경우 출혈 부위를 신장보다 높여야 함

CD 3-3-2

② 교사는 일과 중 영유아의 건강상태를 주의 깊게 살펴보고, 적절히 조치함

- 등원하는 영유아의 건강상태를 확인하고 이상이 있는 경우 보호자에게 직접 질의하거나 전언(전화, 알림장 등)으로 확인한다.
- 평소와 다른 모습을 보이는 경우 수시로 살펴보고, 휴식이 필요한 영유아에게는 휴식공간에서 쉴 수 있도록 지원한다.
- 질병으로 아프거나 사고로 다친 영유아가 발생할 경우 즉시 지침에 따라 조치한다.

③ 투약의뢰서를 관리하고, 부모에게 투약보고를 함

- 필수 기재사항
  - (투약의뢰) 투약하는 약의 종류, 용량, 시간(횟수), 의뢰자명
  - (투약보고) 투약 여부, 투약자(확인)

※ 투약의뢰 및 투약보고는 알림장, 스마트폰 어플리케이션(스마트 알림장), 대화수첩,

문자메시지 등 활용 가능

④ 비상약품을 용도별로 구비하여 유효기간 내로 관리함

- 실외용 비상약품(소독제, 밴드류 등)을 별도로 구비하고, 외부활동 시 지참

보육교직원 비상시 업무분장

비상시 대피요령

- 침착하게 대처한다.
- 119 등 필요한 기관에 도움을 요청한다.
- 교직원은 비상시 역할 분담에 따라 행동한다.
- 남은 원아가 있는지 반드시 확인한다.
- 보호자에게 연락한다.
- 총지휘자에게 보고한다.
- 비상대피로를 확보한다.
- 원아를 신속하게 인솔해서 안전지역으로 대피한다.
- 필요한 응급조치를 취한다.
- 영유아들을 안정시킨다.

교직원의 역할분담표

원장 : 총괄

000교사	000교사	000교사	000교사	000보조교사	000조리사
초기 진화 원아 대피 보호자 연락	비상문 개방 대피로 확보 관계기관 통보/ 원아 대피	비상벨 및 원내 전달/전원차단/ 응급조치, 비상약	초기 진화 원아 대피 보호자 연락	원아 대피	가스벨브 차단 원아 대피

투약 의뢰	약의 종류		투약 결과	약의 용량	
	약의 보관법				
	약의 용량			투약시간/횟수	
	투약시간/횟수				
	의뢰자	(인)		투약자 확인	(인)

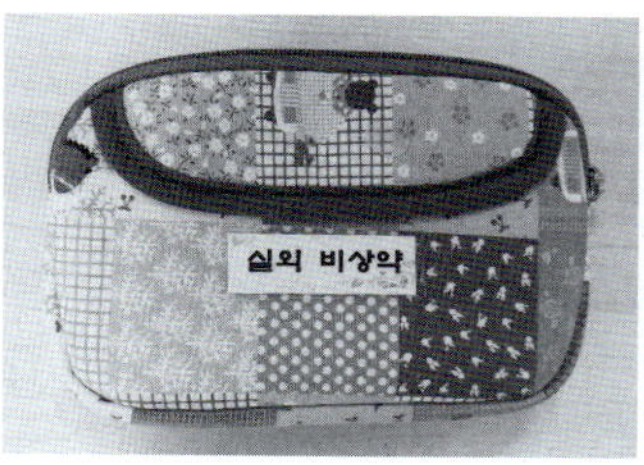

실외용 비상약

실내용 비상약

지표	평가항목	평가방법	결과
3-3-3	영유아와 보육교직원의 건강증진의 건강증진을 위한 예방관리와 교육을 실시한다.	기록, 관찰, 면담	①-④ 3개 충족-Y

① 개별 영유아의 건강검진 서류, 응급처치동의서를 작성·관리함

- 모든 영유아의 당해 연도 또는 전년도에 실시한 건강검진 서류가 구비되어 있다.
  - 보육통합정보시스템 내 건강검진 내역으로 확인 가능
  - 영아(만 0~1세, 만 2세)의 경우, 신체계측 결과와 소아과의 예방접종 등으로 갈음하여 비치할 수 있음
  - 모든 영유아의 응급처치동의서에는 필수 기재사항이 표기되어 구비됨
- 필수 기재사항 : 보호자의 비상연락처, 의료기관, 보호자 서명

  ※기록 확인 자료 : 영유아건강검진 서류, 응급처치동의서, 보육통합정보시스템 등

차수	검진시기 및 기간	공통항목	추가항목
1차	일반검진 4개월(4~ 6개월)	신체계측(신장, 체중, 머리둘레), 청각, 시각 등 문진 및 진찰	• 건강교육(안전사고 예방, 수면, 영양)
2차	일반검진 9개월(9~12개월)		• 발달선별검사 및 평가 • 건강교육(안전사고 예방, 영양, 구강)
3차	일반검진 2세(18~24개월)		• 발달선별검사 및 평가 • 건강교육(안전사고 예방, 영양, 대소변 가리기)
	구강검진 2세(18~29개월)		• 구강검진(문진, 시진, 구강보건교육)
4차	일반검진 3세(30~36개월)	신체계측(신장, 체중, 머리둘레, 체질량), 청각, 시각 등 문진 및 진찰	• 발달선별검사 및 평가, 시력검사 • 건강교육(안전사고 예방, 영양, 정서 및 사회성)
5차	일반검진 4세(42~48개월)		• 발달선별검사 및 평가, 시력검사 • 건강교육(안전사고 예방, 영양, 개인위생)
	구강검진 4세(42~53개월)		• 구강검진(문진, 시진, 구강보건교육)
6차	일반검진 5세(54~60개월)		• 발달선별검사 및 평가, 시력검사 • 건강교육(안전사고 예방, 영양, 취학준비)
	구강검진 5세(54~65개월)		• 구강검진(문진, 시진, 구강보건교육)
7차	일반검진 6세(66~71개월)		• 문진 및 진찰, 신체계측, 발달선별검사 및 상담, 건강교육

② 영유아와 보육교직원을 대상으로 다양한 건강 및 영양교육을 실시함

영유아

- 일상적 양육 및 보육활동을 통해 영유아에게 건강과 영양에 대한 교육적 경험을 자연스럽게 제공한다.
- 영아(만0~1세, 만2세)의 경우, 대집단이 아닌 소집단이나 개별로 이루어진다.

※ 기록 확인 자료 : 건강 및 영양 관련 주제로 보육활동 실행한 기록(보육일지)

보육교직원

- 모든 보육교직원이 연 1회 이상 건강 또는 영양 관련 주제의 교육을 받은 기록이 있음
- 대상 : 원장, 종일제 보육교사, 조리원 등
- 내용 : 영유아 건강·영양 교육 및 일상생활 지도에 도움이 되는 지식, 지도방법 등
- 방법 : 어린이집 자체교육, 외부 집합교육, 온라인 교육 등

※ 기록 확인 자료 : 교직원(원장, 교사, 조리사 등)이 받은 건강 및 영양 관련 교육 기록

구분	원장, 종일제 보육교사
내용	영유아 건강·영양 교육실시 및 일상생활 지도에 도움이 되는 지식, 영유아 건강·영양 교육을 위한 교구 및 지도 방법 등
방법	어린이집 자체교육, 외부교육, 온라인교육 등
서류	• 이수증이나 수료증이 있이 있는 경우 연수보고서 불필요 • 자체연수교육 연수보고서 작성

③ 보육교직원의 건강검진이 정기적으로 이루어짐

- 당해 연도 또는 전년도에 실시한 보육교직원의 건강검진 서류가 구비되어 있다.
- 대상 : 임용된 보육교직원, 미임용 보육교직원 중 매일 1개월 이상 지속적으로 근무하는 자, 어린이집 보육실습생, 어린이집에서 함께 거주하는 자, 특별활동 강사, 노인일자리 파견 파견자 등

④ 영유아 및 보육교직원에 대한 감염병 관리수칙을 수립하여 실천함

- 감염병 관리수칙의 필수 기재사항
  - 영유아에게 자주 발생하는 감염병의 증상
  - 등원하지 않아야 할 감염별의 종류와 기간

- 영유아 및 교직원이 감염병에 걸렸을 경우의 대처방법
  ※ 감염병 정보를 보호자에게 분기별로 1회 이상 안내

건강한 생활을 위한 감염병 관리수칙 1
(등원하지 않아야 할 감염병의 종류와 기간)

감염병의 전파를 막기 위해 격리가 필요하며 어린이집에 입학할 때 격리 지침에 대해 미리 보호자에게 알려줍니다. 감염병에 걸린 것을 무시하고 등원하여 어린이집의 원아들에게 감염될 수 경우 이의를 제기하거나 법적으로 책임을 질 수 있습니다.

격리가 필요한 경우에는 다음과 같으며 등원하지 않아야 합니다.

- 발열과 함께 구역질, 구토 등이 있을 때
- 열과 함께 몸에 발진이 돋았을 때
- 설사 두 번 이상, 묽은 변을 보았거나 평소 배변습관에서 변화를 보인 경우
  (예: 변을 지렸다든지, 묽은 변에 피가 섞인 변을 보았을 때)
- 최근 24시간이내 두 번 이상 구토가 있었을 경우
- 피부나 눈에 황달이 관찰 된 경우
- 영유아가 계속 보채고 달래지지 않으며 지속적으로 울 경우

격리가 필요한 감염병과 기간

증상	격리 기간	증상	격리 기간
설사	설사가 멎은 후 24시간	백일해	항생제 사용 시작 시점에서 9일간
수족구병	발병 1주일간	폐렴	의사로부터 괜찮다는 판정을 받을 때까지
머릿니	첫 치료시각 24시간	풍진	발진 발생 후 7일
A형 간염	황달 시작 시점에서 7일간	성홍열	항생제 사용 시작 시점에서 24시간
농가진	항생제 사용시작 점에서 24시간	이질	대변 검사에서 2회 연속 음성인 경우
독감	증상 시작 후 5일간	결핵	결핵 전문 소아청소년과 상담 후
홍역	발진 발생 후 5일간	구토	구토가 멋을 때까지
뇌수막염	의사로부터 괜찮다는 판정을 받을 때까지	수두	발진 발생 후 5일 더 이상 생기지 않고 딱지가 다 생길 때까지
유행성 이하선염	볼이 붓기 시작 시점에서 9일간		

CD 3-3-3

3-4 등·하원의 안전

어린이집에서는 등원부터 하원까지 영유아를 안전하게 보호할 책임이 있다. 영유아는 성인의 안전한 보호 하에서 어린이집 일과를 즐겁게 경험하고 심신의 성장과 발달을 이루어나갈 수 있게 된다. 교사가 영유아의 출석을 확인하고 인계규정에 따라 귀가지도를 하는지, 영유아가 등원부터 하원까지 성인의 보호 하에 있는지, 등·하원 차량을 운행할 경우 안전요건을 갖추어 관리하는지에 대해 평가한다.

지표	평가항목	평가방법	결과
3-4-1	교사는 영유아의 출석을 확인하며 인계규정에 따라 귀가지도를 한다.	기록, 관찰, 면담	①-④ 3개(필수 포함) 충족-Y

① 영유아의 인계과정에 대한 체계적인 규정이 수립되어 있음

- 필수 기재사항
  - 영유아가 등·하원 하는 구체적인 절차와 방법
  - 지정된 보호자에게 영유아를 인계한다는 내용
  - 영유아를 혼자 귀가시키지 않는다는 내용(부모가 희망하더라도)

  ※ 기록 확인 : 영유아 인계과정 규정(귀가동의서 내 포함 가능)

② 영유아의 보호자에게 받은 귀가동의서를 구비하고 있음

- 필수 기재사항
  - 영유아의 이름, 귀가 시 영유아를 인계받을 보호자의 이름, 관계 및 연락처, 보호자의 서명

③ 교사는 매일 일과를 시작할 때 영유아의 등원 여부를 확인함

- 교사는 오전 일정 시간에 영유아의 등원 여부를 확인(결석 사유 확인)

④ **필수** 영유아의 인계과정이 규정에 따라 안전하게 이루어짐

- 등·하원 시 모든 영유아(차량 이용 영유아 포함)는 지정된 보호자에게 인계한다.
- 지정된 보호자가 아닌 다른 성인에게 인계할 때는 사전에 보호자와의 통화나 서면으로 미리 확인을 받는다.
- 혼자 등·하원 하는 영유아가 없다.

응급처치 및 귀가동의

구분	내용
응급 처치	• 응급상황 발생 시 위의 보호자에게 연락하여 주십시오. • 필요 시 119구조대에 연락하여 □기관지정 의료기관(　　　　)이나 □보호자지정 의료기관(　　　　)으로 수송해 주십시오. ※ 보호자 지정 의료기관을 선택할 경우 응급실을 운영하는 의료기관으로 기재해주세요.
귀가 동의	• 위 영유아의 귀가 시 위의 보호자에게 인도하여 주십시오. • 정해진 보호자 외 다른 사람에게 인계할 경우 사전에 반드시 연락을 취하겠습니다. ※ 우리 어린이집에서는 영유아를 성인 보호자(부모님이 부탁하더라도) 없이 혼자 귀가시키지 않습니다. • 등·하원방법 : □보호자 동행　□차량(어린이집) • 차량 이용 시 등하원 시간 : 등원(　시　분), 하원(　시　분) • 부모 외 인계보호자 :

CD 3-4-1

지표	평가항목	평가방법	결과
3-4-2	영유아는 등원부터 하원까지 성인의 보호하에 있다.	관찰, 면담	①-④ 3개(필수 포함) 충족-Y

① 교사는 영유아의 안전을 위해 항상 전체 상황을 주시함

- 보육실 환경은 교사가 전체 영유아를 한눈에 볼 수 있도록 구성되어 있다.
- 교사는 어느 장소에서든 가능한 많은 영유아를 관찰할 수 있는 자리에 위치하다.
- 전체 영유아를 수시로 확인하며 전반적인 상황을 주시한다.

② 교사는 일과나 장소가 바뀔 때마다 전체 영유아를 확인함

- 일과나 장소가 바뀔 때마다 담당하고 있는 모든 영유아의 안전을 확인한다.
- 일과 시작, 전이활동 후, 보육실에서 유희실, 화장실로 이동 시, 실내에서 실외로 이동 시
- 산책, 견학 등 영유아와 함께 어린이집 밖으로 나갈 때는 모든 영유아가 교사의 보호 하에 있도록 유의하여 살펴봄

③ 통합보육 시 담당교사는 담당 영유아의 인원과 특이사항을 파악함

- 통합보육 시 담당교사는 담당교사로부터 영유아를 인계 받을 때 영유아의 정보와 특이사항에 대해 전달받아야 한다.

- 영유아 정보 : 이름, 인계할 보호자
- 특이사항 : 하루일과의 특이사항, 건강상태, 부모전달사항, 투약 여부 등

④ **필수** 영유아를 두고 자리를 비울 때에는 책임 있는 성인에게 인계함

- 교사는 영유아만 남겨두고 활동공간에서 자리를 비우지 않는다.
- 교사가 등·하원 지도, 휴게기간 사용 등을 위해 일정 시간 이상 활동공간에서 자리를 비워야 하는 경우에는 원장이나 다른 교사 등 책임 있는 성인과 교체한 후 자리를 비운다.

지표	평가항목	평가방법	결과
3-4-3	등·하원용 차량을 운행할 경우 안전요건을 갖추어 관리한다.	관찰, 면담, 기록	①-④ 3개(필수 포함) 충족-Y

① 차량에 안전수칙, 영아용 보호 장구, 개별 안전띠, 차량용 소화기, 잠자는 아이 확인 장치, 비상약품을 구비함

- 등·하원용 차량 내부에 탑승자가 지켜야 할 안전수칙을 부착되어 있다.
- 차량 내부에 영유아 보호장구, 개별 안전띠가 구비되어 있다(탑승 영유아의 수에 충분).
- 36개월 미만 영아는 보호 장구를 착용하는 것을 원칙으로 한다.
- 차량 내부에 차량용 소화기(압력관리, 안전핀 고정, 소방약제)와 비상약품(유효기간 내)이 구비되어 있다.
- 잠자는 아이 확인 장치가 설치되어 있으며, 정상적으로 작동한다.

Tip '영유아용 안전벨트' 안전인증 마크, 인증번호 부착

W1	W2	W3	잠자는 아이 확인 장치	차량용 비상약
10kg 미만	9~18kg 영유아용	15~25kg 주니어용		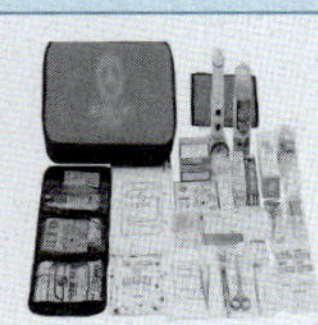
신생아~12개월	12개월~4살	4살~7살		

② 운전자는 매일 차량 안전점검을 실시함

- 안전점검표를 마련하여 매일 안전상태를 점검하고 기록한다.

③ 운전자와 차량에 동승하는 모든 성인은 어린이통학버스 안전교육을 받음

- 운전자와 운영자는 안전교육(교육확인증)을 받아야 하며, 차량에 동승하는 성인에 대해 등·하원 지도 관련 교육(연 1회 이상)을 실시한다.

④ **필수** 운전자와 함께 차량에 동승한 성인은 영유아를 안전하게 보호함

- 차량 운행 시 운전자 외에 책임 있는 성인(원장, 교사 등)이 동승한다.
- 운전자는 운전능력에 영향을 미치는 행위(휴대전화 사용, 음주, 등)를 하지 않고 안전하게 운행한다.
- 차량에 동승한 성인(교사 등)과 모든 영유아가 개별 안전띠(또는 영아용 보호장구)를 착용한 후 차량이 출발한다.
- 차량에 동승한 성인(교사 등)은 영유아의 안전하게 하차한지를 확인한다.

어린이통학버스 안전교육

- 도로교통법 및 동법 시행령에 의해 실시하여야 하는 어린이 통학버스 안전교육은 (도로교통법 제 53조의 3, 동법 시행령 제31조의 2) 다음과 같다.

구분	내용
신규 안전교육	어린이통학버스를 계속하여 운영하는 사람과 운전하는 사람을 대상으로 그 운영 또는 운전을 하기 전에 실시하는 교육
정기 안전교육	어린이통학버스를 계속하여 운영하는 사람과 운전하는 사람을 대상으로 2년마다 정기적으로 실시하는 교육

- 운영자 교육확인증 : 어린이집 내부에 잘 보이는 곳에 비치
- 운전자 교육확인증 : 어린이집 통학버스의 내부

차량 안전수칙

운전자 준수사항

운행 전
- 차량 외부의 이상 유, 무를 확인한다.
- 차량시동 후 엔진 및 각종계기판 이상 유, 무를 확인한다.
- 차량 출발 전 탑승자의 안전벨트 및 문단속을 확인한다.
- 엔진 및 차체의 잡음은 없는지 확인한다.

운행 중
- 창문 밖으로 머리, 손을 내미는 영유아는 주의시킨다.
- 안전운행을 위하여 교통안전규칙을 철저히 지킨다.
- 정차는 후방의 차량에 최대한 방해되지 않는 곳에 한다.
- 운행 중에는 휴대폰, 이어폰 등을 사용하지 않는다.

(계속)

운행 후 • 타이어 압력 및 트랙은 양호한지 확인한다.
• 주차 브레이크는 정상인가 확인한다.
• 차량 내 영유아가 전원 하차하였는지 확인한다.

교사 준수사항

- 차량에는 영유아를 보호 할 수 있는 교사가 탑승한다.
- 차량에 안전하게 탑승시키고 영유아와 교사는 안전벨트를 착용한다.
- 차량에는 탑승하는 영아의 수만큼 영아용 보호 장구를 갖춘다.
- 차량 내 구급상자의 모든 약품의 유효기간을 확인한다.
- 차량 내에 비상소화기의 충전상태를 확인한다.
- 차를 출발 또는 후진시키기 전에 영유아가 어디 있는지 살핀다.
- 운행 중에는 영유아가 절대로 일어나지 않도록 한다.
- 영유아는 항상 보호자에게 직접 인계한다.
- 차량 내 영유아가 전원 하차 하였는지 확인한다.

1. **통합안전점검표 : 차량 분야**(점검 상태 : 양호 ○, 보통 △, 불량 ×)

구분	점검항목	점검결과						조치사항
		/ 월	/ 화	/ 수	/ 목	/ 금	/ 토	
운행 전 점검	차량 외부의 이상 유, 무를 확인한다.							
	차량 내 소화기·비상약품의 비치여부 및 관리상태가 양호한지 확인한다.							
	차량시동 후 엔진 및 각종 계기판 이상 유, 무를 확인한다.							
	엔진 및 차체의 잡음은 없는지를 확인한다.							
	차량 출발 전 탑승자의 안전벨트 및 문단속을 확인하고 전·후방 사각지대에 영유아 또는 장애물이 있는지 확인한다.							
운행 중 점검	차량에 영유아를 보호할 수 있는 사람(보육교사 등)이 탑승했는지 확인한다.							
	창문 밖으로 머리, 손을 내미는 영유아가 있는지 확인한다.							
	안전운행을 위하여 교통안전규칙을 철저히 지킨다.							
	정차는 후방의 차량에 최대한 방해되지 않는 곳에 한다.							
	운행 중에는 휴대폰, 이어폰 등을 사용하지 않는다.							
	타이어 압력 및 트랙은 양호한지 확인한다.							
운행 후 점검	주차 브레이크는 정상인지 확인한다.							
	차량 내 영유아가 전원 하차하였는지 최종 확인한다.							

(계속)

2. 차량 운영(등·하원) 일지

일자(요일)	구분	운영 시간	탑승 영유아	동승 교사	확인(서명)
/ (월)	등원				
	하원				
/ (화)	등원				
	하원				
/ (수)	등원				
	하원				
/ (목)	등원				
	하원				
/ (금)	등원				
	하원				

CD 3-4-3

3-5 안전교육과 사고예방

어린이집에서는 영유아가 여러 가지 위험으로부터 자신의 안전을 보호할 수 있는 능력과 기술을 가지도록 지도하여야 한다. 영유아와 교직원이 안전교육 등을 통해 안전사고를 예방하고 적절하게 대처할 수 있는 능력을 기른다면 영유아는 보다 안전한 환경에서 생활할 수 있게 된다. 따라서 영유아를 대상으로 안전교육을 지속적으로 실시하는지, 보육교직원 대상 안전교육을 실시하고 영유아 학대 예방 지침을 준수하는지, 안전설비를 비상시 효율적으로 사용할 수 있도록 관리하는지에 대해 평가한다.

지표	평가항목	평가방법	결과
3-5-1	영유아를 대상으로 안전교육을 지속적으로 실시하고 있다.	기록, 면담, 관찰	①-④ 3개 충족-Y

① 영유아를 대상으로 발달에 적합한 안전교육을 정기적으로 실시함

- 연간 안전교육 계획이 수립되어 있고, 안전교육의 기준(교육내용, 실시주기)에 따른 실시한 기록이 있다(보육일지 등).
- 내용과 방법이 등은 발달수준에 적합하다(영아: 개별 또는 소집단으로 진행).

영유아 안전교육

내용	실시 주기 및 시간
교통안전교육	2개월 1회 (총 10시간(이상)
실종·유괴의 예방·방지교육	3개월 1회 (총 10시간 이상)
감염병 및 약물의 오용·남용 예방 등 보건위생관리 교육	3개월 1회 (총 10시간 이상)
재난대피 안전교육	6개월 1회 (총 6시간 이상)

② 영유아가 정기 소방대피훈련에 참여함

- 소방대피훈련은 월 1 회 이상 실시하고 대피 시 건물 외부로 대피한다(재난대피훈련도 포함 가능).

③ 영유아가 놀잇감 및 활동자료, 놀이기구를 안전하게 사용하도록 지도함

- 교사는 영유아가 위험행동으로 안전사고를 초래하지 않도록 긍정적인 방법으로 지도한다.

④ 계절 및 날씨 관련 놀이 안전수칙을 준수함

- 교사는 실외활동을 하는 영유아에게 계절이나 날씨에 따라 필요한 조치를 취한다.

계절 및 날씨 관련 놀이활동 기준

1. 황사 및 미세먼지일 때 놀이 기준

- 황사 및 미세먼지 경보에 주의를 기울인다.
- 예측농도 약간 나쁨(81~120㎍/㎥) : 장시간 실외활동 자제한다.
- 예측농도 나쁨(121~200㎍/㎥) : 무리한 실외활동을 자제하고 대체활동을 한다.
- 예측농도 매우 나쁨(201~300㎍/㎥) : 실내놀이로 대체하여 활동한다.
- 실외활동 시에는 보호안경, 마스크, 모자 등을 착용하고, 긴 소매의 옷을 입도록 한다.

- 실외활동 후에는 손과 발을 씻도록 한다. 특히, 미지근한 물로 눈을 헹구어 주고, 양치질 등으로 입 안도 깨끗이 해준다.

2. 오존예보 놀이 기준

- 봄, 여름철 햇빛이 강한 오후 2~3시에 가장 많이 발생하므로 오후 2~3시까지의 실외활동은 자제한다.
- 예측농도 보통(0.041~0.080ppm) : 실외활동 및 과격운동을 자제한다.
- 예측농도 나쁨(0.081~0.300ppm) : 장시간 실외활동 및 학습을 자제한다.
- 예측농도 매우 나쁨(0.301~0.500ppm) : 실내놀이로 대체하여 활동한다.

3. 폭염일 때 놀이 기준

- 영유아들이 최대한 햇빛 노출을 피하도록 한다.
- 오전 11시~오후 4시까지의 야외 활동은 자제한다.
- 실외(야외)활동이 '꼭' 필요하다면 오전 11시~오후 4시까지의 가장 더운 시간대를 피하고, 가급적 30분을 넘지 않도록 한다.
- 실외활동(야외활동) 시 그늘막을 쳐서 놀이할 수 있도록 하고, 충분한 물을 준비하여 영유아들이 규칙적으로 물을 마실 수 있도록 한다.
- 햇볕이 강하고 더운 시간대에 영유아가 실외놀이나 물놀이를 장시간 할 경우 노출 부위는 선크림 등 자외선 차단제를 발라 피부를 보호한다.

4. 비가 올 때 놀이 기준

- 비가 많이 내리는 날씨에는 산책을 할 경우 영유아는 필요에 따라 우산, 비옷, 장화 등을 갖추도록 지도한다.
- 우산은 투명하여 넓은 시야를 확보할 수 있는 것으로 한다.

5. 추운 겨울일 때 놀이 기준

- 실외놀이를 할 때 영유아는 따뜻한 겉옷과 장갑 등을 갖추도록 지도한다.
- 노출 부위를 따뜻하게 하고 특히 머리 부분이 따뜻하도록 모자나 귀마개, 목도리 등 을 착용한다.
- 무리한 놀이로 인해 피로가 누적되지 않도록 한다.

재난 발생 시 대응방법

상황	대응방법
화재 시	• 사전에 지정된 대피경로를 통해 신속하게 질서 있게 대피해야 함 • 화재 발생 지점과 반대의 비상구로 대피하고, 아래층으로 대피가 불가능하면 옥상으로 대피하여 구조를 기다려야 함
지진 발생시	• 실내의 경우 멀리 대피하려 하지 말고 있던 자리에서 가능한 책상 밑으로 몸을 피해야 함 • 실외의 경우 건물이나 전선이나 전선 등에서 멀리 떨어진 곳으로 대피해야 함 • 떨어지는 물건으로부터 머리를 보호해야 함
태풍 시	• 보육실 창문과 문을 우선적으로 닫아야 함 • 외부활동을 피하고 주변의 상습 범람지구나 침수 및 산사태 위험지역을 사전에 알아두기
낙뢰 시	• 실내의 경우 차단기를 내리고 창문을 닫고, 물에 닿지 않도록 조심해야 함 • 실외의 경우 키 큰 나무나 전봇대는 피하고, 몸을 낮추어 물이 없는 움푹 파인 곳이나 낮은 장소로 대피함

지표	평가항목	평가방법	결과
3-5-2	보육교직원은 안전교육을 받고 영유아 학대 예방 지침을 준수한다.	기록, 면담, 관찰	①-④(필수포함) 3개 충족-Y

① **필수** 보육교직원을 대상으로 기본적인 안전교육을 정기적으로 실시함(영유아학대 예방교육 포함)

- 연간 안전교육 계획이 수립(영유아 학대 예방교육 포함)되어 있고 연 1회 이상 받은 기록이 있다.
  - 대상 : 원장, 종일제 보육교사
  - 영유아 학대 예방교육 : 임용된 모든 보육교직원(원장, 기타 보육교직원 포함)
  - 방법 : 어린이집 자체교육, 외부 집합교육, 온라인 교육 등

  ※ 현장평가월 기준 1년 이내 실시기록 확인

② 비상시 보육교직원의 대처방안과 업무분장이 체계적으로 수립되어 있고, 보육교직원은 자신의 역할을 숙지하고 있음

- 비상시 대처방안이 마련되어 있고 필수 기재사항이 모두 포함되어 있다.
  - 필수 기재사항 : 보육교직원 역할 분담표, 비상대피도, 대피요령

③ 응급처치(심폐소생술)관련 교육에 참여한 보육교직원이 있음

- 보육교직원 중에 응급처치(심폐소생술) 관련 이수증 자격증이 있다(실습 포함, 당해 연도 또는 전년도 발급된 것, 유효기간 기재된 경우 해당 기간까지).

④ **필수** 영유아 학대 예방 지침(처벌 금지 포함)을 준수함

- 영유아 학대 지침이 수립되어 있고, 필수 기재사항이 포함되어 있다.
  - 필수 기재사항 : 영유아 학대의 정의와 유형, 신고의무 등
- 영유아 학대 예방 지침을 숙지하고 있고 신체적, 정서적으로 어떠한 경우에도 학대하거나 방임하는 행동을 하지 않는다(체벌 금지).

Tip 아동학대의 유형

구분	내용	
신체적 학대	보호자를 포함한 성인이 아동에게 우발적인 사고가 아닌 상황에서 신체적 손상을 입히거나 또는 신체 손상을 입도록 허용한 모든 행위를 말함	•직접적으로 신체에 가해하는 행위 •도구를 사용하여 신체에 가해하는 행위 •신체에 유해한 물질로 신체에 가해하는 행위 •완력을 사용하여 신체를 위협하는 행위
정서학대	보호자를 포함한 성인이 아동에게 행하는 언어적 모욕, 정서적 위협, 감금이나 억제. 정신적·심리적 학대라고도 함	•언어적 폭력행위 •정서적 위협 •아동의 정서발달 및 연령상 감당하기 어려운 것을 강요하는 행위(감금, 약취 및 유인, 아동 노동 착취) •형제나 친구 등과 비교·차별·편애·왕따시키는 행위
성학대	보호자를 포함한 성인이 자신의 성적 욕구 충족을 목적으로 18세 미만의 아동에게 행하는 모든 성적 행위를 말함	•자신의 성적 만족을 위해 아동을 관찰/추행하거나 아동에게 성적 노출을 하는 행위 •아동에게 유사성행위/성교를 하는 행위 •성매매를 시키거나 성매매를 매개하는 행위
방임	아동의 보호자가 아동을 방임하거나 유기하는 행위	•물리적 방임 : 기본적인 의식주를 제공하지 않는 행위 •교육적 방임 : 특별한 사유 없이 의무교육에 보내지 않거나 아동의 무단 결석을 방치하는 행위 •의료적 방임 : 필요한 의료적 처치를 하지 않는 행위 •유기 : 아동을 버리는 행위

아동학대의 징후

구분	신체적 징후	행동적 징후
신체적 학대	•설명하기 어려운 신체적 상흔 •발생 및 회복에 시간차가 있는 상처 •비슷한 크기의 반복적으로 긁힌 상처 등	•어른과의 접촉회피 •다른 아동이 울 때 공포를 나타냄 •공격적이거나 위축된 극단적 행동 등
정서학대	•발달지연 및 성장장애 •신체발달 저하 등	•특정 물건을 계속 빨고 있거나 물어 뜯음 •행동장애(반사회적, 파괴적 행동장애) •신경성 기질장애(놀이장애) 등
성학대	•학령 전 아동의 성병 감염 등	•나이에 맞지 않는 성적 행동 •위축, 환상, 유아적 행동(퇴행행동) 등
방임	•발달지연 및 성장장애 •비위생적인 신체상태 등	•계절에 맞지 않는 부적절한 옷차림 •음식을 구걸하거나 훔침 등

지표	평가항목	평가방법	결과
3-5-3	안전설비를 비상시 효율적으로 사용할 수 있도록 관리하고 있다.	관찰, 면담	①-④ 3개 충족-Y

① 비상사태를 대비해 피난설비(비상구, 비상계단 또는 영유아용 미끄럼대, 피난구 유도등)를 비상시 원활하게 대피할 수 있도록 관리하고 있음

② 비상사태를 대비한 소화설비(소화기 등)를 비상시 제대로 작동되도록 관리하고 있음

• 각 층마다 소화기를 구비한다(안전핀이 고정, 소방약재 충분, 입력이 정상범위).

③ 비상사태를 대비한 경보설비(단독경보형감지기, 가스누설경보기 등)를 비상시 제재로 작동되도록 관리하고 있음

• 각 실마다 단독 경보형 감지기가 설치되어 있고, 제대로 작동하도록 전원이 켜져 있다(해당 층에 자동화재 탐지설비를 설치한 경우, 추가 설치 불필요).

④ 보육교직원은 안전시설 및 설비(소화기 등)의 사용법을 숙지하고 있음

비상계단

소화기

가스누설경보기

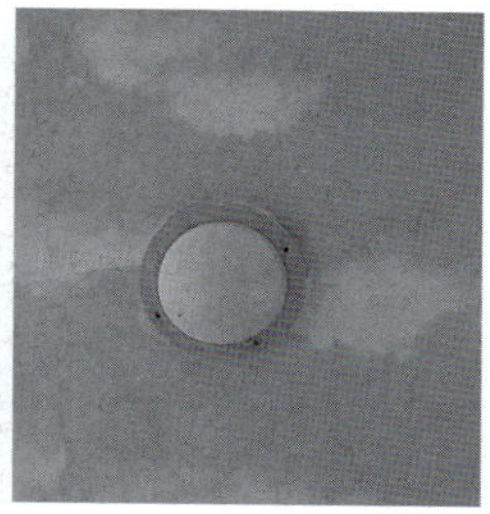
자동화재감지기

4. 4영역 : 교직원

교직원의 역량은 보육서비스 질에 큰 영향을 미치는 요인이므로 원장은 자신과 보육교사의 전문성을 향상하고, 보육교직원이 안전적으로 근무할 수 있는 환경을 미련해 주어야 한다. 보육교직원의 직무, 경력과 역량 등을 고려한 체계적인 교육, 성인용 공간 및 설비 마련, 스트레스 경감을 위한 기회 제공, 적절한 처우 및 복지 제공 등 보육교직원을 배려하는 근무환경 조성은 보다 우수한 수준의 보육서비스를 제공할 수 있도록 한다. 원장의 리더십, 보육교직원의 근무환경, 보육교직원의 처우와 복지, 보육교직원의 전문성 제고 등 총 4개 지표를 중심으로 평가한다.

4-1 원장의 리더십

어린이집은 다른 교육기관에 비해 규모가 작고 인간관계가 밀접한 조직으로, 원장의 리더십이 보육교직원에게 미치는 영향이 큰 편이다. 또한 보육교직원 간의 민주적 의사소통

을 통해 건전한 조직문화를 조성하는 리더십을 갖추어야 한다. 따라서 원장이 리더로서 자신의 전문성 향상을 함으로써 어린이집 운영에 어떻게 기여했는지, 보육교직원을 존중하고 민주적인 의사소통을 실천하는지 살펴본다. 또한 교사회의나 면담 등 모든 보육교직원이 참여할 수 있는 정례화된 의사소통의 절차를 통해 개방적이고 수평적인 조직문화가 조성되고 있는지를 평가한다.

지표	평가항목	평가방법	결과
4-1-1	원장은 자신의 전문성 향상을 통해 어린이집 발전에 기여한다.	면담	①-③ 3개 충족-Y

① 원장은 어린이집 운영에 대한 철학과 소신을 가지고 보육의 질을 높이기 위한 다양한 노력을 하고 있음

(면담 예시)

- 어떤 철학과 소식을 가지고 어린이집을 운영하는가?
- 어린이짐의 질적 향상을 위하여 어떤 노력을 해왔는가?

② 원장은 전문가로서의 전문성 향상을 위해 관련 교육에 참여하고 있음

(면담 예시)

- 지난 1년 동안 원장으로서 전문성을 향상시키기 위해 어떤 노력을 하였는가?

③ 2년 이상 근속한 교사가 전체 교사의 50% 이상임

- 평가 직전 월까지 2년 이상 지속적으로 근무한 교사가 전체의 50% 이상이다.
- 대상 : 종일제 보육교사(교사 겸직원장 제외)
- 개원 2년 미만 어린이집: 최초원아 입소 시점부터 현재까지 근무한 교사 50% 이상인 경우 인정
- 교사가 3인 이하 : 2년 이상 1명 이상인 경우 인정

지표	평가항목	평가방법	결과
4-1-2	원장은 보육교직원을 존중한다.	관찰, 면담	①② 2개 충족-Y

① 원장은 보육교직원에게 존중하는 말과 태도를 보임

- 교사에게 개발적인 호칭을 사용하고 반말 등을 사용하지 않는다.
  - "○○ 선생님" 등 개별적 호칭 사용

② 원장은 보육교직원에게 의견을 묻거나 제안을 경청하고, 이를 반영함

- 보육교직원의 의견을 묻거나 안건을 경청하며, 의견이나 안건이 타당할 경우 수용하고 반영한다.

지표	평가항목	평가방법	결과
4-1-3	원장은 건전한 조직문화 조성을 위해 노력한다.	기록, 면담	①-③ 3개 충족-Y

① 교사회의를 월 1회 이상 정기적으로 실시하여 민주적으로 운영함

- 시설 운영일지나 회의록에 기록

보육 교직원 관리	교직원회의	□ 시간: □ 장소: □ 참석: □ 회의내용:
	교직원 교육	□ 구분(□ 보수교육 □ 필수교육 □ 기타 재교육) □ 내용: □ 참석: □ 주관:

② 보육교직원의 업무가 효율적으로 분장되어 각자의 업무를 정확히 알고 있음

- 업무 분장이 문서화되어 있고 공동업무는 업무분장표를 통해 공유한다.

보육교직원 업무분장 및 비상시 업무분담

담당	일반 업무내용	환경정리 구역	비상 시 업무내용		
			업무	화재 및 재난 발생 시	안전사고 및 돌발상황 시
원장	•원의 전반적인 교육 및 운영 계획 / 견학 및 행사계획 •업무분장, 감독, 근무평정 등 업무관리 •시설설비 및 재정 관리 / 운영 및 교육정보 수집 •행정당국 및 단체와의 관계 유지 / 일지검사 •영유아 영양 및 급식관리 및 식자재 신청 •건강과 안전점검	•구역 관리 •차량관리	지휘명령 총괄	지휘명령 총괄	
교사 공통	•만 세반 영유아반의 전반적인 교육내용 관리 •연간·월간 보육계획안, 일일 보육계획안 작성 •보육활동 진행 및 준비 / 보육일지 작성 •각 보육실의 환경 구성 및 청결 관리 / 학부모 상담 •영유아에 대한 관찰일지 및 보고서 작성	•담당 교실 관리	원아 대피		
000 교사	•원아 관리 및 관찰지도 / 소모성 교재 점검 및 신청 •안전점검 / 아동 및 교사도서 관리 •교재교구 관리	•청소	소방시설 및 문서관리	•비상문 개방, 대피로 확보 •학부모와 관계기관 통보 •119 신고 및 원내 전파	
000 교사	•시설운영일지 작성 / 위생 소독 •생일잔치 계획 및 준비 / 게시판 •차량 운행일지 및 점검	•현관 청소 •화장실 •수건관리	화장실, 현관 및 최종점검	•초기 진화 및 마지막(남은 원아) 점검 •대피 유도 •인원 파악	
000 교사	•안전관리(소화기 점검), 비상대피훈련 담당 •소방대피훈련 일지 기록 •행사일지 기록 / 교사 회의록 작성	•유희실 청소	시설 및 설비 최종점검	•비상벨 및 전원 차단 •응급조치 및 비상약 •주요 문서 반출	
000 조리원	•조리실 식자재 점검 및 관리 •조리실 위생관리	•조리실	조리실 점검	•가스 및 전기 관리	
000 보조교사	•교사들 전반적인 업무 보조		원아대피	•원아 대피	
000 시간연장	•시간연장원아 관리		원아대피	•원아 대피 및 인원 파악	

CD 4-1-3

③ 원장은 보육교직원과 사전에 계획된 일정대로 정기적인 개별면담을 실시함

- 개별면담을 통하여 근무 상황, 보육과정 운영의 고충과 어려움 등을 명확히 파악하고 이를 발전의 기회로 전환 시킬 수 있도록 지원한다.
- 6개월 이상 근무한 교사 대상(연 1회 이상)

보육교직원 면담기록

<table>
<tr><td>면담시기</td><td colspan="8">날짜 : 20년 월 일 일 시간: 시 분 ~ 시 분</td></tr>
<tr><td>면담자</td><td colspan="8">원장</td></tr>
<tr><td>면담내용</td><td colspan="8"></td></tr>
<tr><td rowspan="8">면담자의 사후평가</td><td colspan="2">내용</td><td>5</td><td>4</td><td>3</td><td>2</td><td>1</td><td>비고</td></tr>
<tr><td rowspan="4">업무능력</td><td>프로그램 운영</td><td></td><td></td><td></td><td></td><td></td><td></td></tr>
<tr><td>환경구성</td><td></td><td></td><td></td><td></td><td></td><td></td></tr>
<tr><td>영유아관리</td><td></td><td></td><td></td><td></td><td></td><td></td></tr>
<tr><td>부모관리</td><td></td><td></td><td></td><td></td><td></td><td></td></tr>
<tr><td rowspan="3">직무만족도</td><td>자기관리능력</td><td></td><td></td><td></td><td></td><td></td><td></td></tr>
<tr><td>상급자 의식도 및 조직 관리 능력</td><td></td><td></td><td></td><td></td><td></td><td></td></tr>
<tr><td>근무태도</td><td></td><td></td><td></td><td></td><td></td><td></td></tr>
<tr><td colspan="4">가장 성과 있거나 발전한 일</td><td colspan="5">가장 어려웠던 일</td></tr>
<tr><td colspan="4"></td><td colspan="5"></td></tr>
<tr><td colspan="4">어린이집에서 가장 좋은 점</td><td colspan="5">원장에게 바라거나 어린이집의 개선됐으면 하는 점</td></tr>
<tr><td colspan="4"></td><td colspan="5"></td></tr>
<tr><td>평가</td><td colspan="8"></td></tr>
</table>

CD 4-1-3

4-2 보육교직원의 근무환경

보육교사를 배려한 근무환경은 교사의 근무의욕을 고취시켜 주고, 교사 자신의 능력을 최대한 발휘할 수 있도록 하여 직무만족감을 높이고 질 높은 보육을 수행할 수 있도록 한다. 따라서 어린이집에 교사실과 같은 별도 공간을 마련하고 있는지, 개인사물함과 업무지원을 위한 설비를 마련하고 있는지, 성인용 화장실을 설치하여 사용하고 있는지에 대해 평가한다.

지표	평가항목	평가방법	결과
4-2-1	교사를 위한 별도 공간을 마련하고 있다.	관찰	① 1개충족-Y

① 교사실이 별도로 마련되어 있거나, 교사의 휴식을 위한 공간 또는 설비가 마련되어 있음

- 교사실, 영유아 활동공간과 분리된 공간, 휴게실이 마련되어 있다(1가지 충족 시 인정).
  - 영유아 활동공간이 아닌 어린이집의 실내공간(교사실, 베란다, 조리실 등)에 교사가 휴식을 취할 수 있도록 탁자나 휴식용 의자, 쿠션 등의 설비가 마련되어 있다.

교사 휴식공간

지표	평가항목	평가방법	결과
4-2-2	교사를 위한 개인사물함과 업무지원 설비를 마련하고 있다.	관찰	①② 2개 충족-Y

① 어린이집 내에 교사의 개인별로 사용할 수 있는 사물함을 마련하고 있음

- 교사가 일상적으로 사용하기 쉬운 장소에 마련하며, 어린이집 물품을 보관하지 않는다.

② 교사가 개별 또는 공동으로 사용할 수 있는 업무용 책상, 의자, 기타 업무지원 설비(컴퓨터, 프린터 등)를 마련하고 있음

- 컴퓨터, 프린터, 스캐너, 복사기, 카메라, 캠코더, 빔 프로젝트, OHP 등 보육업무에 필요한 지원 설비가 구비되어 있고, 실제로 사용하기 쉬운 장소에 비치되어 있다.

교사 도서

교사실

지표	평가항목	평가방법	결과
4-2-3	성인용 화장실을 영유아용과 별도로 설치하여 사용하고 있다.	관찰	① 1개 충족-Y

① 보육교직원, 부모 및 방문객이 사용할 수 있는 성인용 화장실을 어린이집 내에 마련하고 있음

- 성인용 화장실이 별도로 마련되어 있거나 영유아용 화장실에 내 한 칸에 성인용 변기를 설치하여 사용한다(1가지 충족 인정).
- 어린이집 내 화장실이 1개인 소규모 어린이집(정원 20인 이하)의 경우, 평정에서 제외

4-3 보육교직원의 처우와 복지

보육교직원은 부모와 더불어 영유아에게 큰 영향을 미치는 인적 환경으로 안정된 근무환경에서 적절한 처우를 받을 때 근무 의욕이 향상될 수 있다. 따라서 보육교직원의 보수, 근무 및 휴게시간, 휴가 등의 근무조건과 근무 중 기대되는 역할은 적절한 수준으로 합의한 후 명문화하여 준수하는지, 교사의 직무스트레스의 예방 및 관리가 이루어지는지, 보육교직원을 위한 복지제도를 운영하고 있는지에 대해 평가한다.

지표	평가항목	평가방법	결과
4-3-1	보육교직원의 복무와 보수에 관한 규정이 있으며, 이를 준수하고 있다.	기록, 면담	①-③ 3개 충족-Y

근로계약서

(기관명) 대표 ×××(이하 '갑'이라 함)와 근로자 △△△(이하 '을'이라 함)는 다음과 같이 근로계약을 체결하고 상호 성실히 이행할 것을 확약한다.

제1조(담당업무)

"을"의 담당 업무는 (　　　　)로 하되, 업무상 필요한 경우 갑은 을의 담당 업무를 변경할 수 있다.

제2조(근로 장소)

"을"의 근로 장소는 (　　　　)로 하되, 업무상 필요한 경우 갑은 을의 근로 장소를 변경할 수 있다.

제3조(근로시간 및 휴게시간)

① "을"의 근로일 및 근로일별 근로시간과 휴게시간은 다음과 같다. 단, 업무상 필요한 경우 변경할 수 있다.

가. 근로일 : 평일, 토요일

나. 근로시간 : 평일 00:00 ~ 00:00 (휴게시간 00:00~00:00)

토요일 00:00 ~ 00:00 (휴게시간 00:00~00:00)

② "갑"은 업무상 필요에 따라 "을"에게 연장, 야간 및 휴일 근로를 명할 수 있고 본 근로계약서의 체결로 "을"은 이에 동의한다.

제4조(임금)

① "을"의 임금은 월급 총액 (　　　　　　)원으로 한다.

② 임금의 구성항목과 그 계산방법은 다음 표와 같다.

구성항목	급여액	계산방법
기본급	원	시급 × (209 시간)
수당1 (　　　　　　)	원	
수당2 (　　　　　　)		

③ 전항의 임금은 매월 　일부터 　일까지 기산하여 당월 　일에 "을"이 지정하는 은행 계좌로 송금한다.

※ '국고보조시설'의 경우 아래 조항으로 대체

제4조 (임금) ① "을"의 임금은 매년 보건복지부 장관이 정한 인건비지원 기준에 따라 (　　　) 호봉 갑(을) 월급 총액 (　　　)원으로 시작한다. (※ 필요한 경우 수당별 금액 기재)

② 전항의 임금은 매월 　일부터 　일까지 기산하여 당월 　일에 "을"이 지정하는 은행계좌로 송금한다.

제5조(휴일)

① "을"의 유급휴일은 주휴일(매주 0요일)과 근로자의 날로 한다.

② 그 밖의 유급휴일은 "갑"의 복무규정에 따른다.

제6조(휴가)

① "갑"은 "을"에게 근로기준법에 따라 연차유급휴가(전년도 8할 이상 출근 시 연간 15일, 입사 첫해는 전월 개근 시 1일을 주며 실제 사용한 일수는 이듬해 15일에서 차감)를 주며, 그 외 휴가는 "갑"의 복무규정에 따른다.

② "을"의 복무규정상 부여되는 휴가를 사용하는 경우 연차유급휴가를 사용한 것으로 하며, "을"의 근로의욕 고취 및 "갑"의 계산상 편의를 도모하기 위해 연차유급휴가의 사용을 제한하지 아니하는 범위 내에서 매월 "을"의 급여에 연차유급휴가 미사용 수당을 산입하여 지급할 수 있다.

※ 5인 미만 사업장의 경우, 근로기준법 제11조 동법시행령 제7조에 따라 연차휴가에 관한 규정의 적용을 받지 아니하나 사업장 상황을 고려하여 연차휴가를 부여할 수 있다.제7조(준용)

본 계약서에 명시되지 않은 사항은 복무규정 및 근로기준법의 관련조항을 준용하도록 한다.

20　　년　　월　　일

갑(사용자)

사업장명 :

대표자 :　　　　　　　(인)

소재지 :

을(근로자)

이름 :　　　　　　　(인)

주민등록번호 :

주소 :

○○ 어린이집

① 모든 보육교직원과 근무계약을 체결하고 있으며, 근무계약서에는 보수, 근무 및 휴게 시간, 휴일, 연차(유급휴가) 등이 명시되어 있음

- 근로계약은 서면으로 체결하여 상호 날인한다(임용된 모든 교직원).
- 대표자와 원장이 동일하지 않을 경우, 원장도 근로계약 체결 대상이다.
- 필수 기재사항 : 보수, 근로 및 휴게시간, 휴일, 연차(유급휴가)

② 취업규칙(복무규정)이 문서화되어 접근 가능한 공간에 게시되어 있거나 근로계약서에 포함되어 있음

③ 보수 관련 규정에 준하여 보육교직원의 보수가 지급되고 있음

- 보수 관련 규정이 문서화되어 있고 이를 준수하며 4대 보험료를 모두 납부한다.

지표	평가항목	평가방법	결과
4-3-2	교직원의 직무스트레스를 예방하고 관리할 수 있는 서비스를 안내 및 제공한다.	기록, 면담	①② 2개 충족-Y

① 교사의 직무스트레스를 완화하고 신체 및 정신건강을 유지할 수 있는 기회를 제공함

- 보육교직원을 위한 복지제도와 별도로 제공해야 한다.

② 교사의 직무스트레스를 효과적으로 해결하기 위해 유관기관에서 제공하는 서비스를 안내함

- 정신건강 관련 교육 참여(예: 직무스트레스 관리, 인성 및 감성 체험 교사 연수 등)
- 직무스트레스 해소 기회 제공(예: 직원회식, 단체소풍, 동호회 지원, 연수 등)
- 온라인 전문상담 서비스 안내 등(어린이집 자체 실시 또는 유관기관) 프로그램 활용 가능
- 정신건강증진센터, 근로자건강센터, 육아종합지원센터, 지자체 등

☆ 직무스트레스 자가 체크리스트 CD 4-3-2

지표	평가항목	평가방법	결과
4-3-3	보육교직원을 위한 복지제도를 운영하고 있다.	기록, 면담	①② 2개 충족-Y

① 보육교직원을 위한 복지 혜택이 마련되어 있음

[예] 포상휴가, 상여금, 명절선물, 보육교직원 동호회 활동지원 등

② 복지 혜택이 모든 보육교직원에게 골고루 제공됨

- 복지 혜택이 누락된 보육교직원이 없다.

4-4 보육교직원의 전문성 제고

보육교사는 어린이집의 운영철학을 반영한 보육과정을 운영하고, 영유아와의 상호작용을 통해 성장 발달을 지원하는 중요한 역할을 한다. 보육교직원이 이러한 역할을 적절히 수행할 수 있도록 원장은 보육교직원의 전문성 향상을 위해 직무교육뿐만 아니라 다양한 재교육을 실시하는 등 다각적인 노력을 기울여야 한다. 따라서 보육교직원을 대상으로 체계적인 계획을 통해 적절하고 다양한 교육 기회가 제공되는지, 교사의 상호작용에 대한 관찰과 지원, 근무평가를 실시하고 있는지에 대해 평가한다.

지표	평가항목	평가방법	결과
4-4-1	보육교직원의 전문성 제고를 위한 다양한 교육 기회를 부여하고 있다.	기록, 면담	①② 2개 충족-Y

① 보육교직원의 경력과 요구를 고려한 연간 교육 계획을 수립하여 실행하고 있음

- 원장, 보육교직원 모두 포함하여 계획을 수립하고 직무교육 및 기타 역량 계발을 위한 교육 모두를 포함한다.

교사교육 제안서 1

(　　　)년 교사교육 제안서

성명			제출일	
희망교육	1. 보육교사 인성자기 진단 및 인성교육(한국보육진흥원) •보육교사 마음성장 프로젝트 -보육교사가 행복하고 건강해야 영유아에게 그 행복이 전달되기 때문에 -교육을 통해 좀 더 마음의 회복과 사랑이 많은 교사가 되고 싶어서 2. 원장 사전직무교육 •어린이집에 관한 전반적인 내용을 알고자 •교육을 통해 정확한 지식으로 전문인이 되고자 합니다.			
보수교육	승급교육	1급 (　　)　　　　2급 (　　)		
	직무교육	영아 (　　),　장애아 (　　),　원장사전 (0)		
기타 제안				

0000 어린이집

교사교육 제안서 2

(　　　)년 교사교육 제안서

성명		제출일	
유형	내용		
영유아 지원	영유아의 발달과정 및 발달지연 영유아를 위한 상호작용방법		
부모지원	부모상담		
문서지원	일일계획안 및 보육일지 작성법		
어린이집 운영지원			
기타	평가제 교육		

0000 어린이집

CD 4-4-1

② 모든 보육교직원에게 역량 계발을 위한 교육 기회를 제공하고 있음

- 직무교육 이수 여부를 확인한다(수료증 사본 또는 이수확인서, 교육통합관리시스템, 경력 증명서 등).
- 역량 계발을 위한 교육이 1회 이상 이루어진다.
  - 대상 : 원장, 종일반 보육교사
  - 내용 : 영유아 발달. 보육과정. 상호작용 등에 관한 교육
  - 방법 : 어린이집 자체교육, 외부교육(학회, 워크숍, 육아종합지원센터 교육 등)

  ※ 현장평가월 기준 3개월 이내 실시기록 확인

보육교직원 교육 이수 현황

<table>
<tr><td>성명</td><td colspan="2"></td><td colspan="2">직책</td><td></td><td></td></tr>
<tr><td rowspan="2">입사일</td><td rowspan="2" colspan="2"></td><td rowspan="2">경력</td><td>입사 전</td><td></td><td></td></tr>
<tr><td>입사 후</td><td></td><td></td></tr>
<tr><td rowspan="2">직무교육</td><td colspan="2">최근 이수일</td><td colspan="2"></td><td></td><td></td></tr>
<tr><td colspan="2">다음 이수 기간</td><td colspan="2"></td><td></td><td></td></tr>
<tr><td>구분</td><td colspan="2">교육명</td><td colspan="2">교육일시</td><td>주최</td><td>장소</td></tr>
<tr><td rowspan="7">필수교육</td><td colspan="2">아동학대 예방교육</td><td colspan="2"></td><td></td><td></td></tr>
<tr><td colspan="2">성폭력 예방교육</td><td colspan="2"></td><td></td><td></td></tr>
<tr><td colspan="2">직장 내 성희롱 예방교육</td><td colspan="2"></td><td></td><td></td></tr>
<tr><td colspan="2">장애인식 개선교육</td><td colspan="2"></td><td></td><td></td></tr>
<tr><td colspan="2">개인정보보호교육</td><td colspan="2"></td><td></td><td></td></tr>
<tr><td colspan="2">어린이집 안전사고 예방교육</td><td colspan="2"></td><td></td><td></td></tr>
<tr><td colspan="2">건강·영양 관련 교육</td><td colspan="2"></td><td></td><td></td></tr>
<tr><td rowspan="3">선택교육</td><td>1</td><td></td><td colspan="2"></td><td></td><td></td></tr>
<tr><td>2</td><td></td><td colspan="2"></td><td></td><td></td></tr>
<tr><td>3</td><td></td><td colspan="2"></td><td></td><td></td></tr>
</table>

CD 4-4-1

지표	평가항목	평가방법	결과
4-4-2	교사의 상호작용에 대한 관찰과 지원을 실시하고 있다.	기록, 면담	① 1개충족-Y

① 교사의 상호작용에 대한 관찰과 지원이 교사별로 연 1회 이상 이루어짐

- 원장이나 외부전문가가 일과 및 놀이 중 보육교사의 상호작용에 대해 관찰한 후 지원한 기록이 교사별로 연 1회 이상 있다.
- 대상 : 반을 맡고 있는 종일제 보육교사

※ 현장평가월 기준 1년 이내 실시기록 확인

- 필수 기재사항 : 일시, 관찰자, 관찰내용, 평가 및 지원 내용

Tip

교수법 관찰 및 지도

교 사 명		담당 반(연령)	만 세
일시	201 년 월 일	관찰자	
주제	동물놀이해요 II		
보육활동	오전 자유놀이활동 중 언어영역 : 내가 좋아하는 동물에 대해 말해요		
관찰 내용	다양한 동물 관련 책 보며 내가 좋아하는 동물에 대해 이야기한다. - 동물에 따라 소리가 다르고 좋아하는 음식이 있어요. - 좋아하는 동물을 그려볼까요?		
평가 및 지도 내용	어떤 동물을 좋아하는지 질문을 하니 "나는 펭귄이 좋아요" "왜?" "미끄럼 슝 타서 좋아요" "나는 토끼가 좋아요" "예뻐서요" 하는 영아들도 있었다. 또한 블록을 가지고 동물농장을 만들며 동물원에서 본 동물을 이야기해 보았다. •지도: 동물이 나오는 음악과 행동을 함께 표현할 수 있도록 확장을 하고 그림에 동물의 마리수와 엄마동물과 아가동물 짝을 찾아볼 수 있도록 더 많은 자료를 제시해 주면 좋겠다.		

CD 4-4-2

지표	평가항목	평가방법	결과
4-4-3	교사에 대한 근무평가를 실시하고 있다.	기록, 면담	① 1개충족-Y

① 교사에 대한 근무평가가 교사별로 연 1회 이상 이루어짐

- 근무평가내용 : 업무태도(근태), 보육교사로서의 전문성, 동료관계 등

※ 자기평가, 동료평가로만 이루어지는 경우, 근무평가인 인정 않음

교직원 근무평가서

일시	년 월 일	평가자			
구분	평가내용	우수	보통	개선 필요
업무태도	계획된 보육활동의 실행을 위해 성실히 수업자료를 준비하는가?	③	②	①
	담당영역의 교구 등록·관리 및 공동구역의 청결유지를 위해 노력하는가?	③	②	①
	맡은 일에 대해 책임을 전가하지 않고 의욕적으로 해내려고 하는가?	③	②	①
전문성	보육지식의 함양을 위해 보육 관련 재교육 및 세미나 등에 자발적으로 참여하는가?	③	②	①
	전문성 있는 보육계획 및 실행을 위해 다양한 보육프로그램의 자료를 참고하며 연구하는가?	③	②	①
	연구수업 등 장학수업과정에 충실히 임하며, 장학수업 평가사항을 보육활동에 반영하기 위해 노력하는가?	③	②	①
원아관리	영유아를 존중하며 요구에 민감하고 적절히 반응해 주는가?	③	②	①
	영유아의 문제행동을 영유아의 입장에서 이해하려고 노력하며 적절한 개입을 하는가?	③	②	①
	매일 아침 등원하는 영유아의 건강상태 및 정서상태 등을 파악하기 위해 노력하는가?	③	②	①
부모와의 관계	영유아의 어린이집 생활에 관하여 부모와 공유하거나 개인별 영유아의 발달과업이 잘 이루어질 수 있도록 가정연계를 위해 노력하는가?	③	②	①
	부모와 신뢰감 형성을 위해 노력하는가?	③	②	①
	부모면담, 부모참여수업 등 참여활동에 적극적으로 참여를 유도하는가?	③	②	①
동료 관계	보육교사로서 상하 간, 동료 간의 인간관계를 원활히 유지하기 위해 노력하는가?	③	②	①
	동료교사의 도움과 요청이 있을 때, 적극적으로 도와주려고 노력하는가?	③	②	①
	동료교사의 고충을 듣고 진심으로 이해하려고 노력하며 격려해 주는가?	③	②	①

CD 4-4-3

부록

1. 어린이집 평가제 지표 체크리스트
2. 평가제 원장·교사 면담(질문지) 점검표
3. 어린이집 운영 안내서
4. 통합 부모동의 및 조사서
5. 어린이집 운영일지
6. 부모만족도 조사
7. 영유아 학대의 정의와 유형, 신고의무
8. 종사자 운영규정 및 복무규정
9. 보육교직원 교수법 관찰 및 지도 평가표
10. 보육교직원 교육 이수 현황표
11. 보육교직원 의무 및 필수 교육 목록
12. 실습교사 오리엔테이션

1. 어린이집 평가제 지표 체크리스트

영역 1. 보육과정 및 상호작용				
1-1 (필수) 영유아 권리존중 (2개 모두 Y)	1-2 보육계획 수립 및 실행 (6개 중 5개 Y) 1-2-6(장애보육)	1-3 놀이 및 활동지원 (3개 모두 Y)	1-4 영유아 간 상호작용 지원 (4개 모두 Y)	1-5 보육과정 평가 (3개 모두 Y)

1-1. (필수) 영유아 권리존중(2개)

1-1-1. 교사는 영유아를 존중한다. (4개 모두 충족해야 Y)	
1) 교사는 영유아의 개별적 요구나 질문을 주의 깊게 듣고 적절하게 반응함	관찰
2) 교사는 영유아가 이해할 수 있는 내용으로 눈을 마주치며 이야기함	관찰
3) 교사는 안정과 격려를 통해 영유아의 말과 행동, 생각 및 감정을 지지해 줌	관찰
4) 교사는 위협, 비난, 조롱 등 부정적 언어를 사용하지 않음	관찰
1-1-2. 교사는 영유아를 차별 없이 대한다. (4개 모두 충족해야 Y)	
1) 교사는 영유아의 사회·경제적 지위, 문화적 배경, 종교, 인종, 성별, 신체적 능력에 대해 차별적인 말과 행동을 하지 않음.	관찰
2) 교사는 영유아의 외모, 옷차림, 성격, 행동 등을 평가하지 않음.	관찰

1-2. 보육계획 수립 및 실행(6개)

1-2-1. 표준보육과정을 바탕으로 어린이집의 철학을 반영한 보육계획을 수립한다. (2개 모두 충족해야 Y)	
1) 표준보육과정과 어린이집의 철학을 반영하여 연간보육계획을 수립함	기록, 면담
2) 영유아의 흥미와 요구를 반영한 월간 또는 주간 또는 일일보육계획을 반별로 수립함	기록, 면담
1-2-2. 영유아가 편안한 분위기에서 일상경험을 할 수 있도록 운영한다. (4개 모두 충족해야 Y)	
1) 등원 시 영유아를 반갑게 맞이하고 하원 시 안정된 분위기에서 귀가하도록 지도함	관찰
2) 식사와 간식 시간에 서두르지 않고 편안히 먹을 수 있도록 지도함	관찰
3) 영유아의 연령(월령)과 준비 정도, 개인차를 고려하여 배변경험이 개별적으로 일관되게 이루어지도록 지도함	관찰
4) 영유아의 개별적 특성에 맞게 편안하게 잠들 수 있는 환경과 분위기를 마련해줌 • 만 3세 이하의 종일반 영유아는 일과 중 반드시 낮잠 시간을 계획 및 실행하며, 만 4, 5세의 경우에는 필요에 따라 낮잠 또는 휴식 시간을 운영함	관찰

1-2-3. 하루 일과에서 영유아의 자유놀이가 충분히 이루어지도록 한다. (2개 모두 충족해야 Y)	
1) 매일 실내 자유놀이 시간을 기준시간 이상으로 배정하여 운영함. • 6시간 이하 운영(맞춤반 영아): 매일 1시간 이상 • 6시간 초과 운영(종일반 영아, 유아): 매일 2시간 이상 (기준시간 내에서 매일 오전 1시간 이상 연속적으로 운영하여야 함 • 프로그램의 특성 상 바깥놀이 위주로 운영하는 어린이집은 실내 자유놀이 시간을 바깥놀이 시간으로 대체할 수 있음	관찰, 기록
2) 일과를 시간단위로 분절하여 교과목 형태의 활동을 진행하지 않음	관찰, 기록
1-2-4. 바깥놀이 시간을 매일 충분히 배정하여 운영한다. (1개 모두 충족해야 Y)	
1) 매일 바깥놀이를 기준시간 이상으로 배정하여 운영함 • 미세먼지 등으로 바깥놀이가 어려울 경우, 실내 대근육활동을 포함한 자유놀이로 대체가능 • 영아: 만 0세는 주 3회, 30분 이상 / 만1, 2세는 매일 30분 이상 • 유아: 매일 1시간 이상 • 장애아전문: 주 1회 이상 장애유형, 장애정도, 발달수준에 따라 융통성 있게 운영	관찰, 기록
1-2-5. 특별활동은 운영 지침에 따라 운영한다. (3개 모두 충족하거나 특별활동 미실시 Y)	
1) 특별활동을 24개월 이상 영유아를 대상으로 부모동의서를 받은 영유아에 한해서만 별도로 제공하고 있음	관찰, 기록
2) 특별활동에 참여하지 않는 영유아를 대상으로 표준보육과정에 기초한 자유놀이 등을 운영하고 있음	관찰, 기록
3) 특별활동은 오후에 운영됨	관찰, 기록
1-2-6. 장애영유아를 위한 관련서비스(치료지원 포함)를 일과 중에 통합적으로 제공한다. (2개 모두 충족해야 Y)	
1) 장애영유아를 위한 관련서비스(치료지원 포함)를 계획, 제공하고 있음	기록
2) 장애영유아를 위한 관련서비스(치료지원 포함)를 장애영유아가 속해 있는 반의 일과와 연계하거나 일과 내에서 제공하고 있음. • 특수교사나 장애영유아를 위한 보육교사가 배치된 경우에 해당	기록

1-3. 놀이 및 활동 지원(3개)

1-3-1. 교사는 놀이와 활동이 영유아의 자발적 선택에 의해 주도적으로 이루어지도록 격려한다(3개 모두 충족해야 Y).	
1) 교사는 실내 자유놀이 및 바깥놀이 시간에 영유아가 자유롭게 탐색하여 놀이나 활동을 자발적으로 할 수 있도록 지원함 • 영아: 의도적인 대집단 활동을 실시하지 않음	관찰
2) 교사는 개별 영유아가 좋아하는 놀이와 활동을 주도적으로 진행하도록 격려함	관찰
3) 놀이에 참여하지 못하고 배회하거나 방관하는 영유아가 있는 경우 영유아가 놀이에 자발적인 흥미를 가질 수 있도록 지원함	관찰
1-3-2. 교사는 영유아의 놀이 상황을 관찰하면서 놀이와 관련된 상호작용을 한다. (3개 모두 충족해야 Y)	

1) 교사는 실내 자유놀이 및 바깥놀이 시간에 놀이와 활동이 이루어지는 장소 전체를 수시로 살펴 영유아의 놀이 진행과정을 파악함	관찰
2) 교사는 영유아의 놀이상황을 관찰하면서 놀이와 관련하여 적절한 수준의 지원을 함	관찰
3) 교사는 영유아의 놀이와 활동에 즐겁게 참여함	관찰
1-3-3. 영유아의 다양한 놀이와 활동에 필요한 자료를 제공한다. (3개 모두 충족해야 Y)	
1) 교사는 영유아의 발달수준, 연령, 사전경험을 고려하여 놀이 및 활동자료를 준비함	관찰
2) 현재 이루어지고 있는 놀이 및 활동에 필요한 자료를 제공함	관찰, 면담
3) 놀잇감과 활동자료는 영유아가 수월하게 꺼내어 사용할 수 있도록 배치함	관찰

1-4. 영유아 간 상호작용 지원(4개)

1-4-1. 교사는 영유아의 감정에 공감하고 스스로의 감정을 다룰 수 있도록 돕는다. (2개 모두 충족해야 Y)	
1) 영유아가 불안정하고 부정적인 정서를 표현할 때 그대로 수용하고 안정감을 느끼도록 반응함	관찰
2) 영유아의 정서 상태나 기분을 파악하여 언어적, 비언어적으로 반응하며 수용함	관찰
1-4-2. 교사는 영유아가 일상에서 자신의 의견, 생각 등을 또래와 나눌 수 있도록 격려한다. (2개 모두 충족해야 Y)	
1) 교사는 영유아가 자신의 감정이나 생각을 또래에게 말로 표현하도록 격려함	관찰
2) 교사는 놀이나 활동 상황에서 또래 간 학습이 일어나도록 영유아간의 상호작용을 격려함 • 영아: 교사는 영아가 또래에 관심을 가질 수 있도록 영아의 행동이나 말을 또래에게 묘사함	관찰
1-4-3. 교사는 영유아가 적절한 약속과 규칙을 지키도록 격려한다. (2개 모두 충족해야 Y)	
1) 반별로 영융아의 연령과 발달수준에 적합한 최소한의 약속과 규칙이 있음	관찰, 면담
2) 교사는 영유아가 약속과 규칙을 자율적으로 지켜가도록 일상에서 반복적이고 일관되게 격려함	관찰
1-4-4. 교사는 영유아간 다툼이나 문제가 발생할 경우 다양한 해결방식을 사용한다. (3개 모두 충족해야 Y)	
1) 교사는 영유아간 다툼이나 문제 상황이 발생하지 않도록 놀잇감과 공간을 충분히 확보함	관찰
2) 영유아 간 다툼이나 문제상황이 발생했을 경우, 연령에 적합하게 개입함 • 유아: 교사가 유아에게 스스로 문제를 해결할 수 있는 기회를 먼저 제공함 • 영아: 교사는 문제상황에 적절히 개입하여 영아들의 감정을 수용하고, 영아가 이해할 수 있도록 영아의 행동에 대해 설명함	관찰
3) 영유아가 다양한 긍정적 해결방안을 사용하도록 격려함(요청, 교환, 함께쓰기, 번갈아하기)	관찰

1-5. 보육과정 평가(3개)

1-5-1. 반별 보육일지에 하루일과 및 놀이실행에 대해 평가한 내용이 있고, 필요한 경우 평가 내용을 다음 보육계획에 반영한다. (2개 모두 충족해야 Y)	
1) 반별 보육일지에 영유아의 하루일과와 놀이실행에 대한 평가기록이 있음	기록
2) 보육일지에 평가한 내용을 필요한 경우 다음 보육계획에 반영하고 있음	기록
1-5-2. 개별 영유아의 일상생활, 실내외 놀이 및 활동에 대한 관찰 내용을 기록하고 영유아의 발달특성과 변화를 평가한다. (일반: 3개, 장애영유아: 4개 모두 충족해야 Y)	
1) 일상생활, 놀이, 활동에서 개별 영유아의 반응과 행동을 관찰하여 기록함	기록
2) 영유아 관찰 결과를 활용하여 영유아의 발달특성과 변화의 정도에 대한 총평을 연 2회 이상 기록함	기록
3) 영유아 평가 결과를 영유아의 놀이지원, 부모면담 등에 반영하고 있음	면담
4) 장애영유아: 개별 장애영유아의 교육진단과 발달평가를 위한 진단·평가도구 및 참고자료를 구비하여 활용하고 있음	면담
1-5-3. 원장은 각 반별 보육과정 운영에 대한 평가를 통해 어린이집 전체 보육과정 운영을 파악하고 있다. (2개 모두 충족해야 Y)	
1) 원장은 반별 보육과정 운영에 대한 평가를 실시하여 어린이집 전체의 보육과정 운영을 파악하고 있음	면담
2) 원장은 반별 보육과정 평가 결과를 어린이집 운영에 반영함	면담

2영역. 보육환경 및 운영관리			
2-1 실내 공간 구성 및 운영 (4개 모두 Y)	2-2 실외 공간 구성 및 운영 (3개 모두 Y)	2-3 기관 운영 (4개 모두 Y)	2-4 가정 및 지역사회와의 연계 (3개모두 Y)

2-1. 실내 공간 구성 및 운영(4개)

2-1-1. 보육실 내 흥미영역 또는 놀이영역은 영유아의 연령 및 발달 특성을 고려하여 영유아의 놀이와 연계하여 구성한다.	
1) 보육실은 영유아의 연령, 발달특성, 어린이집의 프로그램을 반영한 흥미영역 또는 놀이영역으로 구성되어 있음	관찰
2) 흥미영역 또는 놀이영역은 영유아의 놀이가 방해받지 않을 정도의 크기로 구성되어 있음	관찰
2-1-2. 실내 시설 설비가 영유아의 발달 수준에 적합하다.	
1) 실내 시설 및 설비가 영유아의 연령 및 신체에 적합한 크기와 높이로 되어 있어 영유아 스스로 사 용하기에 용이함	관찰

2) (영아) 기저귀 갈이대, 수유 공간 등 영아를 위한 공간이 마련되어 있으며, 일정공간에 수유와 기저귀 갈이 시 필요한 물품을 비치하여 사용하고 있음	관찰
3) (장애아 전문) 실내 시설 및 설비는 장애영유아의 특성에 적절하게 설치되어 있으며, 장애영유아를 위한 보조도구가 마련되어 있음	관찰
2-1-3. 영유아의 요구를 충족하는 보육실 이외의 별도의 공간을 마련하고 있다.	
1) 영유아의 요구를 충족하는 보육실 이외의 별도의 공간(유희실, 도서공간, 양호공간, 식당 등)이 어린이집 내에 두 군데 이상 마련되어 있음	관찰
2) 보육실 내 영유아의 휴식공간이 있음	관찰
3) 영유아의 개별 물품을 보관할 수 있는 공간이 마련되어 있음	관찰
2-1-4. 비품과 활동자료를 보관하는 별도의 공간이 있고 체계 적으로 정리하고 있다.	
1) 비품과 활동자료를 보관하는 별도의 공간(창고나 자료실, 베란다 등)이 있고, 체계적인 분류기준에 따라 명칭, 내용, 관련 영역 등을 표시하여 보관하고 있음	관찰

2-2. 실외 공간 구성 및 운영(3개)

2-2-1. 옥외 놀이터 등을 구비하고 있다.	
1) 옥외놀이터가 구비되어 있음	관찰
2) 옥외놀이터가 구비되어 있지 않은 경우, 대체놀이터를 이용하고 있음	관찰
2-2-2. 영유아의 발달을 지원하는 다양한 놀이 및 활동자료가 준비되어 있다.	
1) 영유아의 발달을 지원하는 다양한 놀이기구 또는 놀이 및 활동자료가 구비되어 있음	관찰
2) 놀이기구 또는 놀이 및 활동자료는 영유아의 발달에 적합한 크기와 기능을 가지고 있음	관찰
3) 자연을 경험할 수 있는 바깥놀이 환경이 마련되어 있음	관찰, 면담
2-2-3. 영유아의 발달에 적합한 다양한 바깥놀이 및 활동이 이루어진다.	
1) 바깥놀이 시 영유아의 발달에 적합한 다양한 놀이와 활동이 이루어짐	관찰, 면담
2) 바깥놀이 시 자연과 친숙해지는 경험이 이루어짐	관찰, 면담

2-3. 기관 운영(4개)

2-3-1. 모든 반을 편성 규정에 맞게 운영하고 있다.	
1) 모든 반이 편성 기준을 준수하고 있음 • 혼합연령반은 낮은 연령의 교사 대 영유아 비율을 준수하고 있음 • 반별 정원 탄력 편성 가능인원, 농어촌 특례 인정 범위는 보육사업안내 기준에 준함	관찰, 기록

2) 연령별 반 규모는 만0세의 경우 3배, 만1세 이상의 경우 2배를 초과하지 않음. • 만 0세-3명(9명 1반), 만 1세-5명(10명 1반), 만 2세-7명(14명 1반), • 만 3세-15명(30명 1반), 만 4세 이상 20명(40명 1반)	관찰, 기록
2-3-2. 어린이집 운영계획을 수립하여 부모에게 안내한다.	
1) 수요조사를 통해 어린이집 운영시간과 방법 등의 운영계획을 수립함	기록
2) 어린이집 운영계획이 부모에게 안내됨	기록
3) 17시 이후 보육되고 있는 영유아에 대해 자유놀이 등이 운영되고 있음	기록
2-3-3. 신규 보육교직원에게 오리엔테이션을 실시하고 있다.	
1) 모든 신규 보육교직원에게 업무관련 오리엔테이션을 실시함	기록
2-3-4. 신입 영유아 적응을 위한 지원을 하고 있다.	
1) 신입 영유아 적응 지원 안내문과 적응과정에 대한 관찰기록이 있음	기록, 면담
2) 신입 영유아의 부모를 위한 오리엔테이션을 실시함	기록, 면담

2-4. 가정 및 지역사회와의 연계 (3개)

2-4-1. 어린이집을 개방하여 다양한 부모참여와 교육이 이루어진다.	
1) 부모가 보육실 활동을 참관할 수 있는 구체적인 절차와 방법을 안내하고 있음	기록, 면담
2) 부모가 부모모임, 자원봉사 등의 방법으로 어린이집 운영지원에 참여하고 있음	면담
3) 부모교육을 두 가지 이상의 방법으로 실시하고 있음. • 지면: 가정통신문, 양육정보지, 양육안내 편지, 리플릿, 소책자 등 • 온라인 매체: 홈페이지, 카페, 블로그 등 • 집단 모임: 소모임, 부모 강연회, 워크숍 등	기록
2-4-2. 평소 가정과 다양한 방법으로 소통하고 정기적인 개별면담을 통해 가족을 지원한다.	
1) 평소 두 가지 이상의 방법으로 가정과 소통하고 있음. • 지면: 가정통신문, 알림장, 소책자, 게시판 등 • 전화 및 온라인 매체: 문자메세지, SNS, 스마트알림장, 홈페이지, 카페, 블로그 등 • 수시면담: 영유아의 특성이나 가정의 배경을 고려한 비정기적인 면담 등 • 집단모임: 소모임, 행사 등 • 부모만족도조사: 어린이집 운영 전반에 대한 만족도 조사 (연 1회 이상)	기록
2) 모든 영유아의 부모와 연 2회 이상 개별면담하고 주요 면담내용을 기록, 관리함	기록
3) 영유아나 가족의 문제를 파악하고 이해하고자 노력하고 있음	면담
2-4-3. 지역사회와 연계한 다양한 활동을 실시하고 있다.	
1) 지역사회 자원을 이용한 활동을 월 1회 이상(영아의 경우 2개월에 1회) 실시한 기록이 있음 • 지역사회 자원(기관) 활용과 영유아가 지역을 위해 실시한 활동 내용 등	기록

3영역. 보육과정 및 상호작용				
3-1 실내외 공간의 청결 및 안전 (3개 모두 Y)	3-2 (필수) 급·간식 (3개 모두 Y)	3-3 건강증진을 위한 교육 및 관리 (3개 모두 Y)	3-4 (필수) 등·하원 안전 (3개 모두 Y)	3-5 (필수) 안전교육과 사고예방 (3개 모두 Y)

3-1. 실내외 공간의 청결 및 안전(3개)

3-1-1. 실내외 공간을 청결하고 쾌적하게 관리한다.	
1) 실내외 공간을 청결하게 유지함	관찰
2) 실내외 놀잇감을 청결하게 유지함	관찰, 면담
3) 개별 침구를 청결하게 유지함	관찰, 면담
4) 실내의 공기질, 온도, 습도, 채광, 조명을 적정하게 유지함 • 공기 질 확인을 위해 공기청정기 유무, 작동 여부, 청결상태 등 확인	관찰, 기록, 면담
3-1-2. 실내외 공간과 설비를 위험요인 없이 안전하게 관리한다.	
1) 현관문, 출입문, 창문, 천장, 바닥, 벽면을 위험요인 없이 안전하게 관리함	관찰
2) 실내외 공간의 고정식 이동식 시설·설비, 전기설비 등을 위험요인 없이 안전하게 관리함	관찰
3) 세면대, 정수기의 온수사용을 위험요인 없이 안전하게 관리함	관찰
4) 영유아가 성인이 주로 사용하는 실내외 공간에 출입하지 않도록 관리함	관찰
3-1-3. 실내외 공간의 놀잇감 및 활동자료와 위험한 물건을 안전하게 관리한다.	
1) 보육실 내 놀잇감 및 활동자료를 안전하게 관리함	관찰
2) 실내외 공간에 비치된 놀잇감 및 활동자료를 안전하게 관리함	관찰
3) 보육실 내의 위험한 물건을 안전하게 보관·관리함	관찰
4) 실내외 공간의 위험한 물건을 안전하게 보관·관리함 • 영아가 삼킬 수 있는 크기(직경 3.5cm 이하)의 놀잇감과 활동자료 → '만 1세 이하'로 조정	관찰

3-2. 급·간식(3개)

3-2-1. 영양의 균형을 고려한 급·간식을 제공함	
1) 영양사가 작성한 식단에 따라 급·간식을 제공함	기록, 관찰
2) 영유아의 연령 특성을 고려한 급·간식(양, 크기,맛, 조리형태 등)을 제공함	관찰
3) 인스턴트 식품보다 자연식품 위주로 급·간식을 제공함	기록
4) 식품 알레르기 질환에 대한 지침을 마련하여 실행함	기록, 면담

3-2-2. 식자재의 구입·보관 및 조리공간을 위생적으로 관리하고 있다.	
1) (필수) 식자재는 신선한 것을 구입하고 이를 위생적으로 보관함	관찰
2) (필수) 유통기한 경과 식품(식자재 등)이 없음	관찰
3) 조리실 공간(바닥, 벽, 천장 등)과 조리실 내 시설·설비(개수대, 조리대, 식기수납장, 가스레인지, 후드, 환풍기, 주방가전 등)를 청결하게 유지함	관찰
4) 식기류(컵 등)와 조리실 비품(조리도고, 행주 등)을 위생적으로 관리함	관찰, 면담
3-2-3. 조리 및 배식과정을 청결하고 위생적으로 관리하고 있다.	
1) 조리가 위생적으로 이루어짐	관찰
2) 배식과정이 위생적으로 이루어짐	관찰
3) (필수) 1회 조리된 음식은 당일 소모하고 재 배식하지 않음	관찰, 면담
4) 마실 물, 우유 등을 위생적으로 관리함	관찰

3-3. 건강증진을 위한 교육 및 관리(3개)

3-3-1. 손 씻기, 양치질 등 청결한 위생습관을 실천한다.	
1) 교사는 손을 씻어야 하는 상황에서 반드시 손을 씻음	관찰
2) 영유아는 손을 씻어야 하는 상황에서 반드시 손을 씻음	관찰
3) 식사 후 연령에 적합한 방법으로 이를 닦고 칫솔과 양치 컵을 위생적으로 관리함	관찰
4) 교사는 영유아 배변 후 뒤처리를 위생적으로 함	관찰
3-3-2. 교사는 영유아의 건강상태를 살펴보고 적절하게 지원한다.	
1) 아프거나 다친 영유아에 대한 지침을 구비함	기록
2) 교사는 일과 중 영유아의 건강상태를 주의 깊게 살펴보고 적절히 조치함	관찰, 면담
3) 투약의뢰서를 관리하고 부모에게 투약보고를 함	관찰, 기록
4) 비상약품을 용도별로 구비하여 유효기간 내로 관리함	관찰, 면담
3-3-3. 영유아와 보육교직원의 건강 증진을 위한 예방관리와 교육을 실시한다.	
1) 개별 영유아의 건강검진 서류, 응급처치동의서를 작성·관리함	기록
2) 영유아와 보육교직원을 대상으로 다양한 건강 및 영양교육을 실시함	관찰, 기록, 면담
3) 보육교직원의 건강검진이 정기적으로 이루어짐 • 대상: 임용된 보육교직원, 미임용 보육교직원 중 매일 1개월 이상 지속적으로 근무하는 자, 어린이집 보육실습생, 어린이집에서 함께 거주하는 자, 특별활동 강사, 노인일자리 파견자 등	기록
4) 영유아 및 보육교직원에 대한 감염병 관리수칙을 수립하여 실천함	기록, 관찰, 면담

3-4. 등·하원 안전(3개)

3-4-1. 교사는 영유아의 출석을 확인하며 인계규정에 따라 귀가지도를 한다.	
1) 영유아의 인계과정에 대한 체계적인 규정이 수립되어 있음	기록
2) 영유아의 보호자에게 받은 귀가동의서를 구비하고 있음	기록
3) 교사는 매일 일과를 시작할 때 영유아의 등원 여부를 확인함	관찰, 면담
4) (필수) 영유아의 인계과정이 규정에 따라 안전하게 이루어짐	관찰, 면담
3-4-2. 영유아는 등원부터 하원까지 성인의 보호 하에 있다.	
1) 교사는 영유아의 안전을 위해 항상 전체 상황을 주시함	관찰
2) 교사는 일과가 바뀔 때마다 전체 영유아를 확인함	관찰
3) 통합보육 시 담당교사는 담당 영유아의 인원과 특이사항을 파악함	관찰, 면담
4) (필수) 영유아를 두고 자리를 비울 대에는 책임 있는 성인에게 인계함	관찰
3-4-3. 등·하원 차량을 운행할 경우 안전요건을 갖추어 관리한다.	
1) 차량에 안전수칙, 영아용 보호장구, 개별 안전띠, 차량용 소화기, 잠자는 아이 확인 장치, 비상약품을 구비함	관찰, 면담
2) 운전자는 매일 차량 안전점검을 실시함	기록
3) 운전자와 차량에 동승하는 모든 성인은 어린이통합버스 안전교육을 받음 • 운전자, 운영자: 도로교통법 제 53조3에 따른 교통안전교육 • 차량동승 보육교직원: 차량 등하원지도 관련 교육	기록
4) (필수) 운전자와 함께 차량에 동승한 성인은 영유아를 안전하게 보호함	관찰, 면담

3-5. 안전교육과 사고예방(3개)

3-5-1. 영유아를 대상으로 발달에 적합한 안전교육을 정기적으로 실시함	
1) 영유아를 대상으로 발달에 적합한 안전교육을 정기적으로 실시함	기록, 면담
2) 영유아가 정기 소방대피훈련에 참여함	기록, 면담
3) 영유아가 놀잇감 및 활동자료, 놀이기구를 안전하게 사용하도록 지도함	관찰
4) 계절 및 날씨 관련 놀이 안전수칙을 준수함	관찰, 면담
3-5-2. 보육교직원은 안전교육을 받고 영유아 학대 예방 지침을 준수한다.	
1) (필수) 보육교직원을 대상으로 기본적인 안전교육을 정기적으로 실시함(영유아학대예방교육포함)	기록, 면담
2) 비상시 보육교직원의 대처방안과 업무분장이 체계적으로 수립되어 있고, 보육교직원은 자신의 역할을 숙지하고 있음	기록, 면담
3) 응급처치(심폐소생술) 관련 교육에 참여한 보육교직원이 있음	기록, 면담

4) (필수) 영유아 학대예방지침(체벌금지포함)을 준수함	기록, 관찰, 면담
3-5-3. 안전설비를 비상 시 효율적으로 사용할 수 있도록 관리하고 있다.	
1) 비상사태를 대비한 피난설비(비상구, 비상계단, 피난구 유도등 등)를 비상시 원활하게 대피할 수 있도록 관리하고 있음	관찰
2) 비상사태를 대비한 소화설비(소화기 등)를 비상시 제대로 작동되도록 관리하고 있음	관찰
3) 비상사태를 대비한 경보시설(단독경보형감지기 등)를 비상시 제대로 작동되도록 관리하고 있음	관찰
4) 보육교직원은 안전시설 및 설비(소화기 등)의 사용법을 숙지하고 있음.	면담

4영역. 교직원			
4-1 원장의 리더십 (3개 모두 Y)	4-2 보육교직원의 근무환경 (3개 모두 Y)	4-3 보육교직원의 처우와 복지 (3개 모두 Y)	4-4 보육교직원의 전문성 제고 (3개 모두 Y)

4-1. 원장의 리더십(3개)

4-1-1. 원장은 자신의 전문성 향상을 통해 어린이집 발전에 기여한다.	
1) 원장은 어린이집 운영에 대한 철학과 소신을 가지고, 보육의 질을 높이기 위한 다양한 노력을 하고 있음	면담
2) 원장은 전문가로서의 전문성 향상을 위해 관련 교육에 참여하고 있음	면담
3) 2년 이상 근속한 교사가 전체교사의 50% 이상임	기록
4-1-2. 원장은 보육교직원을 존중한다.	
1) 원장은 보육교직원에게 존중하는 말과 태도를 보임	관찰, 면담
2) 원장은 보육교직원에게 의견을 묻거나 제안을 경청하고 이를 반영함	면담
4-1-3. 원장은 건전한 조직문화 조성을 위해 노력한다.	
1) 교사회의를 월 1회 이상 정기적으로 실시하고 민주적으로 운영함	기록, 면담
2) 보육교직원의 업무가 효율적으로 분장되어 있고, 자신이 담당하고 있는 업무를 정확히 알고 있음	기록, 면담
3) 원장은 보육교직원과 사전에 계획된 일정대로 정기적인 개별면담을 실시함. • 대상: 6개월 이상 근속한 보육교사	기록, 면담

4-2. 보육교직원의 근무환경(3개)

4-2-1. 보육교사를 위한 별도의 공간을 마련하고 있다.	
1) 교사실이 별도로 마련되어 있거나 보육교사의 휴식을 위한 공간 또는 설비가 마련되어 있음 • 다음 기준 중 1가지를 충족하면 인정 ① 교사실 ② 휴식을 취할 수 있는 공간 ③ 휴식용 의자, 쿠션 등의 설비	관찰
4-2-2. 보육교사를 위한 개인사물함과 업무지원 설비를 마련하고 있다.	
1) 어린이집 내에 보육교사가 개인별로 사용할 수 있는 사물함을 마련하고 있음	관찰
2) 보육교사가 개별 또는 공동으로 사용할 수 있는 업무용 책상, 의자, 기타 업무 지원 설비(컴퓨터, 프린트 등)를 마련하고 있음	관찰
4-2-3. 성인용 화장실을 영유아용과 별도로 설치하여 사용하고 있다.	
1) 보육교직원, 부모 및 방문객이 사용할 수 있는 성인용 화장실을 어린이집 내에 마련하고 있음 • 성인용 화장실을 별도로 마련하기 어려운 경우, 영유아용 화장실 내 한 칸에 성인용 변기를 설치하여 사용하고 있음. * 어린이집 내 화장실이 1개인 소규모 어린이집(정원 20인 이하)의 경우, 평정 제외	관찰

4-3. 보육교직원의 처우와 복지(3개)

4-3-1. 보육교직원의 복무와 보수에 관한 규정이 있으며, 이를 준수하고 있다.	
1) 모든 보육교직원과 근로계약을 체결하고 있으며, 근로계약서에는 보수, 근로 및 휴게시간, 휴일, 연차(유급휴가) 등이 명시되어 있음	기록, 면담
2) 취업규칙(복무규정)이 문서화되어 접근 가능한 공간에 게시되어 있거나 근로계약서에 포함되어 있음	기록, 면담
3) 보수 관련 규정에 준하여 보육교직원의 보수가 지급되고 있음	기록, 면담
4-3-2. 보육교사의 직무스트레스를 예방하고 관리할 수 있는 서비스를 안내하거나 제공한다.	
1) 보육교사의 직무스트레스를 완화하고 신체 및 정신건강을 유지할 수 있는 기회를 제공함	면담
2) 보육교사의 직무스트레스를 효과적으로 해결하기 위해 유관기관에서 제공하는 서비스를 안내함	면담
4-3-3. 보육교직원을 위한 복지제도를 운영하고 있다.	
1) 보육교직원을 위한 복지 혜택이 마련되어 있음	기록, 면담
2) 복지 혜택이 모든 보육교직원에게 골고루 제공됨	기록, 면담

4-4. 보육교직원의 전문성 제고(3개)

4-4-1. 보육교직원의 전문성 제고를 위한 다양한 연수 기회를 부여하고 있다.	
1) 보육교직원의 경력과 요구를 고려한 연간 교육(연수)계획이 수립되어 있음	기록, 면담

2) 모든 보육교직원에서 역량 계발을 위한 교육(연수)의 기회를 제공하고 있음	기록, 면담
4-4-2. 보육교사의 상호작용에 대한 관찰과 지원을 실시하고 있다.	
1) 보육교사의 상호작용에 대한 관찰과 지원이 보육교사별로 연 1회 이상 이루어짐	기록, 면담
4-4-3. 보육교사에 대한 근무평가를 실시하고 있다.	
1) 보육교사에 대한 근무평가가 보육교사별로 연 1회 이상 이루어짐	기록, 면담

2. 평가제 원장 · 교사 면담(질문지) 점검표

<table>
<tr><th>평가영역</th><th colspan="2">평가지표</th><th>면담</th></tr>
<tr><td rowspan="9">1영역
보육과정 및
상호작용</td><td rowspan="2">1-2-1</td><td>①</td><td>(원장) • 어린이집의 철학은 무엇이고, 연간보육계획에 어떻게 반영하는가?
• 연간보육계획 수립 시 표준보육과정을 어떻게 반영하는가?
(교사) • 연간보육계획을 어떻게 작성하였는가?
• 어린이집의 철학이 연간보육계획에 어떻게 반영되어 있는가?
• 연간보육계획 수립 시 표준보육과정을 어떻게 반영하는가?</td></tr>
<tr><td>②</td><td>(교사) • 월간 또는 주간 또는 일일보육계획안에 영유아의 흥미와 요구, 놀이를 어떻게 반영하였는가?
• 구체적인 사례는?</td></tr>
<tr><td>1-3-3</td><td>②</td><td>(교사) • 계획안에 있는 활동은 아니지만 요즘 영유아가 흥미 있어 하는 놀이 및 활동은 무엇인가?
• 놀이 및 활동을 지원하기 위해 어떤 놀잇감(자료)을 제공하였는가?</td></tr>
<tr><td>1-4-3</td><td>①</td><td>(교사) • 00반에서 지켜야 하는 약속과 규칙은 어떤 과정을 통해 정하였는가?
• 00반에서 지켜야 하는 약속과 규칙은 무엇인가?</td></tr>
<tr><td rowspan="2">1-5-2</td><td>③</td><td>(교사) • 영유아 평가 결과를 영유아 놀이지원, 활동선정, 환경구성, 상호작용 방법 등에 반영한 적이 있는가? 구체적인 사례는?
• 영유아 평가 결과를 부모 면담에 반영한 사례가 있는가? 반영한 사례는?</td></tr>
<tr><td>④</td><td>(교사) • 개별 장애영유아를 위한 진단·평가 도구를 마련하고 있는가?
• 언제 어떻게 사용하는가?</td></tr>
<tr><td rowspan="2">1-5-3</td><td>①</td><td>(원장) • 반별 보육과정 운영에 대해 언제, 어떤 방법으로 평가하고 있는가? 반별 보육과정 운영 평가에서 어떤 점을 중점적으로 평가하는가(계획안, 환경구성, 상호작용 등)?
• 어린이집 전체 보육과정 운영평가를 어떻게 하고 있는가?</td></tr>
<tr><td>②</td><td>(원장) • 반별 보육과정 평가를 어린이집 운영에 어떻게 반영하는가? 실제 반영한 사례는 무엇인가?</td></tr>
<tr><td colspan="3"></td></tr>
<tr><td rowspan="5">2영역
보육환경 및
운영관리</td><td>2-2-2</td><td>③</td><td>(교사) • 영유아가 자연을 경험할 수 있는 실외환경으로 무엇을 마련하였는가?</td></tr>
<tr><td rowspan="2">2-2-3</td><td>①</td><td>(교사) • 바깥놀이에서는 주로 어떤 놀이나 활동이 이루어지는가?
• 어떻게 진행되는가?</td></tr>
<tr><td>②</td><td>(교사) • 바깥놀이에서 자연을 직접 경험하는 활동으로 어떤 것이 이루어지는가?
• 어떻게 진행되는가?</td></tr>
<tr><td rowspan="2">2-3-4</td><td>①</td><td>(원장·교사 공통)
• 신입 영유아 적응 과정을 얼마 동안 어떤 방법으로 운영하는가?
• 신입 영유아의 적응을 위해 어떤 점을 배려하는가?</td></tr>
<tr><td>②</td><td>(원장·교사 공통)
• 신입 영유아 부모 오리엔테이션은 어떤 방법으로 실시하고 있는가?</td></tr>
</table>

평가영역	평가지표		면담
2영역 보육환경 및 운영관리	2-4-1	①	(원장) • 보육실 참관을 원하는 부모를 위해 어떠한 절차와 방법을 마련하고 있는가? • 마련된 절차와 방법을 부모에게 어떻게 안내하는가? (교사) • 부모의 보육실 참관은 어떤 방법으로 이루어지고 있는가?
		②	(원장) • 최근 1년 이내에 부모가 어린이집 운영지원에 참여한 적이 있는가? 언제, 어떤 방법으로 참여하였는가?
	2-4-2	③	(원장·교사 공통) • 현재 재원하고 있는 영유아나 가족의 문제에 대해 알고 있는 사례가 있는가? • 영유아나 가족에 대한 문제를 어떤 방법으로 파악하고 있는가? • 영유아나 가족 문제가 있을 때 활용할 수 있는 지역사회의 전문기관ㄴ이나 전문가 정보를 알고 있는가?
3영역 건강·안전	3-1-1	②	(교사) • 영아들이 사용하는 놀잇감은 얼마나 자주 세척하는가?
		③	(교사) • 사용한 여분의 침구는 어떻게 관리하는가?
		④	(원장) • 공기청정기는 어떻게 관리(필터 교체 주기, 방법 등)하는가?
	3-2-1	④	(원장·교사 공통) • 식품 알레르기 질환에 대한 지침의 내용을 알고 있는가? • 지침의 내용을 부모나 보호자에게 어떤 방법으로 안내하였는가? • 원 중인 영유아 중 식품 알레르기 질환이 있는 영유아가 있는가? 어떠한 종류인가? • 해당 영유아를 위해 어떻게 지원하고 있는가?
	3-2-2	④	(조리원) • 도마와 칼은 어떻게 구분하여 사용하는가?
	3-2-3	③	(교사·조리원) • 당일 급·간식의 배식을 완료한 후 남은 음식은 어떻게 처리하는가? • 전날 조리된 음식이 재배식된 경우가 있는가?
	3-3-2	②	(원장·교사 공통) • 아픈 영유아가 발생하거나 다쳤을 경우, 보호자에게 어떻게 알리는가? • 영유아가 다쳤을 경우, 어떻게 조치하는가?
		④	(교사) • 견학, 산책 등 외부활동 시 실외용 비상약품을 별도로 구비하여 지참하는가?
	3-3-3	②	(교사) • 일과 내에서 영유아에게 건강·영양 교육의 기회를 제공하는가? • 일과 중 관련 교육을 자연스럽게ㅔ 실시하기 위해 어떤 방법을 사용하는가? • 영아(만0-1세, 만2세)에게 개별 또는 소집단으로 건강·영양과 관련하여 교육적 경험을 제공하는가?
		③	(교사) • 최근 1년 이내에 건강·영양 관련 교육에 참여한 경험이 있는가? • 건강·영양 교육은 구체적으로 어떤 내용이었나? • 건강·영양 교육을 받고 영유아 보육과정 운영이나 일상생활 지도에 어떻게 적용해 보았는가?

평가영역	평가지표		면담
3영역 건강·안전	3-3-3	④	(원장·교사 공통) • 부모가 감염병에 걸린 영유아를 등원시킬 경우 어떻게 대처하는가? • 영유아가 감염병에 걸렸다고 의심되는 경우 어떻게 대처하는가? • 원장이나 교사 자신이 감염병에 걸린 경우 어떻게 대처하는가?
	3-4-1	③	(원장·교사 공통) • 오늘 등원하지 않은 영유아가 있는가? 사유는 무엇인가? • 등원하지 않은 영유아가 있는 경우 어떻게 조치하는가? • 차량을 이용하는 영유아가 별도의 연락없이 결석하는 경우 어떻게 조치하는가?
		④	(원장·교사 공통) • 하원 차량 운행 시, 보호자가 지정된 장소에 나와 있지 않으면 어떻게 조치하는가? • 보호자가 영유아를 혼자 하원시켜 달라고 요청하는 경우 어떻게 하는가? • 영유아가 혼자 등·하원하는 사례가 있는가?
	3-4-2	③	(원장·교사 공통) • 통합보육은 몇 시부터 이루어지는가? • 통합보육 시 인계되는 영유아에 대한 특이사항은 어떻게 전달되는가? 어떤 내용이 있는가?
	3-4-3	①	(공통/운전자) • 잠자는 아이 확인장치 사용법에 대해 알고 있는가? • 잠자는 아이 확인장치를 매일 어떻게 사용하고 있는가?
		④	(공통) • 차량 운행 시 동승하는 성인은 누구인가? • 운전자가 음주상태로 운전을 하거나, 운전 중에 휴대전화를 사용하는 것을 본 적이 있는가? • 만약 발견되면 어린이집에서는 어떻게 조치할 것인가? • 차량에 동승한 성인은 영유아가 차량에 타고 내릴 때 어떻게 도와주는가? (관찰이 어려운 경우에 한해 면담으로 확인) • 차량 탑승 영유아에 대한 관리는 어떻게 이루어지는가? 모든 영유아의 하차 여부는 어떤 방식으로 확인하는가?
	3-5-1	①	(교사) • 영유아를 위한 안전교육으로는 주로 어떤 내용을 다루는가? 어떤 방법으로 이루어지는가?
		②	(공통) • 소방대피훈련은 얼마나 자주 실시하는가? 어떤 방식으로 이루어지는가?
		④	(공통) • 햇볕이 강하고 더운 시간대에 바깥놀이를 나갈 경우 어떠한 조치를 하는가? • 황사가 있거나 미세먼지(초미세먼지 포함) 농도가 높은 날에는 어떻게 조치하는가?
	3-5-2	①	(공통) • 언제, 어떤 내용의 안전교육을 받았는가? • 영유아 학대 예방교육을 받은 후 영유아를 대하는 것에 어떤 변화가 있었는가?
		②	(공통) • 비상사태를 대비하여 분장된 업무 중 자신의 역할은 무엇인가? • 화재 발생 시 자신이 해야 할 역할은 무엇인가?

평가영역	평가지표		면담
3영역 건강·안전	3-5-2	③	(교육참여자) • 교육받은 내용 중 가장 유용한 정보는 무엇인가? • 응급처치 시 반드시 지켜야 할 원칙은 무엇인가? • 영유아 질식 시 응급처치(심폐소생술)를 어떻게 실시하는가?
		④	(공통) • 영유아 학대 예방 지침의 내용 중 학대의 정의와 유형은 무엇인가? • 영유아 학대 신고가 의무인 것을 알고 있는가? • 영유아 학대 신고 전화번호는 무엇인가? (아동학대 신고번호: 국번없이 112) • 영유아 학대가 의심되는 상황(멍, 상처 등 신체적 상흔, 무단결석, 명확한 사유 없이 퇴소신청 등)이 발생하면 어떻게 대처해야 하는가? • 영유아를 학대로부터 보호하기 위한 자신의 역할 범위는 어디까지인가? • 영유아를 학대로부터 보호했던 경험이 있는가?
	3-5-3	④	(공통) • 지금 이 장소에서 가장 가까운 소화기는 어디에 비치되어 있는가? • 소화기는 어떻게 사용하는가? • 비상구는 어디에 있으며 어떻게 여는가?
4영역 교직원	4-1-1	①	(원장) • 어떤 철학과 소신을 가지고 어린이집을 운영하고 있는가? • 어린이집의 질적 수준 향상을 위하여 어떤 노력을 해왔는가?
		②	(원장) • 지난 1년 동안 원장으로서 전문성을 향상하기 위해 어떤 노력을 하였는가?
	4-1-2	①	(교사) • 원장은 평소 모든 보육교직원을 존중하는 말과 태도로 대하는가?
		②	(원장) • 교사회의 등에서 의사결정을 해야 하는 안건이 있다면 어떤 방식으로 결정하는가? (교사) • 원장은 안건이나 사안을 결정할 때 교사에게 의견을 묻는가? 원장은 회의에서 교사가 의견을 제시할 때 이를 주의깊게 듣는가? (공통) • 보육과정 등 어린이집 운영과 관련하여 교사가 제시한 의견 중 수용된 것은 무엇인가?
	4-1-3	①	(공통) • 최근 교사회의에서 논의된 내용은 무엇인가?
		②	(공통) • 어린이집에서 자신이 담당하고 있는 업무는 무엇인가? 업무분장은 어떤 방식으로 결정되었는가?
		③	(공통) • 원장/보육교직원과 면담을 정기적으로 하는가? 정기 면담의 시기와 이유에 대해 알고 있는가? • 가장 최근에 개별면담을 한 시기는 언제인가? • 면담을 주로 어떤 내용으로 이루어지는가? • 원장과의 면담은 어떠한 측면에서 도움이 되었는가?
	4-3-1	①	(공통) • 근로계약에 대한 동의와 확인은 어떤 방식으로 이루어지는가? • 근로계약서에 명시된 근로시간을 준수하고, 휴일 및 휴가, 휴게시간 등을 사용하는가?
		②	(교사) • 취업규칙(복무규정) 내용에 대해 설명을 들은 적이 있는가? • 취업규칙(복무규정)을 어떻게 확인할 수 있는가?

평가영역	평가지표		면담	
4영역 교직원	4-3-1	③	(원장) (교사)	• 교사의 급여는 어떤 기준으로 책정하였는가? • 보육교직원의 보수에 관한 규정에 대해 아는가? 규정에 준하여 보수를 지급받고 있는가?
	4-3-2	①	(공통)	• 교사의 직무스트레스를 완화하고 신체 및 정신건강을 유지할 수 있는 기회가 어떻게 제공되는가? (보육교직원을 위한 복지제도와 별도로 제공해야 함.
		②	(공통)	• 보육업무로 인한 직무스트레스를 효과적으로 해결하기 위하여 교사에게 유관기관에서 제공되는 서비스를 적극적으로 안내하는가?
	4-3-3	①	(공통)	• 보육교직원의 복지를 위해 실시하고 있는 제도가 있는가? 어떤 제도인가?
		②	(공통)	• 어린이집의 복지 혜택이 전체 보육교직원에게 제공되고 있는가?
	4-4-1	①	(원장)	• 연간 보육교직원 교육 계획 수립 시 어떤 점을 고려하는가?
		②	(공통)	• 가장 최근에 직무교육을 받은 시기는 언제인가? 어떤 직무교육을 이수하였는가? • 가장 최근에 참석한 교육은 언제이며, 어떤 내용이었는가?
	4-4-2	①	(공통)	• 교사의 상호작용 관찰에 대한 계획이 수립되어 있는가? • 상호작용 관찰 후 지원은 어떤 방법과 내용으로 이루어졌는가?
	4-4-3	①	(원장)	• 교사에 대한 근무평가는 언제, 어떤 방법으로 이루어지고 있는가? • 평가 결과는 어떻게 활용하는가? 평가 결과를 활용한 구체적 사례가 있는가?

3. ○○ 어린이집 운영 안내서

Ⅰ. 보육철학 및 목표

1. 보육철학
2. 보육목표

Ⅱ. 운영현황

1. 어린이집 연혁
2. 어린이집의 환경
3. 보육시간
4. 보육료
5. 연령별 집단크기와 교사 수
6. 보육교직원 구성

Ⅲ. 보육프로그램

Ⅳ. 하루일과

Ⅴ. 건강·영양·안전관리

1. 건강관리
2. 영양관리
3. 안전관리(아동학대 예방지침 포함)

Ⅵ. 부모 및 지역사회와의 협력

1. 부모참여 프로그램
2. 어린이집 운영위원회
3. 지역사회기관과의 연계 및 보육프로그램
4. 지역사회 및 아동발달 전문가 정보

Ⅶ. 공지사항

1. 신입원아 적응프로그램
2. 어린이집의 개방원칙 및 인계규정
3. 감염병 질환의 예방과 관리대책
4. 아프거나 다친 영유아에 대한 처리 절차(환아처리지침, 상해 유형에 따른 응급처치 등)
5. 부모동의 및 조사서 작성 안내(귀가동의, 응급처치동의, 식품알레르기 관련, 개인정보 활용 등)
6. 상해, 화재, 배상보험 가입 안내
7. 안전사고 발생 시 어린이집이 갖는 책임한계에 관한 규정
8. 맞춤형보육 프로그램 운영
9. 보육교직원 윤리강령
10. 기타

4. 통합 부모동의 및 조사서

20 년 통합 부모동의 및 조사서

000어린이집에서는 영유아보육법 및 동법 시행규칙, 보육사업안내 등에 따라 아래의 내용에 대하여 보호자의 동의를 받아 진행 여부를 결정하고자 합니다. 구체적인 내용을 확인하고 해당내용에 동의 여부를 빠짐없이 체크해주시기 바랍니다.

영유아 기본 정보

영유아명	(□ 남 □ 여)	반명	
생년월일		혈액형	
주소			
보호자	성명	관계	연락처

★ 변경사항( )

1. 응급처치 및 귀가동의

구분	내용
응급처치	• 응급상황 발생 시 위의 보호자에게 연락하여 주십시오. • 필요시 119구조대에 연락하여 □ 어린이집 지정 의료기관( )이나 □ 보호자 지정 의료기관 ( )으로 수송해 주십시오. ※ 보호자 지정 의료기관을 선택할 경우 응급실을 운영하는 의료기관으로 기재해 주세요.
귀가 동의	• 위 영아의 귀가 시 위의 보호자에게 인도하여 주십시오. • 정해진 보호자 외 다른 사람에게 인계해야 할 경우 사전에 반드시 연락을 취하겠습니다. ※ 우리 어린이집에서는 영아를 성인 보호자 없이(부모님이 부탁하더라도) 혼자 귀가시키지 않습니다. • 등·하원방법 : □ 보호자 동행 □ 차량(어린이집) • 차량이용 시 등·하원 시간 : 등원(시 분), 하원(시 분) • 부모 외 인계 보호자 :

★ 변경사항( )

2. 특별활동프로그램 참여

특별활동프로그램						참여 여부
구분	내용	실시 횟수	요일	운영시간	비용(원)	
		주 회		~		☐ 참여 ☐ 미 참여
		주 회		~		☐ 참여 ☐ 미 참여

※ 특별활동에 참여하지 않는 영유아에 대해서는 대체 프로그램을 마련하여 진행함

★ 변경사항( )

3. 식품알레르기 조사

어린이집에서는 영유아 급·간식 제공 시 건강정보를 참고하여 안전한 음식을 제공하고자 합니다. 식품에 대한 알레르기 반응 유무를 체크하고, 알레르기가 있을 경우 추가로 배부하는 '식품알레르기 상세 조사서'를 작성해 주시기 바랍니다.

식품알레르기 여부	알레르기 유발 식품	알레르기 증상	병원진단 유무
☐ 있음 ☐ 없음			

*알레르기 유발식품

①난류(가금류에 한함) ②우유 ③메밀 ④땅콩 ⑤대두 ⑥밀 ⑦고등어 ⑧게 ⑨새우 ⑩돼지고기 ⑪복숭아 ⑫토마토 ⑬아황산류(SO_2 잔류량으로 10mg/kg 이상 함유, 각종 와인·단무지·건조과일·연근·도라지 등 흰색채소의 표백에 쓰이는 첨가물) ⑭호두 ⑮잣 ⑯키위 ⑰닭고기 ⑱조개 ⑲굴 ⑳전복 ㉑홍합 ㉒오징어 ㉓쇠고기 ㉔참깨

식품알레르기 관리방안

- 연 1회 영유아 식품알레르기 조사
- 식품알레르기가 있는 음식이 포함된 경우 부모님의 선택에 따라 식단 관리
  - 해당 알레르기 유발 식품이 포함된 날에는 가정에서 개인 도시락, 간식을 지참하겠음
  - 해당 알레르기 유발 식품이 포함된 메뉴를 제외하고 제공해주기를 희망함
  - 알레르기 유발 식품을 제거하고 조리한 메뉴를 제공하기를 희망함(예시: 멸치아몬드조림→멸치조림 등)
  - 같은 식품군 내 대체 메뉴를 별도로 제공해주기를 희망함(예시: 계란말이→연두부 등)
- 식단 안내 시 대체식품도 함께 계획하여 안내

※ 현재 식품알레르기 증상이 없으나 이후 증상이 발생하거나 있던 증상이 없어지는 경우, 어린이집으로 알려주시기 바랍니다.

★ 변경사항( )

4. 개인정보 활용

개인정보보호법에 의거하여 귀하의 개인정보를 아래와 같이 "수집·이용·제3자 제공"하는 데 동의를 얻고자 합니다. 다음의 사항을 확인하신 후, 동의 여부를 체크하여 주시기 바랍니다.

1) 개인정보의 수집 및 이용 : □ 동의함 □ 동의하지 않음

개인정보 수집·이용 목적	영유아 보육활동 운영, 건강관리, 가정과의 연계, 긴급한 상황 시 대처, 기타 어린이집 운영
개인정보 이용 및 보유 기간	• 이용기간: 20 년 월 일 ~ 퇴소 시 • 보유기간: 어린이집 퇴소 후 관련 규정에 따라 1~3년간 보관 후 폐기 • 보유·폐기 근거: 보육사업안내(보건복지부) 및 영유아보육법시행규칙 중 '장부 등의 비치'에 따름
수집·이용하는 개인정보	• 영유아: 성명, 성별, 생년월일, 사진, 건강검진정보, 예방접종정보, 키, 몸무게, 건강 등 특이사항 및 생활습관 • 보호자: 성명, 생년월일, 주소, 연락처

2) 개인정보의 제3자 제공 : □ 동의함 □ 동의하지 않음

개인정보 제3자 제공	• 제공 대상 : 어린이집 부모, 특별활동업체, 현장학습 및 지역사회연계 기관(육아종합지원센터, 어린이급식관리지원센터, 보건소, 경찰서 등), 시군구 행정기관, 앨범 등 활동자료 및 기념물품 제작업체 등 • 제공 항목 : 영유아명, 생년월일, 키, 몸무게, 사진, 활동결과물, 주민등록번호, 부모 성명 • 제공 목적 : 특별활동 운영, 지역사회연계활동 진행, 활동자료 및 결과물 제작, 프로그램 및 사진 공모전 공모, 경찰서 아동 지문등록 등

5. 영아의 안전한 보호와 양육을 위한 보호자 동의서

00어린이집에서는 영아 안전을 위해 범정부대책으로 마련한 어린이집 영유아학대 조기발견 및 관리대응 매뉴얼에 따라 무단결석에 대한 관리방안을 안내하고자 합니다. 아래 내용을 확인 후 동의 여부에 체크하여 주시기 바랍니다.

영유아 결석 시 어린이집 대응방안	영아가 결석하는 경우 반드시 사전에 알려 주시기 바랍니다. 결석 시 사전에 어린이집으로 연락하지 않거나 보호자와 연락이 되지 않는 경우, 무단결석으로 간주하여 다음과 같은 절차를 진행하겠습니다. 1. 1일차에는 담임교사가 가정으로 전화 연락을 실시합니다. 2. 2일차에도 연락이 되지 않을 경우에는 유관기관과 협조하여 가정방문을 실시합니다. 3. 가정방문 결과 영아와 연락이 되지 않거나 소재 및 안전이 확인되지 않는 경우 영아학대가 의심되는 경우로 판단하여 아동보호전문기관 상담 또는 수사기관(112)에 신고합니다. ※ 근거: 아동복지법, 아동학대범죄의 처벌 등에 관한 특례법

구분	영아 무단결석 시 어린이집 대응방안	동의 여부
정보제공 동의	① 수집·이용 목적: 영아 소재·안전 파악 ② 수집항목: 영유아명, 반명, 성별, 생년월일, 주소, 전화번호, 보호자명 ③ 이용 및 보유기간: 해당 업무 종료 시까지 ④ 동의를 거부할 수 있으며 동의 거부 시 무단결석 영유아의 소재·안전 파악에 제한이 있을 수 있음	□ 동의함 □ 동의하지 않음

구분	영아 무단결석 시 어린이집 대응방안	동의 여부
가정방문 동의	① 이용 목적: 영아 소재·안전 파악 ② 동의를 거부할 수 있으며 동의 거부 시 무단결석 영유아의 소재·안전 파악에 제한이 있을 수 있음	□ 동의함 □ 동의하지 않음
제3자 정보제공 동의	① 제공받는 자: 읍면동주민자치센터, 아동보호전문기관, 수사기관 ② 제공받는 자의 이용 목적: 영유아 소재·안전 파악 ③ 제공하는 항목: 수집항목과 일치 ④ 제공받는 자의 보유이용기간: 해당 업무 종료 시까지 ⑤ 동의를 거부할 수 있으며 동의 거부 시 무단결석 영유아의 소재·안전 파악에 제한이 있을 수 있음	□ 동의함 □ 동의하지 않음

6. CCTV 촬영 동의서

영유아의 안전한 보육환경을 조성하고 시설물 관리를 위하여 어린이집 내 CCTV를 설치하여 운영하고 있습니다. 이에 대한 부모님의 CCTV 촬영 동의를 부탁드립니다.

<table>
<tr><td>CCTV 촬영 및 제3자 제공 동의여부</td><td colspan="3">□ 동의함
□ 동의하지 않음
※ CCTV 촬영에 동의하지 않을 경우 어린이집 일과 참여가 불가할 수 있음</td></tr>
<tr><td>촬영목적</td><td colspan="3">• 영유아학대 등 영유아의 인권보호 • 어린이집 내 안전사고 예방 및 시설 관리</td></tr>
<tr><td>촬영장소</td><td colspan="3">• 보육실, 유희실, 현관, 실외놀이터</td></tr>
<tr><td>촬영 및 보존 기간</td><td colspan="3">• 촬영시간: 24시간 • 보존시간: 60일</td></tr>
<tr><td>관리기준</td><td colspan="3">• 보육사업안내(보건복지부), 개인정보보호법, 어린이집 영상정보 처리기기 설치·운영 가이드라인(보건복지부)에 따라 촬영 및 관리
• 영유아학대 또는 안전사고 발생 의심 시 내부관리계획에 따라 정보를 제공하며, 다른 목적과 외부 유출 등으로 사용하지 않음(영유아보육법 제15조의5)
• CCTV에 의해 수집된 화상정보는 설치 목적을 넘어 카메라를 임의 조작하거나 녹음할 수 없음</td></tr>
<tr><td rowspan="2">CCTV 영상 제3자 제공</td><td>CCTV정보를 제공받는 자</td><td>이용목적</td><td>이용기간 및 보유기간</td></tr>
<tr><td>CCTV 영상 확인 요청자</td><td>영유아 안전사고 시 상황 파악, 범죄 수사 등 관련기관 이용</td><td>영상을 확인하는 기간</td></tr>
</table>

7. 미세먼지 관련 영유아 건강 특성 조사서

미세먼지와 관련된 영유아 건강 특성을 파악하며 건강한 어린이집 생활을 위해 참고하고자 하오니, 아래의 내용을 읽고 해당하는 내용에 기재해주시기 바랍니다.

<table>
<tr><th rowspan="5">미세먼지
관련
영유아
건강 특성</th><th>건강 특성</th><th colspan="2">해당 여부</th><th>비고</th></tr>
<tr><td>천식</td><td>☐ 해당됨</td><td>☐ 해당되지 않음</td><td></td></tr>
<tr><td>기관지염</td><td>☐ 해당됨</td><td>☐ 해당되지 않음</td><td></td></tr>
<tr><td>비염</td><td>☐ 해당됨</td><td>☐ 해당되지 않음</td><td></td></tr>
<tr><td>기타</td><td colspan="2"></td><td></td></tr>
<tr><th>주요 증상 및
요청사항</th><td colspan="4"></td></tr>
</table>

★ 변경사항( )

8. 어린이집 운영계획 수립을 위한 수요조사서

00어린이집에서는 '20 년 어린이집 운영계획 수립을 위한 수요조사를 실시합니다. 이를 바탕으로 어린이집 운영계획을 수립하고, 이에 부모님들의 의사를 최대한 반영하고자 합니다. 조사결과에 따라 종일반은 더욱 효율적으로 운영될 수 있도록 하고, 맞춤반은 가장 많이 희망하는 시간대를 중심으로 운영시간을 결정하여 추후 안내드리겠습니다. 이래의 내용을 읽고 해당 사항에 체크 및 기록하여 주시기 바랍니다.

<table>
<tr><th>적용 기간</th><td colspan="2">201 년 3월 ~ 201 년 2월</td></tr>
<tr><th rowspan="3">보육료 자격</th><th>영아</th><th>유아</th></tr>
<tr><td>☐ 맞춤반 ☐ 종일반</td><td>☐ 종일반</td></tr>
<tr><td>※ 영아반의 경우 보육료지원 자격 중 맞춤반·종일반(보육료지원 자격) 해당 여부를 확인하여 체크해주세요.</td><td></td></tr>
<tr><th rowspan="3">희망 보육
시간대</th><th>등원시간</th><th>하원시간</th></tr>
<tr><td></td><td></td></tr>
<tr><td>※ 영아 종일반과 유아반은 07:30~19:30 내에서, 영아 맞춤반은 08:00-16:00 내에서 희망하는 보육시간(최대 6시간)을 적어주세요.</td><td></td></tr>
<tr><th>등·하원 방법</th><td>☐ 개별 등·하원</td><td>☐ 어린이집 차량 이용</td></tr>
</table>

★ 변경사항( )

9. 어린이집 운영 내용 및 협조사항 확인·동의서

부모 오리엔테이션 및 '어린이집 운영안내'를 통해 안내해드린 어린이집 운영 방침과 관련하여 부모님들께서 충분히 이해하고 공감해 주시리라 생각합니다. 아래의 내용은 우리 아이들이 건강하고 안전하게 어린이집 생활을 하는데 기본이 되는 사항이므로 부모님들의 적극적인 협조와 이해 부탁드립니다. 어린이집에서도 우리 아이들이 건강하고 즐겁게 성장할 수 있도록 최선을 다하겠습니다.

1. 신입원아 적응프로그램 운영
2. 어린이집 개방 및 CCTV 설치·관리 원칙
3. 감염병의 예방과 관리
4. 아프거나 다친 영유아에 대한 처리 절차
5. 부모동의 및 조사서 작성 안내
6. 상해, 화재, 배상보험 가입 안내
7. 안전사고 발생 시 어린이집이 갖는 책임한계에 관한 규정
8. 맞춤반 및 종일반 프로그램 운영 안내(맞춤반 운영기준 포함)
9. 보육교직원 윤리강령(영유아학대 예방지침 포함)

※ 어린이집 운영과 관련한 자세한 사항은 '어린이집 운영안내' 및 배부한 동의 및 조사서를 참고해 주시기 바랍니다.
이와 관련하여 문의 및 건의사항이 있는 경우 어린이집으로 연락주시기 바랍니다.

본인은 위의 모든 내용을 확인하였으며, 적극적으로 협조하겠습니다.

년 월 일 영유아명 : 보호자(서명):

○○어린이집

5. 어린이집 운영일지

어린이집 운영일지

담당	원장

20 년 월 일( )	(초)미세 먼지 예보	오전 9시	□ 좋음 □ 보통 □ 나쁨 □ 매우 나쁨
		오후 12시	□ 좋음 □ 보통 □ 나쁨 □ 매우 나쁨
		익일 예보 17시	□ 좋음 □ 보통 □ 나쁨 □ 매우 나쁨
	기타	□ 지진 □ 폭염 □ 태풍 □ 폭우 □ 기타( )	

	입소 영아 성명(반명)	퇴소 영아 성명(반명)
영유아 입·퇴소		

인원 \ 연령	계	만 0세	만 1세	만 2세	만 3세	만 4세	만 5세
반명							
현원	명	명	명	명	명	명	명
결석	명	명	명	명	명	명	명
보육교직원 출석							
확인							

보육 교직원 관리	근무 현황	□ 연차휴가( )	□ 기타( )
	교직원회의	□ 시간: □ 장소: □ 참석: □ 회의내용:	
	교직원 교육	□ 구분(□ 보수교육 □ 필수교육 □ 기타 재교육) □ 내용: □ 참석: □ 주관:	
	교직원 면담	□ 대상:	□ 시간:
	각종 O.T	□ 대상: □ 진행: 원장	□ 내용: 신규 교직원 오리엔테이션 자료 참조
	기타		
행사 및 특이사항		□ 영유아 행사( ) □ 부모와의 협력( ) □ 비상대피훈련(□ 화재 □ 지진 □ 태풍 □ 폭설 □ 기타:)	

당직	오전	당직자	(인)	출근시간	시 분
	오후	당직자	(인)	퇴근시간	시 분

특이 사항	안전점검	□ 이상 없음	□ 이상 있음( )
	사고 및 감염병 발생	□ 이상 없음	□ 이상 있음( )
	방문자		

6. 부모만족도 조사

201 년 부모만족도 조사 안내문

00어린이집에서는 재원중인 부모를 대상으로 어린이집의 서비스 전반 및 운영에 대한 201 년 부모만족도 조사를 실시하여 어린이집 운영의 질적 개선을 위한 기초자료로 활용하고자 합니다. 아래의 각 문항에 대해 부모님께서 느끼는 만족도 점수에 ✔ 표기해 주시고, 모든 문항에 성심껏 답변해 주시기 바랍니다. 조사 결과는 어린이집 운영을 위한 참고자료 이외의 다른 용도로는 사용되지 않습니다.

▢ 조사기간 : ▢ 회신일 :

범주	문항	매우 불만족	대체로 불만족	보통	대체로 만족	매우 만족
어린이집 환경	우리 아이가 다니는 어린이집 시설은 깨끗하고 안전하다.	1	2	3	4	5
	어린이집에는 다양하고 충분한 양의 놀잇감(동화책, 교구 등)이 있다.	1	2	3	4	5
건강·안전	우리 아이에게 제공되는 급·간식에 만족한다.	1	2	3	4	5
	아이가 아프거나 다쳤을 때 어린이집에서는 적절한 조치(부모연락 및 응급처치 등)를 취한다.	1	2	3	4	5
	어린이집에서의 등·하원(차량운행)이 안전하게 이루어진다. (해당어린이집만 체크)	1	2	3	4	5
보육과정	어린이집 보육프로그램 및 행사계획을 잘 안내받고 있다.	1	2	3	4	5
	어린이집에서 아이들에게 제공하는 활동에 대해 만족한다.	1	2	3	4	5
	우리 아이는 어린이집에서 편안하게 생활한다.	1	2	3	4	5
상호작용	어린이집 선생님들은 아이를 존중하고, 적절한 언어를 사용하며 따뜻하게 대한다.	1	2	3	4	5
	우리 아이는 담임교사를 좋아하고 따른다.	1	2	3	4	5
	어린이집에서 우리 아이는 갈등문제가 없다.	1	2	3	4	5
운영의 개방성 및 가정연계	어린이집은 부모가 언제든 방문할 수 있도록 개방되어 있으며, 필요시 의견을 제안할 수 있다.	1	2	3	4	5
	어린이집에서는 우리 아이의 생활 및 발달에 대한 정보를 충분히 알려준다.	1	2	3	4	5
	어린이집에서는 부모가 어린이집 활동에 참여할 수 있도록 다양한 기회를 제공한다.	1	2	3	4	5
	어린이집에 아이를 보내는 것이 나의 직장생활이나 가정생활에 도움이 된다.	1	2	3	4	5

※ 끝까지 답변해 주셔서 감사합니다.

○○어린이집

201 년 부모만족도 조사 결과지

☐ 조사기간 :

☐ 조사방법 • 가정통신문 또는 홈페이지, SNS 등을 통한 부모만족도 조사 안내

• 가정통신문과 함께 개별 부모에게 배포 후 회신 또는 홈페이지에 업로드하거나 개인 이메일로 발송후 회신

☐ 결과 : 부모 총 명 중 명 회신(회신율 %)

전체 항목결과

범주	범주 평균	범주	범주 평균
어린이집 환경		건강·안전	
보육과정		상호작용	
운영의 개방성 및 가정연계		총 평균	

(1점: 매우 불만족~5점: 매우 만족)

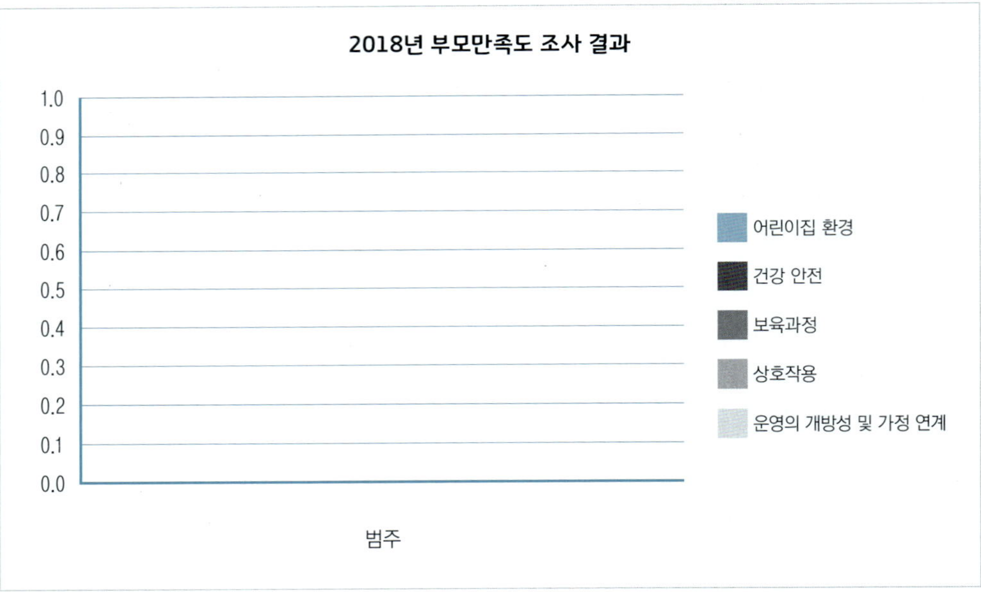

○○어린이집

7. 영유아 학대의 정의와 유형, 신고의무

영유아 아동학대 예방 관리대책 지침

1. 아동학대란?

보호자를 포함한 성인이 아동의 건강 또는 복지를 해치거나 정상적 발달을 저해할 수 있는 신체적·정서적·성적 폭력이나 가혹행위를 하는 것과 아동의 보호자가 아동을 유기하거나 방임 하는 것(아동복지법 제 3조 제7호)

아동학대의 유형

- 영유아기의 학대는 신체적인 손상뿐만 아니라 심리적, 정신적 후유증을 남기게 된다.
- 아동학대는 대부분 주 양육자인 부모에 의해 가정 내에서 발생하며, 성학대를 제외한 신체학대, 정서 학대, 방임, 유기에서 부모에 의한 발생률은 80% 이상이다.

구분	내용	
신체적 학대	보호자를 포함한 성인이 아동에게 우발적인 사고가 아닌 상황에서 신체적 손상을 입히거나 또는 신체손상을 입도록 허용한 모든 행위를 말함	• 직접적으로 신체에 가해하는 행위 • 도구를 사용하여 신체에 가해하는 행위 • 신체에 유해한 물질로 신체에 가해하는 행위 • 완력을 사용하여 신체를 위협하는 행위
정서 학대	보호자를 포함한 성인이 아동에게 행하는 언어적 모욕, 정서적 위협, 감금이나 억제, 정신적, 심리적 학대라고도 함	• 언어적 폭력행위 • 정서적 위협 • 아동의 정서발달 및 연령상 감당하기 • 어려운 것을 강요하는 행위(감금, 약취 및 유인, 아동 노동 착취) • 형제나 친구 등과 비교·차별·편애·왕따시키는 행위
성학대	보호자를 포함한 성인이 자신의 성적 충족을 목적으로 18세 미만의 아동에게 행해지는 모든 성적 행위를 말함	• 자신의 성적 만족을 위해 아동의 관찰/추행하거나 아동에게 성적 노출을 하는 행위 • 아동에게 유사성행위/성교를 하는 행위 • 성매매를 시키거나 성매매를 매개하는 행위
방임	아동의 보호자가 아동을 방임하거나 유기하는 행위	• 물리적 방임: 기본적인 의식주를 제공하지 않는 행위 • 교육적 방임: 턱별한 사유 없이 의무 • 교육에 보내지 않거나 아동의 무단 결석을 방치하는 행위 • 의료적 방임: 필요한 의료적 처치를 하지 않는 행위 • 유기: 아동을 버리는 행위

2. 아동학대의 징후

구분	신체적 징후	행동적 징후
신체적 학대	• 설명하기 어려운 신체적 상흔 • 발생 및 회복에 시간차가 있는 상처 • 비슷한 크기의 반복적으로 긁힌 상처 등	• 어른과의 접촉회피 • 다른 아동이 울 때 공포를 나타냄 • 공격적이거나 위축된 극단적 행동 등
정서 학대	• 발달지연 및 성장장애 • 신체발달저하 등	• 특정 물건을 계속 빨고 있거나 물어 뜯음 • 행동장애(반사회적, 파괴적 행동장애) • 신경성 기질장애(놀이장애) 등

구분	신체적 징후	행동적 징후
성학대	• 학령 전 아동의 성병감염 등	• 나이에 맞지 않는 성적행동 • 위축, 환상, 유아적 행동(퇴행행동) 등
방임	• 발달 지연 및 성장장애 • 비위생적인 신체상태 등	• 계절에 맞지 않는 부적절한 옷차림 • 음식을 구걸하거나 훔침 등

3. 아동학대 신고 의무자의 역할

어린이집 보육교직원은 아동학대범죄의 처벌 등에 관한 특례법 제 10조의 규정에 의한 신고의무자로서 직무상 아동학대를 알게 된 경우 및 의심되는 경우 즉시 112등에 신고하여야 한다.

4. 학대 행위 사례의 (예)

언어적인 위협을 통한 정서학대

"어린 반으로 보내버린다." "기저귀 차고 오세요"
"실수한거 네가 치워."
"이것 다 먹어야 다음 놀이할 수 있어."
"잘못했으니 한쪽 벽보고 서 있어. 싸운 두 친구 서로 얼굴 바라보고 있어."

어린이집에서의 방임

- 어린이집에서 방과후나 오후 통합보육시간에 영유아들끼리만 교실에 방치하고 교사들끼리 한 곳에 모여 수다를 떨고 있는 경우, 현장 견학 시 어느 어린이집에서는 유아들끼리만 모여 김밥을 먹게 하고 교사들끼리 식사를 하게 되었는데 점심식사를 먼저 한 유아가 공원의 분수대에 가서 놀다가 분수대에 빠져 사망한 사례가 있다.
- 영유아가 열이 많이 나거나 설사 및 복통을 호소할 때 교사가 이에 대한 대응과 조치를 하지 않고 그냥 두었을 경우도 포함 된다.

5. 아동학대예방을 위한 어린이집 관리대책

1) 교직원 지침

- 부모면담 시 부모가 이상하고 비합리적인 행동을 보일 때는 아동학대의 가능성을 파악하고 의심을 제기할 수 있어야 한다.
- 영유아의 몸에 피멍이 있거나 상처가 있는 경우 세심히 관찰한다.
- 학대받았다는 의심이 드는 경우는 영유아를 주의 깊게 관찰한다.
- 학대받았다는 의심이 확실할 경우 관련된 모든 정보를 기록 한 후 즉시 전문기관(112)에 신고해야 한다.

2) 부모지침

- 아동 학대란 무엇이며 어떤 행동들이 아동학대 인지 안다.
- 아이들의 행동 특성을 이해하지 못해 화가 났을 때 마음을 가라앉힌다.
- 화목한 가정을 만들 수 있도록 가족 구성원 모두 노력한다.

신고방법
- 전화: 국번없이 112
- 방법: 관할지역아동호보전문기관, 경찰

신고내용
- 신고자의 이름, 연락처
- 아동의 이름, 성별, 나이, 주소
- 학대행위자로 의심되는 사람의 이름, 성별, 나이, 주소
- 아동이 위험에 처해있거나 학대를 받고 있다고 믿는 이유

출처: 어린이집 보육교직원 안전교육(2016). 보건복지부·어린이집안전공제회

8. 종사자 운영규정 및 복무규정

제1장 총칙

제1조 (목적) 어린이집에 근무하는 종사자의 관리에 관한 사항을 정하여 운영의 내실을 기함을 목적으로 한다.

제2조 (용어) 이 규정에 사용하는 어린이집 종사자는 시설장, 보육교직원, 조리사(취사원)을 말한다.

제3조 (적용범위) 어린이집 종사자는 "영유아보육법"이 정하는 것을 제외 하고는 이 규정을 따른다.

제2장 조직

제4조 (종사자의 조직) 어린이집에 종사하는 종사자의 수와 자격은 보건복지부 지침에 의한다.

제5조 (직무) ① 원장 : 시설을 대표하고 시설운영 전반을 총괄하며, 보육교직원 및 기타 종사자를 감독, 관리한다.

② 보육교직원 : 입소 영유아의 보호, 교육 및 지도와 보육프로그램 작성 등 영유아를 보육한다.

③ 조리사 및 취사원 : 청결하고 위생적인 주방환경과 보육영유아에게 영양사의 식단에 의한 영양가 높은 식사 제공을 위해 노력한다.

제3장 임면

제6조 (임면) ① 보육시설의 종사자는 법인, 단체 또는 시설 설치자가 임면한다. 다만, 국공립보육시설을 위탁 운영하는 경우에는 종사자 임면권을 수탁자에게 위임할 수 있다.

② 종사자 채용은 공개경쟁을 원칙으로 한다. 다만, 공개채용이 어려울 경우 특별채용할 수 있다.

제7조 (임용자격) ① 어린이집 종사자의 자격은 관련법규에 의한다.

② 감염성 질환 및 인격결함 등 신체적·정신적으로 영유아보육에 지장이 있는 자는 종

사자로 채용할 수 없다.

③ 채용된 종사자는 수습기간을 가질 수 있으며, 수습기간 후에 채용 여부를 확정할 수 있다. (단, 수습기간이라도 급여는 동일하다)

제8조 (임용구비서류) 어린이집 종사자의 임용에 필요한 구비서류는 다음과 같다.

1. 인사기록카드
2. 최종학교 졸업증명서
3. 자격증 사본
4. 경력증명서 (경력자에 한한다)
5. 주민등록등본
6. 채용신체검사서
7. 기본증명서
8. 기타 임용에 필요한 서류
    1) 이력서 1통
    2) 주민등록등본 1통

제9조 (경력인정) 어린이집 종사자의 경력 인정은 보건복지부 보육사업 지침을 준용하며, 경력증명서에 의하여 확인한다.

제10조 (종사자 연령) 어린이집 종사자의 연령은 다음과 같다.

1. 각 시·군 조례에 의해 종사자 연령이 정해진 경우는 조례규정에 따른다.
2. 기타 조례에 의하지 않는 어린이집 종사자는 정년을 두지 않는다.

제11조 (근로계약) 종사자 채용 시 임금, 계약기간 등 근로조건을 명시한 근로계약을 체결하여야 한다.

제12조 (면직) 어린이집 종사자가 다음 각 호에 해당 될 때에는 직권 면직한다.

1. 신체적·정신적 장애로 인하여 2개월 이상 직무를 수행할 수 없을 때
2. 종사자가 시설에 근무 중 감염성 질환에 감염되었거나 기타 영유아보육으로 부적당한 사유가 발생 하였을 때
3. 직무수행에 있어 능력이나 소양이 현저하게 부족하다고 인정 될 때
4. 직제, 정원의 개폐 또는 예산감소 등으로 그 직이 폐지되었거나 감원이 있을 때

제13조 (임용보고) 시설장은 종사자 임면 시 시장·군수·구청장에게 인사기록카드 사본을

첨부하여 종사자 임면사항을 지체 없이 보고하여야 한다.

제4장 복무

제14조 (종사자 복무)

1. 휴가

가. 휴가, 휴일, 휴식 등 근로시간과 관련이 있는 사항에 대해서는 근로기준법의 규정을 준용한다.

나. 고용, 산전 후 휴가, 육아휴직 등과 관련이 있는 사항에 대해서는 남녀고용평등법의 규정을 준용한다.

1) 연차유급휴가는 근로기준법에서 정한 바에 따르되 본 합의서에 따라 특정일에 대체휴가를 실시한다.

근속 연수	1년 미만	2년	3년	4년	5년	6년	7년	8년	9년	10년	11년	12년
연차 일수	11일	15일		16일		17일		18일		19일		20일

2) 대체 휴가일은 다음의 날로 합의한다(기타: 설날연휴 중 평일 1일, 어린이날, 석가탄신일, 현충일, 광복절, 추석연휴중평일1일, 성탄절, 한글날, 지방선거의 날, 대체휴일).

3) 연차유급휴가 총 일수 중 대체휴가로 사용하고 남은 잔여일수에 대하여는 별도로 사용함을 원칙으로 하며, 사업의 운영상 부득이 사용하지 못한 연차휴가일수에 대하여는 수당으로 지급한다.

다. 휴가는 보육공백을 최소화할 수 있도록 순번제로 실시하고 보수교육, 출산휴가 등으로 공백이 생기는 경우에는 대체교사를 배치할 수 있다.

라. 근로자의 날(5.1)은 보육에 지장을 주지 않는 범위 내에서 교사배치를 조정하여 운영하되, 근로자의 날 근무자에 대하여 관련법에 의거하여 휴일 근로수당을 지급한다.

2. 근무시간

가. 보육교사의 근무시간은 1일 8시간을 원칙으로 하고, 보육시설의 운영시간(07:30~19:30)을 고려하여 출퇴근 시간은 탄력적으로 할 수 있다.

※ 근무시간 : 평 일 : ~ : 토요일 : ~ :

나. 휴게시간 :   시 ~   시

다. 기준시간을 초과하여 근무하는 경우에는 근로기준법 등 관련법령 규정에 의해 시간외 수당을 지급한다.

※ 초과근무시간 : 평 일 07:30~19:30 토요일 07:30~15:30

라. 종사자가 퇴직코자 할 때는 최소한 1개월 전에 통보하여 후임자 채용에 차질이 생기지 않도록 하여야 하며, 징계나 원의 운영 사정상 부득이 해고될 시에도 1개월 전에 통보받는 것으로 한다.

3. 종사자의 겸임 제한

가. 보육시설 종사자는 전임이어야 하므로, 동일시설에서 다른 업무를 겸임하거나 다른 시설의 업무를 겸임할 수 없다.

나. 보육교사는 휴일, 휴가 등으로 근무를 하지 않는 날을 제외하고는 근무시간 동안 보육시설에 상주하며 상시 해당 직무에 종사하여야 한다. 특별한 사유(회의 참석 등)로 외출할 경우에는 근무상황부에 기록·관리하여야 한다.

제5장 보수

제15조 (보수기준) ① 국고보조시설(종사자 인건비지원 대상시설)은 보건복지부 「보육시설 종사자 인건비 지원기준」에 의해 종사자별 보수를 지급한다.

② 인건비 미지원시설은 보건복지부 「보육시설 종사자 인건비 지원기준」을 참고하여 자율적으로 정할 수 있다. 다만, 종사자의 보수를 심히 불리하게 책정해서는 안된다.

제16조 (호봉획정) ① 초임호봉은 1호봉으로 하되 보육시설에 근무한 경력 1년과 군복무기간 1년을 1호봉씩으로 하여 초임호봉을 획정한다.

② 초임호봉의 획정에 반영되지 아니한 1년 미만의 잔여기간이 있는 때에는 그 기간을 다음 승급기간에 산입한다.

③ 종사자가 재직중 다음 각호에 해당하는 경우에는 호봉을 재획정 한다.

1. 새로운 경력을 합산하여야 할 사유가 발생한 경우
2. 당해 종사자에게 적용되는 초임호봉 획정의 방법이 변경되는 경우

④ 호봉을 재획정하는 때에는 초임호봉 획정의 방법에 의한다.

⑤ 호봉 재획정에 반영되지 아니한 잔여기간이 있는 때에는 그 기간을 다음 승급기간

에 산입한다.

제17조 (승급) ① 호봉간의 승급에 필요한 기간은 1년으로 한다.

제18조 (보수의 지급) ① 보수는 특별한 규정이 있는 경우를 제외하고는 봉급표상의 월지급액으로 하되, 신규채용 및 퇴직 등의 경우에 있어서 발령일을 기준으로 일할 계산하여 지급한다.

② 보수는 매월 25일에 지급한다. 다만, 지급일이 공휴일인 경우에는 그 전일에 지급한다.

제19조 (퇴직금의 지급) ① 1년이상 근무하고 퇴직한 때에는 퇴직금을 지급한다.

② 지급액은 근속기간에 따라 근로기준법 제34조의 규정에 의한 퇴직금 지급기준에 의거 지급한다.

③ 근속기간은 재직기간에서 휴직·정직·직위해제 처분 등으로 그 직무에 종사하지 아니한 기간을 제외한 기간으로 한다.

④ 근속기간은 일할 계산하며 퇴직일은 근무일수에서 제외한다.

제20조 (퇴직적립금의 관리) ① 1년이상 근무한 종사자에게 퇴직금을 지급할 수 있도록 별도의 퇴직적립금을 관리·운영하여야 한다.

② 근속기간이 1년 미만인 자가 퇴직한 경우 그 퇴직적립금중 국고 및 지방자치단체 보조금은 회계연도 종료 후 3월 이내에 반환하여야 한다.

③ 단, 퇴직금 적립금이 법정퇴직금(퇴직금소요액)에 도달하지 못한 경우는 위 조항에도 불구하고 1년 미만 근로자의 퇴직적립금은 반환하지 않고 법인 명의의 퇴직적립금 통장에 법정퇴직적립금으로 적립할 수 있다.

제21조 (퇴직금 중간정산) ① 개별 종사자가 구체적 요구를 서면으로 제출할 시 퇴직금 중간정산을 할 수 있다.

② 중간정산 단위기간은 운영자와 종사자가 합의하여 결정한다.

③ 퇴직금 중간정산 이후의 퇴직금 산정은 계속 근로 년수를 정산시점부터 새로이 기산한다.

④ 중간정산 이후 1년 이내에 퇴직하는 종사자의 경우에도 전체 근로 년수는 1년 이상이므로 퇴직금을 지급한다.

⑤ 퇴직금 중간정산은 근로 년수와 관련 있는 근로조건(승진, 승급, 호봉, 상여, 연차유급휴

가 등)에 영향을 미치지 않는다.

제6장 보험

제22조 (보험가입) ① 종사자에 대해 국민연금, 국민건강보험, 고용보험, 산재보험에 가입하여야 하며, 보험료 부담은 법정 부담비율에 의한다.

② 모든 보육영유아는 상해보험에 가입하여야 하며, 보험료는 보호자가 부담한다. 단, 보험상품이 없는 경우는 제외한다.

③ 영유아 상해 등에 따르는 배상보험 및 영유아 등하원시 사용되는 차량의 자동차보험과 유상 운송특약 등 배상책임보험에 가입하여야 한다.

④ 화재보험에 가입하여야 한다.

제7장 교육

제23조 (일반직무교육) ① 현직에 종사하고 있는 보육시설의 장으로서, 시설장의 직무를 담당하는 첫 해와 보육업무 경력이 매 만2년이 경과한 때에 직무교육을 받아야 한다.

② 현직에 종사하고 있는 보육교직원으로서 신규 채용일로부터 1년 이내와 보육업무 경력이 매 만2년이 경과한 때에 직무교육을 받아야 한다.

제24조 (승급교육) ① 3급 보육교직원은 보육업무 경력이 만 6개월 경과한 때에 2급 승급교육을 받아야 한다.

② 2급 보육교직원는 보육업무 경력이 만 2년 이상이 경과한 때에 1급 승급교육을 받아야 한다. 단, 영유아보육법 제28조의 별표의 규정에 의하여 석사학위 소지자로서 보육교직원 2급 자격을 취득한 경우는 보육업무 경력이 만 6개월이 경과한 때에 1급 승급교육을 받을 수 있다.

③ 직무교육과 승급교육을 같은 해에 받아야 하는 경우는 직무교육을 받지 아니할 수 있다.

제25조 (특별직무교육) ① 일반 직무교육 대상자로 영아보육을 담당하고 있거나 담당하고자 하는 보육교직원 및 원장은 영아보육 직무교육을 받아야 한다.

② 일반 직무교육 대상자로 장애아보육을 담당하고 있거나 담당하고자 하는 보육교사 및 원장은 장애아보육 직무교육을 받아야 한다.

③ 일반 직무교육 대상자로 방과후보육을 담당하고 있거나 방과후보육을 담당하고자 하는 보육교사 및 시설장은 방과후보육 직무교육을 받아야 한다.

④ 특별직무교육을 이수한 자는 일반직무교육을 이수한 것으로 인정한다.

제26조 (교육기관) 보수교육은 보건복지부장관이 위탁하는 전문기관에서 받아야 한다.

제27조 (교육비) 정부에서 지원하는 교육비를 제외한 경비는 본인이 부담한다.

제28조 (연수교육) ① 원장은 보육교직원들의 자질 향상을 위하여 희망하는 기간에 년 1회 7일 이내에서 연수기회를 줄 수 있다.

② 보육교직원은 연수 후에 연수보고서를 제출하여야 한다.

③ 연수에 필요한 경비는 예산의 범위 안에서 연수의 성격, 장소 등을 감안하여 지원할 수 있다.

제8장 안전

제29조 (안전점검) ① 안전점검표 양식을 비치하고 일정기간별로 시설의 안전점검을 시행하여 화재·상해 등 발생요인을 사전에 제거하여야 한다.

② 놀이시설물에 대한 적절한 점검일정을 세우고 특히 놀이터 시설의 볼트, 너트 등 이음장치, 울타리, 구조물의 부식여부 등은 매일 점검하여야 한다.

③ 안전관리를 위하여 취한 모든 행위는 기록으로 보관하여야 한다.

제30조 (안전훈련) ① 소방계획을 작성하고 매월 소방훈련을 실시하여야 한다.

② 매년 안전교육계획을 수립하여 종사자, 부모, 영유아에 대한 교육을 실시하여야 하며, 교육계획과 교육결과를 시장·군수·구청장에게 연1회 보고 하여야 한다.

제31조 (안전관리) ① 부모와의 비상연락망을 확보하여야 하며 응급처치 동의서를 받아 비치하여야 한다.

② 사고발생시 사고보고서를 작성, 비치하여야 하며 중대한 사고의 경우 즉시 시·군·구에 보고하여야 한다.

③ 영유아에게서 아동학대의 징후 등을 발견하는 경우 아동학대 신고의무자로서 112로 아동복지법령에 따라 신고하여야 한다.

부칙

① (시행) 이 규정은 2014년 1월 1일부터 시행한다.

② (경과조치) 이 규정의 시행이전에 임용된 종사자도 원칙적으로 이 규정을 준수하여야 한다.

000 어린이집

위 000어린이집의 운영규정을 준수할 것을 동의합니다.

000 어린이집

번호	직책	이름	주민등록번호	주소	서명
1					
2					
3					
4					
5					
6					
7					
8					
9					
10					

9. 보육교직원 교수법 관찰 및 지도 평가표

보육교직원 평가 관리

1. 교수법 관찰 및 지도

교 사 명		담당 반(연령)	
일 시	년 월 일	관 찰 자	
주 제			
보육활동			
관찰 내용			
평가 및 지도 내용			

2. 근무평가 ※ 교사 개별로 마련

일시		평가자	

구분	평 가 내 용	우수	보통	개선 필요
업무 태도	계획된 보육활동의 실행을 위해 성실히 수업자료를 준비하는가?	③	②	①
	담당영역의 교구 등록·관리 및 공동구역의 청결유지를 위해 노력하는가?	③	②	①
	맡은 일에 대해 책임을 전가하지 않고 의욕적으로 해내려고 하는가?	③	②	①
전문성	보육지식의 함양을 위해 보육관련 재교육 및 세미나 등에 자발적으로 참여하는가?	③	②	①
	전문성 있는 보육계획 및 실행을 위해 다양한 보육프로그램의 자료를 참고하며 연구하는가?	③	②	①
	연구수업 등 장학수업 과정에 충실히 임하며, 장학수업 평가사항을 보육활동에 반영하기 위해 노력하는가?	③	②	①
원아관리	영유아를 존중하며 요구에 민감하고 적절히 반응해 주는가?	③	②	①
	영유아의 문제행동을 영유아의 입장에서 이해하려고 노력하며 적절한 개입을 하는가?	③	②	①
	매일 아침 등원하는 영유아의 건강상태 및 정서상태 등을 파악하기 위해 노력하는가?	③	②	①
부모와의 관계	아동의 어린이집 생활에 관하여 부모와 공유하거나 개인별 아동의 발달과 업이 잘 이루어질 수 있도록 가정연계를 위해 노력하는가?	③	②	①
	부모와 신뢰감 형성을 위해 노력하는가?	③	②	①
	부모면담, 부모참여수업 등 참여활동에 적극적으로 참여를 유도하는가?	③	②	①

구분	평 가 내 용	우수	보통	개선 필요
동료 관계	보육교사로서 상하 간, 동료 간의 인간관계를 원활히 유지하기 위해 노력하는가?	③	②	①
	동료교사의 도움과 요청이 있을 때, 적극적으로 도와주려고 노력하는가?	③	②	①
	동료교사의 고충을 듣고 진심으로 이해하려고 노력하며 격려해 주는가?	③	②	①

10. 보육교직원 교육 이수 현황표

201 년 보육교직원 교육 이수 현황

성명		직책		
입사일		경력	입사 전	
			입사 후	
직무교육	최근 이수일			
	다음 이수 기간			
구분	교육명	교육일시	주최	장소
필수교육	아동학대 예방교육			
	성폭력 예방교육			
	직장 내 성희롱 예방교육			
	장애인식 개선교육			
	개인정보보호교육			
	어린이집 안전사고 예방교육			
	건강·영양 관련 교육			
선택교육	1			
	2			
	3			
	4			
	5			
	6			
	7			
	8			
	9			
	10			
	11			
	12			

11. 보육교직원 의무 및 필수 교육 목록

보육교직원 의무 및 필수 교육안내

교육명	구분	내용
아동학대 예방교육	근거	• 아동복지법 제26조(아동학대 신고의무자에 대한 교육) • 부모모니터링 지표 12-① / 평가인증 3차지표
	대상	• 모든 보육교직원
	횟수	• 연 1회 / 1시간 이상
	기타	• 집합 교육, 시청각 교육 또는 인터넷 강의 등의 방법
성폭력 예방교육	근거	• 성폭력방지 및 피해자보호 등에 관한 법률 제5조 • 성폭력방지 및 피해자보호등에 관한 시행령 제2조 제3항
	대상	• 모든 보육교직원
	횟수	• 연 1회
	기타	• 예방교육통합관리시스템에 추진실적 등록 • 한국양성평등교육진흥원(http://www.kigepe.or.kr/) • 교육 방법에 따라 실적 등록 시 배점이 상이하므로 교육 전 확인필요.
성희롱 예방교육	근거	• 남녀고용평등과 일 가정 양립지원에 관한 법률 제 13조 및 동법시행령 제3호
	대상	• 사업주 및 모든 직원
	횟수	• 연 1회
	기타	• 사업의 규모나 특성 등을 고려하여 직원연수, 조회, 회의, 인터넷 등 정보통신망을 이용한 사이버교육 등을 통하여 실시. • 제외대상 1. 상시 10명 미만의 근로자를 고용하는 사업 2. 사업주 및 근로자 모두가 남성 또는 여성 중 어느 한 성으로 구성된 사업
보수교육 연계 안전교육	근거	• 2017년도 보육사업안내 p.106
	대상	• 보육교직원(어린이집 당 1명 필수)
	횟수	• 연 1회
	기타	• 집합교육 / 보수교육 연계 가능(일반직무교육대상자에 해당)
개인정보 보호교육	근거	• 개인정보보호법 제28조(개인정보취급자에 대한 감독)
	대상	• 개인정보의 이용, 활용 등 실질적으로 개인정보를 취급하는자
	횟수	• 개인정보보호법에 따르는 사업장 연 1회 이상
	기타	• 개인정보보호 종합포털 (https://www.privacy.go.kr/)
장애인식 개선 교육	근거	• 장애인복지법 제25조(사회적 인식개선) • 장애인복지법 시행령 일부개정령 제16조(장애 인식개선 교육)

교육명	구분	내용
장애인식 개선 교육	대상	• 보육교직원
	횟수	• 연 1회
	기타	• 집합교육 또는 인터넷 강의 등을 활용한 원격 교육, 체험 교육등의 방법 • 보건복지부-정책-장애인-알림마당-장애인식개선교육 자료 및 홍보영상
어린이집 통학차량 운전자 교통 안전교육	근거	• 도로교통법 53조 3항
	대상	• 어린이통합버스 운영자 및 운전자
	횟수	• 신규교육 : 어린이통학버스 운영 또는 운전을 하기 전 실시 • 정기교육 : 매 2년마다 정기적으로 실시
	기타	• 한국도로교통공단(http://www.ts2020.kr/main.do)
소방안전 관리자에 대한 실무교육	근거	• 소방시설, 설치·유지 및 안전관리에 관한 법률 제41조(소방안전관리자 등에 대한 교육)
	대상	• 선임된 소방안전관리자 및 소방안전관리보조자
	횟수	• 신규 : 선임된 날로부터 6개월 이내 1회 • 보수 : 신규교육을 받은 날을 기준으로 2년마다 1회
	기타	• 한국소방안전협회(http://www.kfsa.or.kr/intro_real.php)
어린이집 놀이 시설 안전교육	근거	• 어린이놀이시설 안전관리법 제20조 시행규칙 제20조
	대상	• 어린이놀이시설이 되어 있는 경우 안전관리책임자(담당 보육교직원)
	횟수	• 2년에 1회 이상, 1회 안전교육시간은 4시간 이상
	기타	• 한국생활안전연합(http://www.safia.org/)
다중이용 시설등의 실내 공기질 관리자 교육	근거	• 다중이용시설 등의 실내공기질관리법 제7조 시행령 제2조
	대상	• 연면적 430㎡ 이상인 어린이집 기관장 또는 관리책임자
	횟수	• 신규 : 1년이내 1회 • 보수 : 신규교육을 받은 날을 기준으로 3년마다 1회
	기타	• 환경보전협회(http://www.epa.or.kr/main.jsp)
승강기 안전관리자 (덤웨이터)	근거	• 승강기시설 안전관리법 제16조의 2(승강기의 안전관리자)
	대상	• 승강기 소유주(관리주체) 또는 승강기 설치건물의 안전관리자로 지정된 담당자
	횟수	• 신규 : 승강기 안전관리자 선임 후 3개월 이내에 1회 • 보수 : 신규교육을 받은 날을 기준으로 3년마다 1회
	기타	• 한국승강기안전관리원(http://www.koelsa.or.kr/index.do)
석면 건축물 안전관리인 교육	근거	• 석면안전관리법 제24조

교육명	구분	내용
석면 건축물 안전관리인 교육	대상	• 연면적 430㎡ 이상인 어린이집 석면건축물 관리자, 담당 보육교직원
	횟수	• 신고 또는 변경신고를 한 날로부터 1년 이내
	기타	• 국립환경인력개발원 e-러닝(http://e-learning.me.go.kr/jsp/main.jsp)
식품위생 교육	근거	• 50인 이상 집단 급식소의 기관장 또는 관리책임자(조리사, 영양사 등)
	대상	• 조리사, 영양사
	횟수	• 연 1회
	기타	• 한국식품산업협회(http://www.kfia.or.kr/kfia/main.php)
영양사 위생교육	근거	• 식품위생법 제56조 및 동법시행규칙 제84조
	대상	• 집단 급식소에 종사하는 영양사
	횟수	• 2년에 1회 / 6시간
	기타	• KDA온라인 영양사위생교육 센터(http://www.kdaedu.or.kr/)
	특별 위생교육	• 정기적으로 시행되는 영양사 식품위생교육이 없는 해에 감염병이 유행하거나 집단 식중독의 발생 및 확신 등으로 국민건강을 해칠 우려가 있다고 인정되는 경우 3시간 식품위생법 제 56조 및 시행규칙 제83조 의거
조리사 위생교육	근거	• 식품위생법 제56조
	대상	• 조리사 면허를 소지한자
	횟수	• 2년에 1회
	기타	• (사)한국조리사회중앙회(http://www.ikca.or.kr/)
영양사 보수교육	근거	• 국민영양관리법 제20조 동법시행규칙 제18조
	대상	• 집단급식소
	횟수	• 2년에 1회 / 집합 3시간 + 온라인 3시간
	기타	• KDA온라인 영양사위생교육 센터(http://www.kdaedu.or.kr/)

12. 실습교사 오리엔테이션

실습교사 오리엔테이션(예)

<table>
<tr><th>구분</th><th>오리엔테이션 내용</th><th>비고</th></tr>
<tr><td>어린이집
안내</td><td>어린이집의 보육철학 및 운영방침
1) 어린이집 현황 소개 2) 업무 및 근무자세 3) 운영규정 및 복무규정에 대한 이해</td><td></td></tr>
<tr><td>실습교사</td><td>1) 실습교사의 준수사항(근무자세 등)
2) 일과운영에서의 보육실습생의 역할
3) 보육실습 일정 안내
4) 실습 시 유의사항
• 출퇴근 시간 엄수
• 근무시간에 사전 허락 없이 외출 금지
• 어린이집 보육방침 이해 및 준수
• 잘 모르는 사항에 대해 부모가 물으면 반드시 교사에게 확인 후 답변
• 복장이나 두발은 항상 단정하게 유지
• 영유아 절대 체벌 금지
• 해당반 영유아 이름 빨리 외우기
• 항상 필기구 지참하여 활동내용을 상세히 메모하여 실습일지 작성시 참고
5) 실습 일지 작성
• 실습기간 중 실습생은 매일 실습일지를 작성하여 매주 금요일 제출
• 하루일과 내용을 구체적으로 기록하고 필요한 경우 그림이나 사진 첨부
• 수업 준비 시 활동계획안을 제출하여 지도교사의 지도 받기
• 실습 마친 후 평가서 작성, 제출
• 학교에 실습일지 제출 시 실습평가서류와 활동계획안 자료 등 첨부
<table>
<tr><th>주</th><th>실습 내용</th><th>담당</th></tr>
<tr><td>제1주</td><td>• 어린이집 보육과정 및 보육실습 OT / • 반 아동·업무 파악하기
• 보육활동 참관 및 교사 보조
• 2주의 부분수업 활동계획안 작성 후 제출
• 수업에 필요한 자료 파악 및 교재 교구 준비 / • 지도 및 평가</td><td>지도교사</td></tr>
<tr><td>제2주</td><td>• 보육활동 참관 및 교사 보조 / • 부분 수업 1회(보육활동)
• 3주 부분 수업2회 보육활동계획안 작성 후 제출
• 수업에 필요한 자료 파악 및 교재 교구 준비
• 수업에 대한 지도 및 평가</td><td>지도교사</td></tr>
<tr><td>제3주</td><td>• 보육활동 참관 및 교사 보조 / • 부분 수업 2회(보육활동)
• 4주 연계수업 보육활동계획안 작성
• 수업에 필요한 자료 파악 및 교재 교구 준비
• 수업에 대한 지도 및 평가</td><td>원장
지도교사</td></tr>
<tr><td>제4주</td><td>• 보육활동 참관 및 교사 보조 / • 연계 수업 1회(보육활동)
• 5주 연계수업 보육활동계획안 작성 후 제출
• 수업에 필요한 자료 파악 및 교재 교구 준비
• 수업에 대한 지도 및 평가</td><td>원장
지도교사</td></tr>
<tr><td>제5주</td><td>• 보육활동 참관 및 교사 보조 / • 연계 수업 2회(보육활동)
• 6주 종일수업 일일보육활동계획안 작성 후 제출
• 수업에 필요한 자료 파악 및 교재 교구 준비
• 수업에 대한 지도 및 평가</td><td>원장
지도교사</td></tr>
</table></td><td>*학교에서
발송한
공문 참고</td></tr>
</table>

<table>
<tr><th>구분</th><th>오리엔테이션 내용</th><th>비고</th></tr>
<tr><td>실습교사</td><td>
<table>
<tr><th>주</th><th>실습 내용</th><th>담당</th></tr>
<tr><td>제6주</td><td>• 종일 수업(보육활동) / • 수업과 관련된 환경 구성
• 수업에 필요한 자료 파악 및 교재 교구 준비
• 수업에 대한 평가 및 실습 최종평가</td><td>원장
지도교사</td></tr>
</table>
6) 아동학대 교육
보호자를 포함한 성인이 아동의 건강 또는 복지를 해치거나 정상적 발달을 저해할 수 있는 신체적·정서적·성적 폭력이나 가혹행위를 하는 것과 아동의 보호자가 아동을 유기하거나 방임하는 것(아동복지법 제3조제7호)
</td><td></td></tr>
</table>

구분	내용	
신체적 학대	보호자를 포함한 성인이 아동에게 우발적인 사고가 아닌 상황에서 신체적 손상을 입히거나 또는 신체손상을 입도록 허용한 모든 행위를 말함	• 직접적으로 신체에 가해하는 행위 • 도구를 사용하여 신체에 가해하는 행위 • 신체에 유해한 물질로 신체에 가해하는 행위 • 완력을 사용하여 신체를 위협하는 행위
정서 학대	보호자를 포함한 성인이 아동에게 행하는 언어적 모욕, 정서적 위협, 감금이나 억제, 정신적, 심리적 학대라고도 함	• 언어적 폭력행위 • 정서적 위협 • 아동의 정서발달 및 연령상 감당하기 • 어려운 것을 강요하는 행위(감금, 약취 및 유인, 아동 노동 착취) • 형제나 친구 등과 비교·차별·편애·왕따시키는 행위
성학대	보호자를 포함한 성인이 자신의 성적 충족을 목적으로 18세 미만의 아동에게 행해지는 모든 성적 행위를 말함	• 자신의 성적 만족을 위해 아동의 관찰/추행하거나 아동에게 성적 노출을 하는 행위 • 아동에게 유사성행위/성교를 하는 행위 • 성매매를 시키거나 성매매를 매개하는 행위
방임	아동의 보호자가 아동을 방임하거나 유기하는 행위	• 물리적 방임: 기본적인 의식주를 제공하지 않는 행위 • 교육적 방임: 턱별한 사유 없이 의무 • 교육에 보내지 않거나 아동의 무단 결석을 방치하는 행위 • 의료적 방임: 필요한 의료적 처치를 하지 않는 행위 • 유기: 아동을 버리는 행위

아동학대 신고 의무자의 역할

어린이집 보육교직원은 아동학대범죄의 처벌 등에 관한 특례법 제 10조의 규정에 의한 신고의 의무자로서 직무상 아동학대를 알게 된 경우 및 의심되는 경우 즉시 112에 신고하여야 한다.

신고방법
- 전화: 국번없이 112
- 방법: 관할지역아동호보전문기관, 경찰

신고내용
- 신고자의 이름, 연락처
- 아동의 이름, 성별, 나이, 주소
- 학대행위자로 의심되는 사람의 이름, 성별, 나이, 주소
- 아동이 위험에 처해있거나 학대를 받고 있다고 믿는 이유

참고문헌

고문숙 외(2011). **보육과정**. 양서원.

김옥련 (1977). **유치원 경영관리**. 교육과학사.

김은설, 이진화, 김혜진, 배지아(2014). **유치원·어린이집 운영 실태 비교 및 요구 분석**. 육아정책연구소.

김주건(1997). **유아교육기관 운영관리**. 창지사.

김희진, 김현주, 김은영, 최명희(2011). **현장학습 바로알기**. 창지사.

김현경(2013). 어린이집 만 2세 표준보육과정과 만 3세 누리교육과정 연계성 분석. 부산대학교 석사학위논문.

김혜경(2015). **영유아교육기관 운영관리**. 창지사.

김혜영(2010). **교구교재 연구 및 지도법**. 공동체.

도미향, 남연희, 이무영, 변미희(2016). **아동복지론**. 공동체.

마미정, 고은미, 정혜원, 박민정(2016). **어린이집 설치운영 길라잡이**. 중앙육아종합지원센터.

문연심, 박희숙, 조안나(2017). **현장역량 강화를 위한 영유아교육기관 관찰 및 실습**. 공동체.

문혁준 외(2012). **어린이집 운영관리**. 학지사.

문혁준 외(2015). **어린이집 운영관리**. 창지사.

박은혜, 김희진, 홍누리, 조하나(2016). **쌓기놀이 지도의 모든 것**. 파란마음.

보건복지부(2013). **공공형 어린이집 원장의 전문적 운영관리**. 한국보육진흥원.

보건복지부(2013). 어린이집 표준보육과정 및 0~2세 영아보육프로그램의 이해.

보건복지부(2013). 어린이집 표준보육과정에 기초한 영아보육프로그램 2세.

보건복지부(2013). 제3차 어린이집 표준보육과정.

보건복지부(2016a). 2016년 맞춤형 보육 안내.

보건복지부(2016b). 어린이집 보육교직원 안전교육.

보건복지부(2016c). 어린이집 아동학대 발생 시 조치 매뉴얼(어린이집용).

보건복지부(2018). 보육사업안내.

보건복지부(2019). 보육사업안내.

보건복지부, 육아정책연구소(2013). 제3차 어린이집 표준보육과정 교사용 지침서.

보건복지부, 중앙육아종합지원센터(2015). 제3차 어린이집 표준교육과정에 기초한 연령별 보육프로그램의 활용.

보건복지부, 한국보육진흥원(2014). 어린이집 문서 서식.

보건복지부, 한국보육진흥원(2015). **열린 어린이집 가이드라인**. 육아정책연구소.

우남희(2014). **유치원·어린이집 운영 실태 비교 및 요구 분석**. 육아정책연구소.

유해미, 양미선, 송신영(2012). **지역사회 내 육아지원서비스 전달체계 현황과 개선 방안**(연구 보고 2012-13). 육아정책연구소.

육아정책연구소(2019). 2019 개정 누리과정.

윤매자, 신혜경, 주정현(2017). **아동복지론**. 양서원.

이기숙, 김순환, 조혜진(2017). **유아교육기관 운영관리**. 양서원.

이기숙, 김정원, 이현숙, 전선옥(2013). **영유아교육과정**, 공동체.

이기숙, 장영희, 정미라, 윤선화(2014). **영유아 안전교육**. 양서원.

이명순, 곽승주, 전영희(2010). **영아보육과정**. 정민사.

이미화, 엄지원, 정주영(2014). **영아보육 질 제고를 위한 평가도구 개발 및 활용방안**. 육아정책연구소.

이미화, 정주영, 엄지원, 김희정(2014). **누리과정 유아관찰척도**. 육아정책연구소.

이순형(2012). **어린이집 운영관리**. 양서원.

이영자, 신동주(2017). **유아교육기관 운영관리**. 양서원.

이정림, 최효미, 정주영, 오유정, 이정아(2014). **누리과정 유아관찰척도를 활용한 누리과정 효과 분석 연구**. 육아정책연구소.

임재택 외(2001). **유아교육기관 운영관리**. 학지사.

장은희, 강미경, 이미숙(2018). **어린이집 운영관리를 위한 평가인증 통합지표 활용의 실제**. 파워북.

정연희(2014). **유아교과교재 및 연구법**. 창지사.

정정옥(2011). **보육시설과 운영관리**. 교육아카데미.

조인숙(2007). **보육시설 조직문화와 보육서비스의 질**. 한국학술정보.

중앙육아종합지원센터(2014). 제3차 표준보육과정에 기초한 연령별 보육프로그램의 활용.

중앙보육정보센터(2015). 보육시설 응급처치 매뉴얼.

중앙육아종합지원센터(2016a). 보육교직원 상담 업무매뉴얼.

중앙육아종합지원센터(2016b). 어린이집 문서 및 서식 자료집.

중앙육아종합지원센터(2016c). 어린이집 설치운영 길라잡이.

중앙육아종합지원센터(2017). 2017 제3차 어린이집 평가인증 컨설팅 매뉴얼.

최석란, 서원경, 이슬기(2016). **어린이집 운영관리**. 파워북.

한국보육시설연합회(2010). 보육시설장·교사 윤리강령 개발 연구.

한국보육진흥원(2013). 공공형 어린이집 운영가이드북.

한국보육진흥원(2016). 2016 어린이집 평가인증 안내.

한국보육진흥원(2017). 3차 지표 평가인증 안내(통합지표).

한국보육진흥원(2017). 제3차 어린이집 평가인증 컨설팅 매뉴얼.

한국보육진흥원(2017). 공공형 어린이집 원장연수 기본과정.

한국보육진흥원(2019). 어린이집 평가매뉴얼.

Strasser, M. K. (1973). *Fundamentals of Safery Education*. acmillan/McGraw-Hill School Division.

Rubin, K. (1976). The social cognitive value of preschool toys and activitis. *Canadian Journal of Behavioral Science*.

국민건강보험 홈페이지(2018). 영유아건강검진 안내. http://www.nhis.or.kr

보육교사 국가자격증 홈페이지(2018). 자격증 종류 및 자격기준. http://chrd.childcare.go.kr

질병관리본부 홈페이지(2018). 표준예방접종 일정표(소아용). http://www.cdc.go.kr.

CD 수록 서식 목록

1. 1영역 보육과정 및 상호작용 서류		
번호	서식명	파일형식
1영역	영아 상호작용 check-list	hwp
	유아 상호작용 check-list	hwp
1-1	보육교사의 영유아 권리 존중 보육의 실행수준 체크리스트	hwp
1-2-1	간소화 보육일지 양식	hwp
1-2-5	부모동의 및 조사서(통합)	hwp
1-3-1	교사의 놀이교수 효능감 척도 자가 체크리스트	hwp
	영역 놀이프로그램 및 관찰포인트	zip, pdf
1-3-2	영아의 놀이성 척도 체크리스트	hwp
	유아의 놀이성 척도 체크리스트	hwp
1-5-2	만 0세 영아관찰척도(연 2회 이상)	hwp
	만 1세 영아관찰척도(연 2회 이상)	hwp
	만 3세 영아관찰척도(연 2회 이상)	hwp
	만 4세 영아관찰척도(연 2회 이상)	hwp
	만 5세 영아관찰척도(연 2회 이상)	hwp
1-5-2, 3	만 2세 영아관찰척도(연 2회 이상)	hwp
1-5-3	보육과정 및 상호작용 교사 자기점검체크리스트	hwp

2. 2영역 보육환경 및 운영관리 서류

번호	서식명	파일형식
2-3-2	어린이집 운영계획 수립을 위한 수요조사	hwp
	어린이집 운영시간 및 시간대별 교사 배치 안내	hwp
	어린이집 운영안내서 목록표	hwp
2-3-3	간호사 오리엔테이션	hwp
	신입교사 안내 및 피드백	hwp
	신입교사 오리엔테이션	hwp
	실습교사 오리엔테이션 (6주실습)	hwp
	자원봉사자 O.T.	hwp
	조리사 오리엔테이션	hwp
	차량기사 O.T.	hwp
2-3-4	시설운영일지	hwp
	신입원아 적응프로그램의 예	hwp
2-4-1	보육시설 개방 및 참관 안내문	hwp
	부모님 자원봉사자 모집안내	hwp
2-4-2	부모만족도 조사	hwp
	수시면담 서식	hwp
	전화통화일지	hwp
	지역사회 전문기관 안내 예	hwp
	영유아 부모면담 일지	hwp

3. 3영역 건강·안전 서류

번호	서식명	파일형식
2-3-2 3-4-1	부모동의서(응급, 귀가, 알레르기, 특별활동, CCTV 등)	hwp
3-1-1 3-5-1	계절 및 날씨 관련 놀이활동 기준표	hwp
3-2-1	식단 및 대체식품 안내 예)	hwp
	식품알레르기 해당 영유아 상세 조사서 및 대응방안 요청서	hwp
3-3-1	영유아, 보육교사, 취사부가 손을 씻어야 할 때	hwp
	기저귀 갈이순서	hwp
	손 씻기, 양치질 순서 요령	hwp

번호	서식명	파일형식
3-3-2	다친 영유아 응급처지 지침	hwp
	보육교직원 업무분장 및 비상시 업무분담 예)	hwp
	몸이 아프거나 질병인 영유아에 대한 지침(운영안내서 기록)	hwp
3-3-3	연수보고서 서식	hwp
	영유아건강검진 안내문	hwp
	건강한 생활을 위한 감염병(영유아,교사) 관리수칙 1.2	hwp
	법정 감염병 3가지	hwp
3-4-1	부모동의서(응급, 귀가, 알레르기, 특별활동, CCTV 등)	hwp
	생활기록부(영아)	hwp
	생활기록부(유아)	hwp
3-4-3	차량안전수칙	hwp
	차량안전점검 및 차량 운행(등,하원)	hwp
	통합 안전점검표	hwp
3-5-1	소방대피훈련 절차와 방법	hwp
3-5-2	아동학대 신고의무 안내	pdf
	연령별 심폐소생술 방법	pdf
	학대예방에 대한 교사의 다짐	hwp
	영유아 학대의 정의와 유형, 신고의무	hwp

4. 4영역 교직원 서류

번호	서식명	파일형식
4-1-2	어린이집 윤리강령(원장, 교사, 가정)	hwp
4-1-3	보육교직원 업무분장 및 비상시 업무분담 예	hwp
	교사 회의록	hwp
	보육교직원 면담기록	hwp
4-3-1	복무규정 예	hwp
	근로계약서	hwp
4-3-2	보육교직원 스트레스 체크리스트	hwp
4-4-1	교사교육(직무) 제안서	hwp
	보육교직원 교육 이수 현황표	hwp
4-4-2	보육교사 교수법 상호작용 체크리스트(연령별)	hwp

번호	서식명	파일형식
4-4-3	보육교직원 교수법 관찰 및 지도 평가표	hwp
	보육교사 근무평가(1급)원장이 체크	hwp
	보육교사근무평가 (2급) 원장이 체크	hwp

5. 평가제 면담(질문지) 와 지표 점검 체크리스트

번호	서식명	파일형식
	1. 어린이집 평가제 면담(질문지)	hwp
	1. 어린이집 평가제 지표 체크리스트	hwp

6. 영아 놀이프로그램 및 관찰포인트

번호	서식명	파일형식
	4개월 관찰포인트	pdf
	5개월 관찰포인트	pdf
	6개월 관찰포인트	pdf
	7개월 관찰포인트	pdf
	8개월 관찰포인트	pdf
	9개월 관찰포인트	pdf
	10개월 관찰포인트	pdf
	11개월 관찰포인트	pdf
	12개월 관찰포인트	pdf
	13개월 관찰포인트	pdf
	14개월 관찰포인트	pdf
	15개월 관찰포인트	pdf
	16개월 관찰포인트	pdf
	17개월 관찰포인트	pdf
	18개월 관찰포인트	pdf
	19개월 관찰포인트	pdf
	20개월 관찰포인트	pdf
	21개월 관찰포인트	pdf
	22개월 관찰포인트	pdf
	23개월 관찰포인트	pdf

번호	서식명	파일형식
	24개월 관찰포인트	pdf
	25개월 관찰포인트	pdf
	26개월 관찰포인트	pdf
	27개월 관찰포인트	pdf
	28개월 관찰포인트	pdf
	29개월 관찰포인트	pdf
	30개월 관찰포인트	pdf
	31개월 관찰포인트	pdf
	32개월 관찰포인트	pdf
	33개월 관찰포인트	pdf
	34개월 관찰포인트	pdf
	35개월 관찰포인트	pdf
	36개월 관찰포인트	pdf
	4개월 어린이집놀이프로그램	pdf
	5개월 어린이집놀이프로그램	pdf
	6개월 어린이집놀이프로그램	pdf
	7개월 어린이집놀이프로그램	pdf
	8개월 어린이집놀이프로그램	pdf
	9개월 어린이집놀이프로그램	pdf
	10개월 어린이집놀이프로그램	pdf
	11개월 어린이집놀이프로그램	pdf
	12개월 어린이집놀이프로그램	pdf
	13개월 어린이집놀이프로그램	pdf
	14개월 어린이집놀이프로그램	pdf
	15개월 어린이집놀이프로그램	pdf
	16개월 어린이집놀이프로그램	pdf
	17개월 어린이집놀이프로그램	pdf
	18개월 어린이집놀이프로그램	pdf
	19개월 어린이집놀이프로그램	pdf
	20개월 어린이집놀이프로그램	pdf
	21개월 어린이집놀이프로그램	pdf

번호	서식명	파일형식
	22개월 어린이집놀이프로그램	pdf
	23개월 어린이집놀이프로그램	pdf
	24개월 어린이집놀이프로그램	pdf
	25개월 어린이집놀이프로그램	pdf
	26개월 어린이집놀이프로그램	pdf
	27개월 어린이집놀이프로그램	pdf
	28개월 어린이집놀이프로그램	pdf
	29개월 어린이집놀이프로그램	pdf
	30개월 어린이집놀이프로그램	pdf
	31개월 어린이집놀이프로그램	pdf
	32개월 어린이집놀이프로그램	pdf
	33개월 어린이집놀이프로그램	pdf
	34개월 어린이집놀이프로그램	pdf
	35개월 어린이집놀이프로그램	pdf
	36개월 어린이집놀이프로그램	pdf

저자 소개

장은희
덕성여자대학교 대학원 유아교육전공(교육학박사)
현재 백석예술대학교 유아교육과 겸임교수
총신대학교 유아교육과 강사
유치원 2, 3, 4주기 평가위원

강미경
총신대학교 일반대학원 유아교육전공(박사과정)
총신대학교 아동학과 강사
현재 한국열린사이버대학교 사회복지학과 겸임교수
하늘사랑(공공형)어린이집 원장

이미숙
총신대학교 일반대학원 유아교육전공(박사과정)
총신대학교 아동학과 강사
현재 구립 진로어린이집 원장

어린이집 평가제를 위한
평가지표 활용의 실제

2019년 9월 2일 초판 인쇄
2019년 9월 6일 초판 발행

지은이 | 장은희·강미경·이미숙
발행인 | 유제구
발행처 | 파워북
주 소 | 경기도 고양시 일산동구 호수로 358-25
동문타워 2차 529호
전 화 | (02) 730-1412
팩 스 | (031) 908-1410
등 록 | 1997. 1. 31. 제2014-000067호

정 가 20,000원 ※CD 포함
ISBN 978-89-8160-403-5 (93370)